APPLETREE MURDERS - FUDGE, VERMÄCHTNIS UND VERDERBEN

IMPRESSUM

Impressum:

C.C. Ravenmiller
Appletree Murder – Fudge, Vermächtnis und Verderben

Carin Müller c/o Die Bücherfee Karina Reiß, Zick Zack 1, 39393 Am Großen Bruch
www.carinmueller.de www.c-a-raabe.de
ISBN: 9783759258250 1. Auflage, November 2024
Umschlaggestaltung: Sabine Albrecht, www.benisa-werbung.de
Unter Verwendung von: ©Depositphotos.com/HorenkO ©Depositphotos.com/nataliahubbert ©Depositphotos.com/Mila_Che ©Depositphotos.com/ZeninaAsya ©Depositphotos.com/MarinaErmakova ©Depositphotos.com/olenago ©Depositphotos.com/Bubushonok ©Depositphotos.com/oldmillionka.gmail.com
Korrektorat mit Textshine.com

Herstellung und Druck über tolino media GmbH & Co. KG, Albrechtstr. 14, 80636 München. Printed in Germany.
Fragen zu Produktsicherheit an: gpsr@tolino.media.

APPLETREE MURDERS - FUDGE, VERMÄCHTNIS UND VERDERBEN

C.C. RAVENMILLER

MIT

CHARLOTTE MCGREGOR

MIT

C.A. RAAVEN

INHALT

ÜBER DAS BUCH

LIEBE LESERIN, LIEBER LESER,

wie schön, dass du zu diesem Buch gefunden hast. Vielleicht kennst du uns und die Geschichte ja bereits von unserem Podcast »Der literarische Saloon«, wo wir in gut zweieinhalb Jahren an diesem Gemeinschaftsprojekt gebastelt haben – ohne jemals sicher zu sein, ob wir es wirklich beenden werden. Doch nun ist es geschafft und wir platzen fast vor Neugier, wie dir unser »Paranormal Cosy Crime« gefallen wird.

Vielleicht fragst du dich gerade, wer »wir« sind?

Wir, das sind mit bürgerlichen Namen und als Podcast-Gastgebende Carin Müller und Christian Raabe. Als Autor:innen kennt man uns jedoch hauptsächlich als Charlotte McGregor und C.A. Raaven. Für dieses Gemeinschaftsprojekt haben wir uns für ein gemeinschaftliches Pseudonym entschieden: C.C. Ravenmiller.

Verwirrend? Verständlich, aber letztlich auch fürchterlich unwichtig, denn am Ende zählt doch nur die Geschichte und nicht der Name, der auf dem Cover steht, oder?

Daher wünschen wir dir jetzt von ganzem Herzen viel Spaß mit »Appletree Murders – Fudge, Vermächtnis und Verderben«.

Deine

Carin, Charlotte, Christian, C.A. – alias C.C. Ravenmiller

Und darauf darfst du dich gleich freuen:

Stell dir vor, du bist tot. Und dann … oh?!

In der beschaulichen Küstenstadt Fowey wird die beliebte Fudge-Königin Granny Smith ermordet. Die ambitionierte Lokalreporterin Jona Gold wittert die Story ihres Lebens und stürzt sich in die Ermittlungen. Doch was als einfacher Einbruch erscheint, entpuppt sich schnell als ein Netz aus düsteren Familiengeheimnissen, uralten Flüchen und tödlicher Gier.

Unterstützt von Grannys Geist, einem vorlauten Kater und ihrem treuen Airedale Terrier, taucht Jona tiefer in die verborgene Welt der Magie ein. Sie muss nicht nur einen kaltblütigen Mörder überführen, sondern auch ein mysteriöses Manuskript finden, das den Schlüssel zu allem birgt.

Während die Grenzen zwischen Realität und Übernatürlichem verschwimmen, wächst die Gefahr. Kann Jona das Rätsel lösen, bevor der Mörder erneut zuschlägt? Und welche Rolle spielt ihr Chef in diesem mörderischen Spiel?

FASSUNGSLOS

Granny

Du liebe Güte, das war unerwartet. Erst dieser Schmerz und dann dieses … Nichts.

Granny Smith erhob sich langsam vom Boden ihrer Küche und schaute sich um.

Es war immer noch alles da, wo es sein sollte. Die Kupferpfanne ruhte mit einer ordentlichen Portion Butter ausgekleidet auf dem Arbeitstisch. Die Rührschüssel wartete direkt daneben und war bereits richtig temperiert. Rundherum standen die Ingredienzen für die Mischung, die sie heute machen wollte, in kleinen tönernen Schälchen bereit. Und aus dem Topf auf dem Herd begannen sich schon die ersten Aromen von Schokolade und Vanille rundherum auszubreiten.

Was nicht zu sehen war, war ein Grund dafür, dass sie die

Vorbereitungen für ihre heutige Kreation unterbrochen hatte, um zu Boden zu fallen.

Und was, um Himmels willen, ist das für ein Geruch?

Granny kannte sämtliche Gerüche, die es in ihrer Zuckerküche zu riechen gab. Immerhin werkelte sie dort täglich, seit sie die kleine Fudge-Manufaktur vor dreiundzwanzig Jahren von ihrer Mutter übernommen hatte. Und dieser gehörte auf keinen Fall hierher.

Hmm, das Aroma ist geradezu metallisch … aber Pfanne und Topf können es nicht sein. Die sind ja aus Kupfer und das hier ist eher … Oh!

Während sie dem unerwünschten Geruch nachgespürt hatte, war ihr Blick suchend umhergeschweift und an einer Gestalt angekommen, die immer noch dort auf dem Boden lag, wo sie eben aufgestanden war. Einer Gestalt, die mit dem gleichen geblümten Kleid und der weißen Schürze bekleidet war, die auch sie heute Morgen angezogen hatte. Das Einzige, das diese Gestalt definitiv von ihr selbst unterschied, war der große Fleck anscheinend bereits trocknenden Blutes, der das silbrige Grau ihrer Haare am Hinterkopf verunzierte.

Bei meiner Seele, bin ich das?

Granny beugte sich zu der still Daliegenden hinunter und fragte sich dabei, warum sie keinerlei Angst verspürte, ja nicht einmal den Wunsch, diesen Ort zu verlassen.

Wozu sollte es nützen, wegzulaufen?, brachte sie sich schließlich zur Räson. *Wenn ich mich von außen sehen kann, ohne dafür mit den Pilzen aus Mutters Vorrat eine Astralprojektion zu benutzen, dann ist die Wahrscheinlichkeit, dass ich nicht mehr unter den Lebenden weile, doch recht groß.*

Aber eigentlich war das nur die halbe Wahrheit. Tief in sich hoffte Granny, dass diese Person dort nicht sie wäre, auch wenn dies noch so abwegig erschien. Denn diese lag mit dem Gesicht auf dem Boden. Also war es nicht möglich, es zweifelsfrei festzustellen. Genug, um sich der Hoffnung hinzugeben.

Dann aber gab sie sich einen Ruck und fasste die Person an der Schulter, um sie umzudrehen. Als ihre Hand aber durch die Gestalt hindurchfuhr, ohne auf großen Widerstand zu stoßen, gab sie ein entmutigtes Seufzen von sich. Das hieß, sie hätte es von sich gegeben, wenn sie noch einen Körper gehabt hätte.

Ein echter Geist heult nicht, erinnerte sie sich an eine Redensart ihrer Mutter. *Jetzt weiß ich auch, wie sie das gemeint hat. Ohne Stimmbänder auch kein Heulen.*

Sie ließ sich vollends zu Boden sinken und starrte mutlos auf das schwarz-weiße Karomuster der Fliesen. Da bemerkte sie etwas, das vorher durch ein Sideboard ihrem Blick entzogen gewesen war.

Ein Stück vom Kopf der nur allzu bekannten Gestalt lag die schwere gusseiserne Pfanne, die ihre Mutter früher immer verwendet hatte.

Was hat die denn dort zu suchen? Die habe ich doch schon seit Ewigkeiten nur noch zur Dekoration auf dem Tischchen stehen, weil die Kupferpfanne einen viel besseren Geschmack ergibt. Das schwere Ding hat ja sogar die Aufhängung überfordert, die Onkel Harvey hier an der …

Sie stutzte, denn ihr Blick, den sie beim Nachdenken unwillkürlich auf den Gegenstand ihrer Gedanken gerichtet hatte, ging ins Leere. Die von der Tür in den Flur quer über das Sideboard gespannte Kette war nicht mehr da. Früher hatten dort einmal kleinere Töpfe und Pfannen gehangen. Granny streckte sich ein wenig, um vollends um die Ecke des Boards zu schauen.

Hab ich dich!

Sie erhob sich wieder und konnte nun zweifelsfrei erkennen, dass die Kette sehr wohl noch vorhanden war. Allerdings hing sie, nur noch an einer Seite befestigt, zum Teil auf dem Board und zum Teil baumelte sie an dessen Stirnseite hinunter.

Aber, das macht keinen Sinn. Wieso sollte die Kette nach all den Jahren plötzlich aus der Wand reißen? Es hat ja noch nicht einmal etwas darauf gehangen, nachdem ich bemerkt hatte, dass sich die Verankerung zu lockern begann. Ich wollte nicht Gefahr laufen …

Granny stockte. So, wie sie nun mitten in dem leblosen Körper stand, bot sich ein Bild, das auf fürchterliche Weise einen Sinn machte.

Die schwere Pfanne.

Die herausgerissene Kette.

Eine Person, die darunter auf dem Boden lag, mit einer vermutlich tödlichen Wunde am Hinterkopf.

Man hat mich ermordet!

In diesem Augenblick hörte sie ein Geräusch und fuhr herum. Doch gleich darauf entspannte sie sich wieder, als sie das leise Kratzen erkannte.

Alastair, mein Schatz.

Durch die Glaseinsätze der Tür zur Veranda waren der Kopf und eine Pfote eines Katers erkennbar. Er war groß für eine Katze und sein langes Fell von einem dermaßen tiefen Schwarz, dass es jeden, der ihm zum ersten Mal begegnete, unwillkürlich fröstelte. Auch schienen seine bernsteinfarbenen Augen manchmal geradezu von innen zu leuchten. Mit ihnen blickte er unverwandt auf den Körper und den Geist in der Nische neben dem Sideboard, während seine Pfote ohne Unterlass über die Glasscheibe strich und dabei ein leicht quietschendes Kratzen verursachte.

Ohne weiter nachzudenken, ging Granny auf die Tür zu, um ihren Kater einzulassen. Weit kam sie jedoch nicht. Noch bevor sie auch nur an dem Tisch mit vier Stühlen angekommen war, die mitten in der Küche standen, wurde sie aufgehalten. So sehr sie sich auch mühte, sie kam kein Stück näher an den Punkt heran, wo Alastair saß und weiter die Pfote über die Scheibe kratzen ließ. Verwirrt blickte sie an sich hinunter und stellte fest, dass ihr linker großer Zeh sich nicht vom Zeh des Körpers lösen wollte, der still in der Nische liegenblieb.

Damit ist es amtlich. Mein Körper muss tot sein, sonst würde er sich aufrappeln und die Tür öffnen. Dieses Geräusch ist nicht zum Aushalten! Ich muss etwas tun!

Granny ließ sich neben den Füßen ihres Leichnams auf dem Boden nieder und versuchte mit sich steigernder Vehemenz, ihren astralen Zeh davon zu lösen. Sie zog und rüttelte, doch nichts vermochte etwas zu bewirken. Immer wieder schoss ihr Blick zur Verandatür, an der Alastair stoisch sein Kratzwerk vollbrachte. Plötzlich jedoch verharrte er mit erhobener Pfote und blickte mit schräggelegtem Kopf nicht mehr auf die Gestalt am Boden, sondern direkt in Grannys Augen.

Kannst du mich etwa sehen, mein Schatz?

Sie ließ vom offensichtlich sinnlosen Vorhaben, ihren Zeh betreffend, ab und konzentrierte sich mit aller Kraft auf den Kater, dessen Augen immer heller zu leuchten begannen.

Ich bin hier, Alastair. Kannst du …?

In diesem Moment wandte der Kater sich abrupt von Granny ab, um sich das Fell an seiner Pfote zu putzen. Dann drehte er sich weg von der Tür, wischte dabei mit seinem buschigen Schweif über die Glaseinsätze und stolzierte zurück in den Garten.

Ein weiteres Mal entmutigt, ließ Granny sich nach hinten sinken, bis sie den sanften Widerstand des Sideboards im Rücken spürte.

Was nun?, dachte sie, lehnte auch ihren Kopf an … und stutzte erneut.

Oberhalb der Leibung der angelehnten Tür zum Flur glomm etwas an der Wand.

Mit neu erwachendem Elan erhob sie sich ein weiteres Mal, um dieses Etwas näher in Augenschein zu nehmen. Die Verbindung zu ihrer sterblichen Hülle ließ es zwar nicht zu, dass Granny dicht herankam, doch auch von ihrer Position aus konnte sie erahnen, dass es die Form einer Hand hatte. Also musste sich dort wohl jemand abgestützt haben. Während sie voller Faszination ihren Fund betrachtete, konnte sie feststellen, dass das Glimmen langsam die Farbe änderte – von Orange, über Rot zu Violett – und dabei mehr und mehr verblasste.

Das ist ja fast so wie bei dem Handwerker, der letztens mit diesem … Thermo … skop gemessen hat, wo er die Fenster abdichten muss. Kann mein Astral-Leib womöglich Temperaturen erkennen? Davon hat Mutter ja nie etwas erzählt.

Granny drehte sich wieder zurück zu ihrem irdischen Leib und erschauerte.

Auch am Griff der Pfanne war ein leichtes Glimmen erkennbar. Ebenso am Ende der Kette, die über die Kante des Sideboards hing.

Doch da drängten sich zwei weitere Sinneseindrücke in den Vordergrund und ließen sie ihren Fund vorübergehend vergessen: Auf dem Herd kochte die Sahne abscheulich stinkend über und die fröhlich bimmelnde Ladenklingel kündigte Kundschaft an.

AUF ABWEGEN

Jona

»Memo an mich selbst: Hör nicht auf deine bescheuerten Ideen!«, diktierte ich ins Notizbuch in meinem Smartphone. Nicht, dass es viel bringen würde, denn meist kam ich gar nicht dazu, mir meine privaten Gedankenstützen anzuhören – geschweige denn, meine Geistesblitze auch zu befolgen.

»Und du hörst auf der Stelle auf, mich so frech anzugrinsen! Du bist schuld, dass ich mich noch einmal umziehen muss und …« Ich seufzte und sparte mir die restliche Tirade, denn noch sinnloser als mit meiner elektronischen Gedächtnisstütze zu kommunizieren, waren Gespräche mit Freddy. Der saß mit schiefgelegtem Kopf und einem kackdreisten Funkeln in den dunklen Augen vor mir und plottete zweifellos den nächsten Sabotageakt.

Vor zwei Jahren war es mir wie ein brillanter Einfall erschienen, ihn in mein Leben zu holen. Ich hatte es so satt, meine wertvolle Lebenszeit mit mittelalten Recycling-Männern zu verbringen, die entweder unter ihren Altlasten oder wegen ihres ungesunden Lebenswandels ächzten und mir unterm Strich mehr Probleme bereiteten als Erfüllung.

Freddy dagegen versprach mir von Tag eins an Treue bis in den Tod und schwor, mir niemals wieder von der Seite zu weichen. Und ja, verblendet wie ich in diesem Moment war, klang das toll. Immer einen warmen Körper neben sich zu haben, an den man sich in kalten, einsamen Winternächten kuscheln konnte, klang Mitte Dezember und mit Weihnachten vor der Brust, verdammt verführerisch. Wie sehr man sich doch irren konnte. Wobei? Das mit der Treue und der ständigen Nähe stimmte, allerdings hatte mich niemand vor den infernalischen Fürzen und dem Mundgeruch gewarnt – und dass ich eben tatsächlich nie mehr alleine war. Selbst auf dem Klo nur ganz selten.

Mir entfuhr ein wehklagendes Geräusch, das Freddy jedoch missinterpretierte und begeistert mit der Rute auf den Dielenboden klopfte, sodass ich die Vibration an meinen bestrumpften Füßen spürte. »Wenn du es jetzt auch noch schaffst, ein Erdbeben zu erzeugen, dann hast du den Eignungstest zum Höllenhund endgültig geschafft.«

Er stieß einen begeisterten Beller aus, offenbar schien ihm diese Jobaussicht sehr zu gefallen – auch wenn sie nicht bei der Rassebeschreibung genannt wurde. Temperamentvoll, fröhlich, eigensinnig und einfallsreich – das hatte so schlecht nicht geklungen. Inzwischen war ich besser informiert und war intensiv in die Materie Airedale Terrier eingearbeitet. Bei meinen Recherchen hatte ich unter anderem erfahren, dass historische Verwandte von meinem Freddy im Ersten und Zweiten Weltkrieg als Melde- und Sanitätshunde gedient hatten, was mir bei meinem Sofa-Casanova allerdings reichlich abwegig erschien. Freddy hieß ursprünglich übrigens auch nicht Freddy, sondern Theodor of Glenrose Marvel. Theo hätte ich ihn auch gerne genannt, doch bereits in seiner ersten Nacht bei mir durfte ich eine weitere Eigenheit von ihm kennenlernen – gruseliges und vor allem lautstarkes Jodelgeheul im Schlaf. Als ich mich vom ersten Schock erholt hatte, erinnerte mich diese Traumballade an einige Takte aus Queens Bohemian Rhapsody – und aus Theo wurde Freddy.

Ich zog mir gerade einen frischen, nicht mit schlammigen Pfotenabdrücken verunzierten Pullover über den Kopf, als mein Handy klingelte und ich auf dem Display die Nummer meines Chefredakteurs Sam Shepherd erspähte.

»Was gibt's, Sam?«, fragte ich betont munter und wappnete mich innerlich gegen die absurden Ad-hoc-Aufträge, die er mir so gerne übertrug. Angeblich, weil ich hier in Fowey alle und jeden kannte und auch Grabsteine zum Plaudern brachte, wie er es so gerne ausdrückte.

»Kann ich dich um einen Spezialauftrag bitten?«, fragte er und prompt sträubten sich mir alle Haare.

»Hm«, brummte ich. Ich wollte erst einmal hören, worum es ging, ehe ich mich zu einer Aussage hinreißen ließ.

»Jenny hat heute Geburtstag und ich dachte, wir schenken ihr alle einen Geschenkkorb von Granny Smith mit allen Sorten.«

»Du hast vergessen, deiner Sekretärin einen Blumenstrauß zum Geburtstag zu besorgen, und musst es jetzt wieder gutmachen«, übersetzte ich. Er grunzte.

»Wie lange arbeitet sie schon für dich? Zwanzig Jahre? Oder fünfundzwanzig?«

»Dreißig«, gab er zähneknirschend zu. »Und hör auf, mir ein schlechtes Gewissen zu machen. Das hab ich von ganz allein. Also, was ist? Kannst du mir bitte aus der Patsche helfen?«

»Na schön«, sagte ich gnädig, fügte aber rasch hinzu: »Aber dann hab ich auch was bei dir gut!«

»Du darfst Freddy jeden Tag mit in die Redaktion bringen«, erinnerte er mich milde und mehr musste er tatsächlich nicht, denn den rassetypischen Einfallsreichtum legte mein vierbeiniger Unhold auch am Arbeitsplatz gerne an den Tag.

»Ich kümmere mich um das Paket für Jennifer«, versprach ich daher rasch und beendete das Telefonat.

Zwanzig Minuten später waren wir unterwegs und liefen an diesem nassgrauen Morgen durch meine Heimatstadt. Anders als von mir geplant natürlich nicht nur am Ufer des Flusses Fowey entlang zur Redaktion, sondern die vielen Stufen hinauf, die es brauchte, um zu Granny Smiths fabelhaftem Fudge-Laden zu gelangen. Er befand sich nämlich nicht im Ortszentrum, sondern oben auf der Klippe in der Nähe des Sportplatzes und Parks. Daher war er eigentlich auch nur Einheimischen bekannt. Freddy benahm sich nach seiner Schlammpfützenorgie von vorhin mustergültig und marschierte mit hoch erhobenem Schwanz und tiefer Nase neben mir her – ausnahmsweise ohne an der Leine zu zerren. So hatte ich ein wenig Muße, meinen Gedanken nachzuhängen und alle paar Meter Nachbarn und Bekannte zu grüßen.

Sam hatte schon irgendwie recht, ich kannte hier tatsächlich Gott und die Welt. Und alle kannten mich, was mir oft genug einen echten Vorteil gegenüber meinen jüngeren Kolleginnen und Kollegen verschaffte, die noch nicht so lange hier lebten. Mir erzählten die Leute praktisch alles. Nicht, dass in Fowey besonders aufregende Dinge geschahen, wenn man von der Diebstahlserie bei zwei örtlichen Kaninchenzüchtern mal absah – wobei ich da eindeutig eher die Füchse im Verdacht hatte, die sich beim Gute-Nacht-

Sagen am ein oder anderen Häschen vergriffen. Doch die Hoppelheger waren sich sicher, dass sich ein lokaler Konkurrent gezielt an ihren besonders vielversprechenden Rammlern vergreifen musste, und schworen Rache. Glücklicherweise gehörte diese brandheiße Geschichte nicht in mein Ressort, denn mein vierbeiniger Assistent würde das Problem auf ganz eigene Art lösen. Oder verschärfen.

Ich bog um die nächste Ecke und sah schon von Weitem das Ladenschild von Grannys Laden. Vielleicht konnte ich mir, während mir Granny einen üppigen Fresskorb für Jennifer zusammenstellte, eine heiße Schokolade gönnen? Das würde mir den Tag wirklich versüßen. Ich fasste Freddys Leine kürzer und drückte mit der anderen Hand voller Vorfreude auf die kommenden Genüsse die Tür zum Laden auf.

»Uagh. Was ist das?«, entfuhr es mir angewidert, denn statt des vertrauten, betörenden Aromas schlug mir ein beißender Geruch entgegen, der mich an übergekochte Milch erinnerte.

Freddy versteifte sich merklich neben mir und stieß ein leises Knurren aus. Auch er schnupperte. Dann sank sein Schwanz erst auf halbmast und verschwand schließlich sogar zwischen den Beinen. Hier war irgendetwas ganz und gar nicht in Ordnung.

»Granny?«, rief ich unsicher. »Granny Smith? Ist alles in Ordnung?«

Es kam keine Antwort. Freddy japste auf und aus den Augenwinkeln sah ich einen dunklen Schatten vor der Ladentür vorbeihuschen. »Granny?«, fragte ich erneut und ging dann um den Tresen herum. Hinter dem von einem dicken Samtvorhang verborgenen Durchgang gab es einen Flur, der zur Küche führte, wie ich seit einem Interview mit unserer Fudge-Königin wusste. Langsam näherte ich mich.

Der Gestank nach verbranntem Karamell und übergekochter Milch wurde immer intensiver und mischte sich mit etwas anderem. Ich schluckte. Diesen Geruch hatte ich schon einmal in der Nase gehabt: Blut. Viel davon. Noch ehe ich in die Küche blicken konnte, hatte ich schon mein Handy in der Hand, um den Notarzt zu rufen, doch nach drei weiteren Schritten war klar, dass ich zu spät gekommen war.

GEISTESGEGENWART

Granny

Wer ruft da? Diese Stimme kenne ich doch. Eine Frau. Und sie kommt näher. Ach du liebe Zeit, sie wird meinen Körper finden! Hoffentlich ist es nicht ausgerechnet Portia Peek. Nicht auszudenken, was sie in der Straße erzählen wird. Ich hätte …

In diesem Augenblick flog die angelehnte Tür zum Flur auf und hindurch brach ein Knäuel aus braun-schwarzem Fell. Laut bellend versuchte es, neben Granny zum Stehen zu kommen, doch der glatte Küchenboden ließ es nicht zu. So geriet es ins Rutschen und prallte gegen einen der vier Küchenstühle, der nicht ganz unter den Tisch in der Mitte geschoben worden war. Der Stuhl geriet ins Kippen und wischte im Umfallen mit seiner Lehne an der Tischkante entlang, wo Granny die Etagere mit den Glasfläschchen abgestellt hatte, in denen sich ihre Aromaöle befanden.

Ach, herrje. Das ist ja …

»Freddy!«, erklang nun laut und deutlich die Stimme einer Frau aus dem Flur.

Der Hund stand wie erstarrt mit aufgerissenen Augen und zurückgelegten Ohren neben den Füßen des leblosen Körpers und schien sich nicht entscheiden zu können, ob er knurren oder winseln wollte.

Ein Krachen und Scheppern ließ das Tier entsetzt herumfahren. Die Etagere war umgekippt und auf den Stößel eines Mörsers gefallen. Der drehte eine Pirouette in der Luft und verteilte dabei Pistazienkrümel auf dem Tisch, bevor er auf ein filigranes Kristallgefäß in einer silbernen Schale traf, das prompt zersplitterte und seinen Inhalt über die außerdem in der Schale aufbewahrten Trockenkräuter verteilte.

Mit einem fassungslosen Gesichtsausdruck starrte die in der Tür stehen gebliebene Frau zwischen dem fortschreitenden Chaos auf dem Tisch und ihrem inzwischen wieder aufgeregt herumspringenden und jaulenden Hund hin und her. Beide zuckten bei jedem Klirren zusammen, das die vom Tisch rollenden Aromafläschchen verursachten, während sie den Boden und den dort liegenden Stuhl mit ihrem Inhalt bespritzten.

»Bist du noch zu retten?«, japste sie schockiert und schloss kurz ihre Augen. »Was hast du getan?«

Aber der Arme kann doch fast nichts dafür, fuhr Granny unwillkürlich auf.

Freddy tapste sichtlich verunsichert zu seinem Frauchen, stupste sie an der Hand an und begann dann zaghaft zu wedeln.

»Komm mir nicht so!«, rief die Frau. »Erst hier das blanke Chaos veranstalten und dann so tun, als ob nichts wär. Wenn die arme Granny das sieht, dann fällt sie tot … oh.« Alle Farbe wich aus ihrem Gesicht, als sie zuerst Grannys Füße und dann auch die restliche stumm daliegende Gestalt mit der hässlichen Wunde am Hinterkopf entdeckte. Ihre erhobene Rechte sackte hinunter. Das Handy entglitt den anscheinend kraftlosen Fingern und fiel klappernd zu Boden.

Ach, Herzchen … wie war nochmal dein Name? Wir haben uns doch letztens erst unterhalten. Jona, das war's. Jona, Liebes, nimm's nicht so schwer.

»Scheiße«, flüsterte Jona. Einen Moment lang stand sie wie in Trance herum. Dann schien sie sich ihrer Umgebung wieder bewusst zu werden. Sie bückte sich, hob das Telefon auf und tippte mit zitternden Fingern eine Nummer. Während sie darauf wartete, dass sich ihr Gesprächspartner meldete, balancierte sie vorsichtig durch die um den Tisch verteilten Trümmer an den Herd, wo sich erste dunkle Schwaden aus dem Topf erhoben.

»Devon & Cornwall Police? Hier ist Jona Gold. Ich bin in Fowey im Fudge-Laden von Granny Smith. Bitte schicken Sie jemanden. Hier ist etwas passiert. Ja … nein … keine Ahnung, ich … ja, ist gut, ich warte hier.« Während des Gespräches hatte sie den Topf von der Flamme gezogen und das Gas abgedreht. Nun schaute sie sich in der Küche um.

In diesem Moment fing Freddy an zu knurren. Bevor Jona ihn aber auch nur zur Ordnung rufen konnte, schoss der Terrier los, kickte den umgefallenen Stuhl erneut durch die Gegend und kam, wild bellend, erst an der Tür in den rückwärtigen Garten zu stehen. Auf der anderen Seite des Glaseinsatzes – durch den geifernden Hund fast verborgen – bewegte sich etwas Dunkles.

Unwillkürlich versuchte Granny, sich an ihm vorbeizudrängen, scheiterte aber ein weiteres Mal daran, dass ihre sterbliche Hülle sie festhielt. *Alastair, Schatz. Keine Angst, er kann dir nichts …*

Da richtete sich der Kater zu voller Größe auf und hieb

fauchend einmal mit der Pfote gegen das Glas. Freddy machte einen Satz rückwärts, gab ein Quieken von sich und rannte aus der Küche.

»Na, du bist mir ja ein Held«, bemerkte Jona mit einem halben Lächeln, das angesichts des leblosen Körpers jedoch sofort wieder erstarb.

Aus dem Laden war ein Klingeln zu hören. Dann begann Freddy ein weiteres Mal zu bellen.

Jona gab ein Seufzen von sich und eilte aus der Küche. »Es ist geschlossen«, rief sie im Laufen. »Heute gibt es leider keinen Fudge.«

Doch die Kundschaft schien sich nicht so einfach abwimmeln lassen zu wollen, denn es folgte ein Wortwechsel, den Granny aber wegen Freddys Gebell nicht verstehen konnte. Kurze Zeit später wurde die Küchentür aufgestoßen. Hinein kam aber nicht diejenige, die Granny erwartet hatte.

»Dann wollen wir doch mal sehen, wie schlimm es wirklich ist, Kindchen«, brummte die uniformierte Gestalt, die hereinwatschelte.

Constable Fumble, Lucius, das ist aber eine Überraschung. Hast du denn auch das Geld dabei, das du mir noch vom letzten Bridge-Abend schuldest?

Sie erhielt freilich keine Antwort. Nach einem kurzen Blick auf den leblosen Körper wandte sich der Polizist um und ließ seinen Blick durch die Küche schweifen.

Nun erschien auch Jona, blieb aber in der offenen Tür stehen, wo sie leise vor sich hinmurmelte: »Da ruf ich extra in St. Austell an und sie schicken ausgerechnet ihn.«

Fumble wandte sich zu ihr. »Hast du was gesagt?«

Eine leichte Röte überzog Jonas Wangen. »Nein, nein. Ich habe mich nur gewundert, wie du so schnell …«

»Tja, mein Kind«, unterbrach Fumble sie. »Wir sind schließlich im Zeitalter der modernen Kommunikation. Aber die allein ist ja nichts ohne ein gerüttelt Maß an kriminalistischer Intuition. Wenn ich nicht eben die Eingebung gehabt hätte, in der Zentrale anzurufen, um Meldung zu machen, dann hätten die Kollegen extra ein Team herschicken müssen.« Er schaute Jona erwartungsvoll an.

»Respekt«, sagte sie nach einem Moment der Stille mit unmissverständlichem Sarkasmus in der Stimme und gab Fumble ein doppeltes Daumen-hoch-Zeichen.

PLÖTZLICHE KLARHEIT

Jona

Wenn du noch einmal »mein Kind« oder »Kindchen« zu mir sagst, dann werde ich mich vergessen, dachte ich, sprach es aber nicht aus. Warum bloß musste sich dieser Schwachkopf von Fumble einmischen? Ein »Team« war genau das, was ich im Sinn gehabt hatte, als ich eben *nicht* bei der örtlichen Wache angerufen hatte, sondern in St. Austell.

Während Fumble wie ein Tanzbär durch die Küche tapste, hielt ich mich im Hintergrund und versuchte, mir so viel wie möglich einzuprägen. Als ich vor ein paar Wochen zum Interview hier war, war alles proper und ordentlich gewesen. Ja, Freddy hatte eben für ein ziemliches Chaos gesorgt, aber schon davor war einiges nicht so, wie es sein sollte. Ich kam nur nicht drauf, was mich besonders irritierte. Von der offensichtlichen Tatsache abgesehen, dass Granny Smith in grotesker Pose in einer riesigen Blutlache lag. Was sicher keine freiwillige Entscheidung von ihr gewesen war.

»Ähm«, entfuhr es mir, als Fumble an der Toten rüttelte, als wolle er sie aufwecken.

»Ja?« Fumble sah mich aus seinen Schweinsäuglein gutmütig an. »Ich fürchte, sie ist wirklich tot, Kindchen. Mausetot.«

Ach was? Mir riss die Hutschnur. »Ich sehe, dass sie tot ist. Das ist kaum falsch zu interpretieren. Sonst hätte ich auch den Notarzt und nicht die Polizei angerufen. Kompetente Kollegen und keinen …« Ich biss mir mit aller Macht auf die Zunge. Es brachte schließlich gar nichts, den örtlichen Ordnungshüter gegen mich aufzubringen.

»Kompetente Kollegen? Was willst du damit sagen?« Die Schweinsäuglein wurden zu schmalen Schlitzen, was sie nicht unbedingt attraktiver aussehen ließ.

»Ich glaube nicht, dass Granny eines natürlichen Todes gestorben ist«, hörte ich mich zu meiner Überraschung sagen. Die Worte, die eigentlich gerne aus meinem Mund geperlt wären, waren andere gewesen, doch die hatte ich mir ja verkneifen wollen. Stattdessen hatte mein Unterbewusstsein einen verstörenden Alternativtext abgespult. Wie bitte schön kam ich auf diese Idee?

»Wie kommst du auf eine derart absurde Idee?«, fragte Fumble prompt, arrangierte seinen überraschten Gesichtsausdruck dann aber rasch wieder in ein joviales Grinsen. »Haben wir zu viele Krimis gesehen?«

Ich ignorierte ihn, zog wieder mein Handy aus der Tasche und tat so, als würde ich Nachrichten checken. In Wirklichkeit begann ich, Fotos zu machen. Von meiner Position aus konnte ich nicht alles erkennen, aber ich knipste, so viel es irgendwie ging und ohne dass Fumble Verdacht schöpfte. Leider war ich auch durch Freddy an meiner Seite ziemlich eingeschränkt, denn ich stand nun auf seiner Leine, damit er keine weiteren Extratouren machen konnte. Mit diesem Chaosmonster würde ich nachher noch ein Hühnchen rupfen.

»Machst du etwa Fotos?«, fragte Fumble schließlich.

»Nein«, log ich geschmeidig. »Nur Notizen für den Nachruf in der Zeitung. Granny war ja eine Stütze der Gemeinde, ihr kulinarisches Zentrum und …« Meine Stimme erstarb. Mir wurde gerade schlagartig klar, dass dies hier die Wirklichkeit war. Granny Smith war tot. Niemals mehr würde ich ihren frischen Fudge naschen oder mir mit einer heißen Schokolade eine öde Recherche oder einen nervtötenden Interviewpartner schöntrinken.

»Gut, denn das wäre sonst Amtsbehinderung«, brummte Fumble.

»Amtsbehinderung?«

»Du weißt genau, was ich meine, Kindchen!« Er kam zu mir und wollte nach meinem Handy greifen, doch Freddy stieß ein drohendes Knurren aus, hob die Lefze und ließ ein paar seiner beeindruckenden Zähne blitzen. Guter Hund.

Ich steckte das Handy zurück in meine Handtasche und baute mich in voller Körpergröße vor ihm auf. Schon ohne Schuhe überragte ich ihn um einige Zentimeter. »Ich habe nicht die leiseste Ahnung, wovon du sprichst«, entgegnete ich kühl und tätschelte den wolligen Hundekopf an meiner Seite.

»Wenn ich morgen Fotos vom …« Er rang um die passenden Worte.

»Tatort?«, half ich aus.

»Vom Fundort der Leiche in der Zeitung sehe«, sprach er weiter. »Dann werde ich …«

»Mach dich nicht lächerlich, Fumble«, unterbrach ich ihn. »Warum sollte ich die Menschen in Fowey mit diesem schrecklichen Anblick schocken? Wir wollen doch alle Granny Smith so in Erinnerung behalten, wie wir sie am liebsten hatten. Nicht wahr? Aber nun würde ich trotzdem vorschlagen, dass du Verstärkung rufst. Es gibt hier bestimmt eine Menge Spuren.«

»Ja, vor allem Pfotenabdrücke«, knurrte er ungehalten. »Dein Untier hat ganze Arbeit geleistet.«

Das war nicht abzustreiten, aber eben auch nicht die ganze Wahrheit. »Als wir vorhin in den Laden kamen, war mir noch nicht klar, dass es sich um ein Verbrechen handeln könnte, und Freddy war etwas … ähm … übermotiviert.« Dass mich diese plüschige Ein-Hund-Guerilla-Armee ständig in die Defensive manövrierte, ging mir wirklich auf die Nerven.

»Kann es sein, dass dein Hund die arme Granny attackiert hat und du dir deshalb einen Kriminalfall wünschst, um die Schuld auf jemand anderen abzuschieben?« Fumbles kleine Augen glänzten plötzlich fiebrig.

»Was?«, ich schnappte fassungslos nach Luft. Das ging nun wirklich zu weit.

»Könnte doch sein. Nach allem, was man über dich und deinen vierbeinigen Schatten so hört, würde mich das auch nicht wundern. Außerdem ist das Tier eindeutig aggressiv.«

Ich verfluchte mich dafür, dass ich vorhin nur Fotos gemacht hatte, statt auch noch die Diktierfunktion zu aktivieren. Dieser O-Ton wäre einiges wert. Doch es half nichts. Also riss ich mich zusammen und sagte so eisig wie möglich: »Wenn du das wirklich glaubst, dann wäre das noch ein Grund mehr, auf der Stelle die Spurensicherung zu rufen. Ich bin mir sicher, die Kollegen können ganz eindeutig feststellen, was auf meinen Hund zurückzuführen ist – einiges, wie ich zugeben muss –, und was nicht. Tatsache ist, dass Granny Smith bereits tot war, als wir den Laden betreten hatten. Allerdings noch nicht besonders lange, denn sonst wäre die Sahne sicherlich nicht nur verkohlt, sondern vermutlich in Flammen aufgegangen.«

Ich fand, dass das ziemlich schlüssig klang. Und je länger ich darüber nachdachte, desto unheimlicher wurde mir. Sahne kochte verdammt schnell über, wie ich von meinen ziemlich dürftigen Kochkünsten zu berichten wusste. Das war eine Sache von Minuten. *Also muss Granny nur wenige Augenblicke bevor …*

»Wie gesagt, du leidest an einer viel zu blühenden Fantasie«, beschloss Constable Fumble meine Gedanken. »Ich denke, dass sich die Eisenkette dahinten gelöst hat und dadurch die schwere Pfanne gegen den Kopf geschlagen ist. Ein tragischer Unfall. Nichts weiter.«

BEHARRUNGSVERMÖGEN

Granny

Wie vom Schlag getroffen blickte Granny zwischen Fumble und Jona hin und her.

Nein, das ist es eben nicht gewesen! Lucius, du Riesenrindvieh! Sieh doch genau hin. Oder überlass das Ermitteln denen, die wirklich etwas davon verstehen und kümmer dich weiter um Nachbarschafts-Streitigkeiten oder betrunkene Randalierer. Schau dir Jona an. Sie ist nicht einmal eine Polizistin, aber man kann ihr am Gesicht ablesen, dass sie weiß, dass hier etwas nicht stimmt.

Die Augen des Constable zuckten in ihre Richtung.

Kannst du mich hören? Du meine Güte, Lucius, hörst du mich?!

Er runzelte die Stirn, schüttelte dann aber den Kopf, wie um ein lästiges Insekt zu verscheuchen, und wandte sich erneut Jona zu. »So, und nachdem das geklärt ist, kannst du die Küche verlassen.«

»Du wirfst mich raus«, bemerkte Jona.

»Nur aus der Küche«, gab Fumble zurück und tätschelte Jonas Oberarm. »Bleib ruhig im Laden – es kann ja sein, dass es doch noch ein paar Fragen gibt. Und du kannst auch den Kunden, die hereinwollen, sagen, dass erst einmal geschlossen ist.«

Ach du liebe Zeit!, schoss es Granny durch den Kopf und sie hatte dabei das Gefühl, dass ihr sämtliche Farbe aus dem Gesicht weichen würde – wenn sie noch eines gehabt hätte. *Die Bestellung für das Fest in Bodinnick. Es fehlt noch die Hälfte. Wer soll denn …?* In diesem Augenblick traf sie die Erkenntnis wie ein Blitz. Sie würde niemals wieder hier in der Küche stehen und ihren geliebten Fudge kochen. Wahrscheinlich würde niemand das jemals wieder tun. Sie hatte immer gedacht, dass noch Zeit genug wäre, um sich um eine Nachfolgerin zu kümmern. Aber nun …

Jonas Gesichtsfarbe veränderte sich tatsächlich und das ziemlich dramatisch, wenn auch aus einem anderen Grund. Zuerst wurde sie blass, dann entwickelte es sich in Richtung eines frisch gekochten Krebses. Sie schaute auf den Punkt, an dem die Hand des Constables sie gerade berührt hatte, während ihr Unterkiefer hinunterklappte. Sie schien etwas sagen zu wollen, schloss den Mund dann aber wieder und atmete tief durch. Jona bückte sich und griff nach der Hundeleine, auf der sie stand. »Ich muss sowieso mal telefonieren«, sagte sie und machte sich auf, zusammen mit Freddy die Küche zu verlassen.

»Telefonieren?!«, fuhr Fumble auf. »Unter …«

»Ja, genau. Telefonieren!«, rief Jona dazwischen. »Mit meinem Arbeitgeber, um ihm zu erklären, dass ich noch nicht bei ihm erscheinen werde.«

»Aber untersteh dich, etwas von dieser … Sache hier zu berichten, bis die Ermittlungen …«

Jona drehte sich in der Tür herum und bedachte den Constable mit einem überraschend kecken Augenaufschlag. »Das heißt also, es wird Ermittlungen geben?«

Nun war es an Fumble, schlagartig die Gesichtsfarbe zu wechseln. »Du … ich … das lass mal schön unsere Sorge sein!«

»Natürlich«, antwortete Jona zuckersüß und wandte sich erneut zum Gehen.

»Und mach die Tür hinter dir zu!«, bellte Fumble. »Nicht, dass dieser Höllenhund hier noch einmal hineinrennt und das letzte Bisschen von den Spuren des … Unfalls zerstört.«

Während die Tür geschlossen wurde, drangen aus dem Flur einige Worte in die Küche, die Granny aber trotz ihrer geschärften Sinne nicht verstehen konnte.

Fumble hatte sie offensichtlich ebenfalls nicht mitbekommen, denn er schaute Jona nicht hinterher. Stattdessen stand er mit in die Hüften gestemmten Händen vor dem Küchentisch und ließ seinen Kopf langsam hin und her schwenken, während er vor sich hin brummte.

Lucius, bitte lass das nicht einfach so stehen, rief Granny. *Man hat mich umgebracht!*

Der Constable nickte – Granny konnte nicht erkennen, ob er tatsächlich ihr damit zustimmte oder nur sich selbst bestätigte. Dann strich er sich über den Walross-Schnurrbart und holte sein Handy hervor. »PC Fumble hier«, meldete er sich, nachdem das Gespräch angenommen worden war. »Melde mich vom Tat … vom Fundort der Leiche von Faye Smith, hier allgemein bekannt als Granny, der Inhaberin der Fudge-Manufaktur. Sie ist offen … nein … ja … aber ich … in Ordnung. Ich halte die Stellung, bis …« Er nahm das Telefon vom Ohr und hämmerte mit seinem Finger auf die »Auflegen«-Taste. »Ja, du mich auch, Mister Perfect«, knurrte er.

Wenigstens bin ich nicht die Einzige, die mit der Meinung anderer Leute unzufrieden ist. Granny begann zu hoffen.

Eine knappe Stunde später war diese Hoffnung bereits am Bröckeln.

Als Police Sergeant Jeff Taylor zusammen mit dem Gerichtsmediziner und dem Team der Kriminaltechnik eingetroffen war, hatte sie einer genauen Untersuchung durch die Profis entgegengefiebert, war aber schnell desillusioniert worden.

Fumble hatte die Zeit bis zum Eintreffen der Kollegen anscheinend dazu benutzt, um sich jedes zu seiner Auffassung passende Detail genauestens einzuprägen. So überfiel er das Team mit einer Eilfertigkeit, die Dr. Isaacson zunächst ein Stirnrunzeln entlockte, aber je länger er Rede und Antwort stand und dabei alles, was passte, hervorhob, das nicht so sehr passende jedoch Jona – und ganz besonders Freddy – zurechnete, desto positiver schienen alle seiner Unfall-Theorie gegenüberzustehen.

»Danke, PC Fumble«, sagte Taylor schließlich nickend. »Sie haben uns sehr geholfen. Ab jetzt übernehmen wir, aber ich bin mir sicher, dass wir – sollten wir noch Fragen haben – auf Ihre Expertise zählen können.«

Der Constable nickte zackig. »Ich mache nur meinen Job. Dann kann ich ja jetzt mit der Befragung der Zeugin weiter …«

»Nicht notwendig«, unterbrach ihn der Sergeant. »Das hat PC Williams bereits erledigt, während wir hier beschäftigt waren.«

Fumble nickte erneut, machte aber keine Anstalten zu gehen.

»Ich denke, das ist dann alles«, bemerkte Taylor mit einer ausladenden Handbewegung. »Vielen Dank nochmal.«

Die Augen von Fumble zuckten zwischen Taylor, dem Ort, wo Granny stand, und Isaacson hin und her.

Hast du immer noch nicht verstanden, Lucius? Es ist Zeit zu gehen.

Als Fumble bei keinem der Umstehenden eine Bestätigung für sein weiteres Hiersein zu finden schien, gab er ein leises Brummen von sich. »Na, dann werde ich mal wieder meine Runde machen. Auf Wiedersehen, die Herren.«

Und Dame, so viel Zeit muss sein!

»Und machen Sie bitte die Tür hinter sich zu«, rief Taylor dem Constable hinterher. Nachdem dieser in Richtung des Ladens verschwunden war, ergänzte er an seine Kollegen gewandt: »Dorf-Sheriffs.«

Dann brachen sie allesamt in Gelächter aus.

Granny lachte mit und fing an, wieder Hoffnung zu schöpfen.

»Aber eins muss man dem Guten lassen«, sagte Dr. Isaacson schließlich. »Das Szenario könnte passen.«

Ach, nicht doch. Lasst euch nicht so einen Unfug erzählen.

»Hmm«, brummte Taylor und nickte langsam. »Augenscheinlich passt die Wunde an der Toten zu dem Blutfleck an der Pfanne. Dann die kaputte Aufhängung. Und schwer genug, um solchen Schaden anzurichten, kommt mir das Ding auch vor.«

Das stimmt zwar, aber so war es trotzdem nicht!

»Es kommen natürlich nach wie vor auch andere Todesursachen in Frage. Letztendlich könnte es sogar sein, dass sie nur aus Versehen an diese Pfanne gestoßen ist und vor Schreck einen Herzinfarkt bekommen hat. Na ja, wir werden es sehen, wenn ich sie auf dem Tisch habe.«

Grandios, Herr Doktor! Das … huch, was geschieht denn hier?

Granny, die sich während des Gesprächs vollkommen auf die Polizisten konzentriert hatte, wurde mit einem Mal zur Seite gezogen. Ihr Blick schoss nach unten und sie erkannte den Grund.

Zwei der Kriminaltechniker hatten ihren leblosen Körper herumgedreht und ein Stück zur Seite gezogen. Nun machten sie sich daran, ihn in einen schwarzen Sack zu stecken.

Grannys astraler Körper wurde hin und her geschüttelt, dann wurde sie zu Boden gedrückt, als der Fuß, an dem sie festhing, im Sack verschwand.

Oje, sie werden mich doch nicht auch in diese finstere Hülle stecken!

Doch an dem Prinzip, das Granny schon ganz zu Anfang hatte erkennen müssen, hatte sich nichts geändert. Sie konnte sich nicht lösen, so sehr sie auch zog und zerrte.

Nein, ich möchte das nicht. Lass los!

Ein abgehacktes Ratschen erklang, als einer der Techniker versuchte, den Sack zu schließen. Mit einem Stirnrunzeln ließ er davon ab und nahm den Reißverschluss in Augenschein.

Ich sagte, dass ich das nicht möchte!

Halb im Sack steckend und halb draußen fixierte Granny den Mann und versuchte, seine Schultern zu fassen.

Das Stirnrunzeln wurde stärker.

Granny schaffte es tatsächlich, Halt an dem Mann zu finden.

Schlagartig wurde er kalkweiß im Gesicht. Er gab ein Keuchen von sich, zuckte zurück und fiel hintüber – immer noch den Zipper in der Hand.

Ein reißendes Quietschen ertönte und Granny schoss vor – direkt hinein in den auf dem Boden Liegenden.

Dieser drehte seinen Kopf zur Seite und übergab sich ansatzlos und schwallartig.

Mit einem Fluch sprang Taylor rückwärts, um seine Schuhe vor dem Erbrochenen in Sicherheit zu bringen. »Ben, was soll das? Du machst das doch nicht zum ersten Mal.«

»Ich … weiß auch nicht«, röchelte der Mann zwischen zwei Schwällen. »Da ist irgendwas … huch.«

Entschuldigen Sie, mein Lieber, sagte Granny, die es inzwischen geschafft hatte, sich seitlich aus dem Kriminaltechniker hinauszurollen. *Das kam nur so plötzlich. Und ich wusste nicht, dass ich einen solchen Effekt auslöse.*

»Was soll das heißen?«, kam es gleichzeitig von Taylor.

Der Techniker setzte sich auf und schaute betreten in die Runde. »Also, ich hatte mit einem Mal das Gefühl, mich würde etwas umfangen, das gleichzeitig brennend heiß und eiskalt war. Diese Übelkeit, ich konnte sie nicht stoppen. Aber … so schnell, wie das Gefühl gekommen war, so schnell ist es jetzt auch wieder weg.«

Dr. Isaacson blickte vom Techniker zu dem nun geschlossenen schwarzen Sack. »Hmm, das ist in der Tat seltsam.« Dann griff er in seinen Koffer und holte zwei Gesichtsmasken heraus, von denen er eine aufsetzte. Die andere gab er dem auf dem Boden sitzenden Unglücksraben. »Ich denke, Sie sollten auch eine Maske aufsetzen, Harris. Wir beide haben am engsten an der Leiche gearbeitet. Und lassen Sie sich auf eventuelle Keime untersuchen. Vielleicht ist an diesem Tod doch mehr dran, als wir bisher dachten. Jones, Sie versiegeln vorsichtshalber den Verschluss des Leichensacks.«

»Sie meinen, es könnten auch Läuse und Flöhe sein?«, wandte Taylor sich an den Gerichtsmediziner.

»Bitte?«

»Na, vielleicht gibt es gleich zwei Gründe, aus denen die

Arme gestorben ist. Eine Pfanne und …?« Er machte eine vage Handbewegung und verstummte.

Isaacson lachte. »Wenn Sie es so sehen wollen, dann ja. Im Grunde genommen denke ich nicht, dass es sich um einen Virus oder gar einen Hexenfluch handelt.« Er zwinkerte mit einem Auge.

Hexenfluch, dass ich nicht lache. Wobei, wenn ich an das Gesicht denke, das Nimue gemacht hat, als die Superiorin mich statt ihrer das Ritual vollziehen ließ. Und irgendwas hat sie dabei auch in ihren Damenbart gemurmelt. Was, wenn …?

»Aber Vorsicht ist besser als Nachsicht«, ergänzte der Gerichtsmediziner und beendete Grannys Gedanken. Dann gab er den Technikern noch einige Anweisungen und bereitete Taylor darauf vor, dass der komplette Obduktionsbericht noch eine Weile auf sich warten lassen würde, da sie noch mit dem rätselhaften Tod einer ganzen Familie aus Lostwithiel beschäftigt seien.

Die Techniker packten zusammen und brachten Beweismittel und Grannys sterbliche Hülle hinaus. Taylor ließ sich kurz von Williams auf den letzten Stand bringen, dann gab er ihr den Auftrag, sich in der Nachbarschaft umzuhören, und verließ zum Schluss selbst die Küche.

Granny stand am Küchentisch und sah ihnen hinterher. Dann wurde ihr etwas klar.

MEINUNGSVERSCHIEDENHEITEN

Jona

»DA BITTET MAN DICH UM EINEN SIMPLEN GEFALLEN, DOCH statt Fudge für Jenny zu kaufen, kommst du mit einer Horrornachricht an.«

Sams Versuch, meine Stimmung mit einem lahmen Witz aufzulockern, schlug gewaltig fehl. Ich hatte es inzwischen in die Redaktion geschafft, doch der Schock der vergangenen anderthalb Stunden saß mir noch tief in den Knochen – und ich hielt es für unwahrscheinlich, dass sich daran so schnell etwas ändern würde. Statt einer Antwort zog ich einen großen Cellophanbeutel aus meiner Handtasche hervor und hielt ihn Sam wortlos vor die Nase.

»Du hast?« Sam starrte mich verblüfft an. »Du hast ernsthaft …?«

»Ich habe ernsthaft eine Tüte Fudge aus Grannys Laden für Jenny mitgenommen«, entgegnete ich.

»Du hast eine Tote beklaut?«

»Ich kann den Fudge auch wieder nehmen, wenn du moralische Bedenken hast«, sagte ich gereizt und griff nach der Tüte, doch Sam brachte sie blitzschnell außerhalb meiner Reichweite. Freddy schien das als Spielaufforderung zu verstehen und sprang begeistert an meinem Chef hoch und versuchte seinerseits, sich die Tüte zu schnappen. Ich hielt ihn nicht davon ab, das hatte Sam mit seinem Kommentar nicht besser verdient. »Ich habe es übrigens nicht geklaut, sondern fünfzehn Pfund in die Kaffeekasse auf Grannys Tresen gesteckt.«

»Du hast für diese Tüte fünfzehn Pfund bezahlt?« Sams Augen wurden tellergroß und er schob meinen verrückten Hund mit dem Knie beiseite.

»Ist dir das deine Sekretärin etwa nicht wert, die seit über dreißig Jahren dein Berufsleben managt?«, konterte ich und schüttelte dann ungeduldig den Kopf. »Das alles ist doch auch komplett am Thema vorbei. Granny Smith ist tot und Fumble geht von einem Unfall aus«, platzte es empört aus mir hervor, ehe ich mir selbst den Mund verbieten konnte.

»Und du hast eine andere Theorie?« War ja klar, dass Sam gleich darauf ansprang. Sein journalistischer Instinkt war doch noch nicht ganz eingeschlafen.

»Ein Unfall macht keinen Sinn«, beharrte ich, auch wenn das natürlich eine vollkommen sinnlose Aussage war. Welcher Unfall machte schließlich Sinn?

»Das läge in der Natur der Sache, denn welcher Unfall ist schon sinnvoll oder glücklich.« Sam stellte die Fudge-Tüte ganz oben ins Regal, wo Freddie sie sicher nicht erreichen würde. Hoffentlich jedenfalls. Ich traute meinem Terrier inzwischen alles zu.

»Ich weiß, wie es klingt«, ruderte ich zurück. »Ich weiß aber auch, dass mein Bullshit-Radar ganz massiv angeschlagen hat. Mit Grannys Tod stimmt etwas nicht, da bin ich mir ganz sicher. Ich hoffe nur, dass es bei der Obduktion zu etwas Klarheit kommt.«

»Du denkst, dass Granny ermordet wurde?« Sams Blick wurde plötzlich ganz klar und scharf.

»Hm.«

»Aber es könnte doch auch ein Unfall gewesen sein oder ein natürlicher Tod«, spekulierte er weiter. »In ihrem Alter wäre das doch nicht ganz von der Hand zu weisen.«

»So alt war Granny nun auch wieder nicht. Kaum älter als du, denke ich. Und du fändest deinen Tod aktuell doch wohl auch etwas verfrüht, was?« Ich funkelte ihn herausfordernd an.

»Ja schon«, gab er zu. »Aber trotzdem. Ich meine, würdest du Granny Smith nicht lieber einen friedlichen, natürlichen Tod wünschen, statt gleich an Mord zu denken?« Er klang fast flehend, was mich langsam nachhaltig irritierte.

»Ich würde den meisten Menschen einen friedlichen Tod wünschen – mit Ausnahme von Lucius Fumble vielleicht. Es spielt jedoch keine Rolle, was ich mir wünsche. Tatsache ist, dass ich mir sicher bin, dass da etwas gewaltig faul ist und dass Fumble es vertuschen will. Warum auch immer.« Ich raufte mir die Haare.

Mein Bauchgefühl täuschte mich nur ganz selten, was ich auf die harte Tour hatte lernen müssen. Aber inzwischen konnte mich kaum einer mehr verarschen. Weder irgendwelche Lokalpolitiker, die ihre Meriten aufpoliert haben wollten, noch Kaninchenzüchter, die mir ihre Durchschnittsrammler als die glorreiche Zukunft der Flämischen Riesen glaubhaft machen wollten. Nein, Grannys Tod war kein Unfall, kein Unglück und ganz sicher nicht natürlich. Und wenn die Polizei es nicht wahrhaben wollte, würde ich eben selbst aktiv werden müssen.

»Mir gefällt dein Gesicht nicht, Jona«, sagte Sam mit zusammengekniffenen Augen. »Ganz und gar nicht.«

»Mein Gesicht sieht noch genauso aus wie immer. Vielleicht etwas älter als damals, als ich vor zwanzig Jahren hier angefangen habe, aber eigentlich müsstest du dich längst daran gewöhnt haben«, gab ich leicht pikiert zurück.

»Ich meine deinen Gesichtsausdruck! Du musst mich nicht mit Absicht falsch verstehen.« Sam seufzte. »Vielleicht solltest du einfach nach Hause gehen und dich von dem Schock erholen? Ich wette, das ist dir ziemlich nahegegangen.« Er tätschelte mir mitfühlend den Arm, doch ich schüttelte ihn ungeduldig ab.

»Ja, es war ein Schock. Aber zu Hause wird's sicher nicht besser. Nein, die Arbeit wird mich ablenken und außerdem will ich einen Nachruf auf Granny schreiben.« Ich straffte meine Schultern und wandte mich schon zur Tür, um Sams Büro zu verlassen und zu meinem Schreibtisch zu gehen.

»Das sollte vielleicht jemand anderer machen«, schlug Sam halbherzig vor und machte sogleich eine beschwichtigende Geste mit den Händen, als er meine Empörung spürte. »Oder halt auch nicht. Mach, wie du willst.«

Wahnsinn, seine Führungsstärke war wirklich beeindruckend. Kein Wunder, dass er seit Jahrzehnten auf diesem Job festsaß. Doch diesen Gedanken sprach ich nicht aus – sonst hätte ich mir ja eingestehen müssen, dass es mit meiner eigenen Karriere auch nicht so furchtbar weit her war. Außerdem hatte ich mein Ziel erreicht. »Danke für dein Verständnis«, sagte ich also zuckersüß zu ihm. »Es wird mir ganz sicher helfen, mit der Situation klarzukommen. Komm, Freddy!«

Mein Hund, der die letzte Minute ratlos vor Sams Regal gesessen und zur Fudge-Tüte hochgestarrt hatte, sprang auf und folgte mir in das Großraumbüro, in dem auch mein

Schreibtisch stand. Natürlich hatten die Kolleginnen und Kollegen schon mitbekommen, dass Granny verstorben war, und löcherten mich nun voll unterschiedlicher Betroffenheit. Allerdings schaffte ich es jetzt, die Mordtheorie für mich zu behalten, und beantwortete die Fragen so vage wie möglich. Ich ging in die Teeküche und goss mir eine Tasse von dem abgestandenen Kaffee ein, dann fuhr ich meinen Computer hoch und klickte mich durch einige Ordner. Vor ein paar Wochen hatte ich ein Porträt über Granny und ihre Fudge-Manufaktur geschrieben. Dabei war ich einen ganzen Tag bei ihr im Laden und ihrer Küche gewesen, hatte sie interviewt und zahllose Fotos gemacht. Außerdem hatte ich ihr selbst ein wenig beim Fudge-Kochen helfen dürfen.

Mir war dabei ihr energisches Auftreten aufgefallen, ihre Leidenschaft für ihre Arbeit und ihre fast überbordende Energie, die sie so viel jünger hatte wirken lassen, als sie an Jahren zählte. Es schien mir fast wie Magie, was sie in ihrer Küche zauberte. Diesen Satz hatte ich auch zu ihr gesagt und ich erinnerte mich an ihr verschmitztes Lächeln bei diesem Kommentar.

Ich las meinen Artikel, den ich über sie geschrieben hatte, und danach meine Notizen mit den Dingen, die ich für den Text nicht verwenden konnte. Dann klickte ich mich erst durch die Bilder von damals und schließlich durch die Fotos, die ich heute heimlich mit meinem Handy geschossen hatte. Moment! Ich hielt inne und ging zurück zu den Fotos von damals – und dann fiel es mir wie Schuppen von den Augen. Der Beweis, dass es ein Mord gewesen sein musste! Mein Puls raste und meine Hände wurden feucht. Meine nächsten Schritte sollte ich ganz genau planen. Und mir sehr genau überlegen, wen ich einweihen konnte.

UNERWARTETE ANTWORTEN

Granny

Sie sind weg. Er ist weg. Mein Körper! Ich bin frei! Aber … was nutzt mir das nun? Die Polizisten haben – korrekt und ordentlich, wie sie sind – alle Türen und Fenster geschlossen. Wie soll ich hier jemals hinauskommen? Und viel schlimmer noch, wie soll der arme Alastair hier hineinkommen? Wo soll er hin, wenn ich mich nicht mehr um ihn kümmern kann?

Von ihren immer panischer werdenden Gedanken getrieben, schwebte Granny dorthin, wo sie den Kater zum letzten Mal gesehen hatte. Durch die Glaseinsätze der Tür spähte sie in den Garten und versuchte, irgendwo einen Schatten im Gebüsch zu entdecken, der noch dunkler war und ihr damit anzeigen würde, dass sich Alastair dort zusammengerollt hatte. Doch nirgendwo im Hof hinter ihrem Cottage war auch nur die geringste Spur ihres Lieblings zu entdecken. Nach einer Weile, die Granny wie Stunden vorkam, gab sie es auf und sank zu Boden, wo sie, an die Tür gelehnt, blicklos in die – trotz des Chaos, das durch die Kriminaltechniker nicht besser geworden war – so fürchterlich leer wirkende Küche starrte.

Ein Rascheln ließ sie aufschrecken.

Granny ließ ihren Blick hin und her schweifen, doch auf Anhieb konnte sie nichts und niemanden sehen, das oder der dieses Geräusch verursacht haben könnte.

Zu dem Rascheln gesellte sich ein leises Knarren und Quietschen, das ihr schließlich die Richtung wies, in die sie schauen musste.

Sie erhob sich, drehte sich ein Stück nach rechts und beobachtete mit ungläubigem Staunen, wie sich durch den schmalen Spalt eines kleinen Oberlichts über ihrem Vorratsschrank etwas schob, das schwärzer zu sein schien als die Nacht.

Eine kurze Schnauze, darüber zwei leuchtend bernsteinfarbene Augen, spitze Ohren mit kleinen Puscheln darauf, kamen zum Vorschein.

Alastair, herrje, das ist doch viel zu eng. Da wirst du niemals …

Doch in diesem Augenblick schoben sich seitlich des Kopfes zwei Pfoten durch den Schlitz und Sekunden später flutschte der gesamte Körper des Katers hinterher. Er ließ sich vom Fenster auf den Schrank hinunter und umrundete einige dort stehende Töpfe und das Abzugsrohr des Herdes. An der Einfassung der Abzugshaube angekommen, wand sich der Kater leichtfüßig zwischen allerlei darauf abgestellten Tiegeln und Schälchen hindurch, stieß sich ab und landete mitten auf dem Küchentisch.

»Mau«, gab er zu verstehen und fing an, sich das Fell zu putzen.

Mit einem Satz war Granny bei ihm und ehe sie es sich

versah, machte ihre rechte Hand das, was sie in den letzten Jahrzehnten immer getan hatte. Sie legte sie auf Alastairs buschiges, schwarzes Fell und begann, ihn zu streicheln. *Mein Schatz, das hätte ich nicht für möglich gehalten!*

Dieser hob kurz seinen Kopf und streifte Granny mit seinen leuchtenden Augen. »Griijau«, bemerkte er und fuhr fort, sich zu putzen. »Was hast du denn gedacht, warum von den Leckereien, die du oben auf dem Schrank versteckst, doch immer mal etwas fehlt? Unterschätze nie eine Katze. Dort, wo ihr Kopf hindurchpasst, passt auch ihr gesamter … Moment, das fühlt sich seltsam an.« Alastair stoppte die Putztätigkeit und fixierte die konsterniert neben ihm sitzende Granny. Er legte seinen Kopf schräg. »Du bist tot, stimmt's?«

Mit großen Augen und leicht geöffnetem Mund nickte sie.

»Hm, dumm gelaufen. Wie ist das denn passiert?«

Granny bewegte sich keinen Millimeter und starrte ihren Kater weiter an.

»Okay, schade, ich hatte gehofft, dass sich unsere Kommunikation jetzt erleichtert. Versteh mich nicht falsch, aber stell dir mal vor, du würdest nach einer durchjagten Nacht nach Hause kommen und das erste, was passiert, wäre, dass dich dein Mensch mit mindestens fünf grammatikalischen Fehlern im ersten Satz anmiaut. Aber …«

»Du … du kannst sprechen«, presste Granny zwischen ihren astralen Lippen hervor.

»Und du offensichtlich auch, herzlichen Glückwunsch.«

»Aber, was … ich meine, wie …?«

»Kommt es, dass wir miteinander sprechen?«, beendete der Kater den Satz für sie. »Ich sagte doch schon: Du bist tot. Das ändert einiges. Irdische Körper können nur in ganz seltenen Fällen mit nichtmenschlichen Wesen kommunizieren, astrale üblicherweise schon. Du musst übrigens nicht aufhören, mich zu streicheln. Und wenn du schon dabei bist, kannst du auch gleich noch diese Staubflusen aus meinem Fell entfernen. Da oben auf den Schränken ist schon seit einer Ewigkeit nicht mehr geputzt worden.«

Geistesabwesend hob Granny ihre Hand und tat, wie ihr geheißen.

Alastair begann zu schnurren. »Brav. Aber jetzt noch einmal zu deinem Ableben. Wie kommt's?«

»Ich … weiß nicht«, gab sie zu. »Aber es war auf jeden Fall kein Unfall!«

»Das hat doch niemand gesagt.«

»Doch! Die Herrschaften der Polizei! Sie sind der Meinung, dass mir Mutters Pfanne auf den Kopf gefallen ist.«

»Lächerlich! Die hängt doch schon lange nicht mehr über der Arbeitsfläche.«

»Eben, aber bis auf Jona scheint keiner auf die Idee zu kommen, dass es noch andere Gründe dafür geben könnte.«

Die rhythmischen Putzbewegungen von Alastair stoppten. »Wer ist Jona?«

»Du kennst sie. Sie war vor Kurzem schon einmal hier für ein Interview.«

»Die Reporterin? Das ist doch die mit diesem unsäglichen Untier namens Freddy. Na dann, gute Nacht.«

Granny stoppte die Fellpflege und legte nun ihrerseits den Kopf schräg. »Was soll das bedeuten?«

Das Schnurren verebbte und der Kater drehte sein Gesicht in ihre Richtung. »Weil du so nicht mit meiner Anwesenheit rechnen kannst, falls du versuchen solltest, mit ihr Kontakt aufzunehmen.«

»Wieso sollte ich das wollen?«

»Du hast doch eben gesagt, dass sie die Einzige ist, die

nicht an die Unfall-Theorie glaubt. Und wenn du möchtest, dass dein tragischer Todesfall aufgeklärt wird, dann ist es nur logisch, sich mit ihr zusammen an die Lösung zu machen.«

»Wie soll das funktionieren? Ich kann doch nicht einmal die Küche verlassen. Und die Wahrscheinlichkeit, dass Jona hierher zurückkehrt, an einen Ort, der nicht nur offensichtlich menschenleer, sondern auch von der Polizei abgesperrt ist, schätze ich doch als ziemlich gering ein.«

Alastair gähnte und streckte sich ausgiebig, bevor er Granny wieder anschaute. »Wer hat dir denn das gesagt?«

»Was gesagt?«

»Dass du die Küche nicht verlassen kannst.«

»Sämtliche Türen und Fenster sind geschlossen«, gab Granny stirnrunzelnd zurück. »Und komm jetzt nicht auf die Idee, dass ich mich auch durch diesen Spalt quetsche, den du vorhin benutzt hast! Geist oder nicht, alles hat seine Grenzen und so tief bin ich noch nicht gesunken!«

Der Kater wandte seinen Blick von Granny ab und begann angelegentlich, seine Pfote zu putzen. »Ich würde niemals auf die Idee kommen, einem Menschen das zuzumuten, was man von uns Katzen dauernd verlangt«, versetzte er in einem indignierten Tonfall. »Aber auch ohne solche akrobatischen Übungen ist es für dich kein Problem, überall hinzu … schweben, wohin du möchtest. Du bist ein Geist. Und Geister können alles Irdische durchdringen.«

Granny, die sich bei ihren Worten erhoben hatte, ließ sich wieder auf den Stuhl sinken und starrte Alastair fassungslos an. »Wo … her weißt du das alles?«

»Weil ich dabei war, als deine Mutter dies zusammengetragen und aufgeschrieben hat.«

»Meine Güte! Du … sie … wie alt bist du?!«

»Hundertzweiundvierzig, aber das können wir ein

andermal erörtern. Wenn du gestattest, dann mache ich mich jetzt über die restlichen Sahnevorräte her, die neben dem Herd stehen. Du bist vermutlich noch nicht so schnell in der Lage, mir die Gartentür zu öffnen, damit ich mir etwas zum Mittagessen jagen kann, und es wäre ja schade, wenn sie schlecht würde. Danach brauche ich dringend ein Nickerchen, damit ich heute Abend wieder fit bin.«

»Ja, aber …«, stammelte Granny.

»Was denn?« Erneut bedachte Alastair sie mit einem Blick seiner bernsteinfarbenen Augen.

»Was mache ich denn jetzt?«

»Ach, ich habe ganz vergessen, dir zu sagen, dass ich vorhin oben auf dem Schrank das Kompendium deiner Mutter liegen gesehen habe, in das sie immer ihre Forschungsergebnisse übertragen hat. Vielleicht findest du darin Antworten auf deine Fragen. Ich könnte dir zu menschlichen Astralleibern ohnehin nicht allzu viel sagen, denn ich bin ja nur die Katze.« Damit machte Alastair einen Satz vom Tisch auf die Arbeitsplatte neben dem Herd und Granny hätte schwören können, dass er ihr von dort mit einem Auge zuzwinkerte, bevor er den Kopf in eine Schale senkte und hingebungsvoll begann, die Sahne aufzuschlecken.

Kann es wirklich so einfach sein?, dachte sie, während sie ihren Blick vom Kater ab- und dem Vorratsschrank zuwandte, auf dem von ihrem Standort nur ein paar alte Töpfe zu sehen waren. Dann fasste sie sich ein Herz und stieß sich vorsichtig vom Boden ab. Sie schwebte langsam nach oben, bis sie sich an der Küchendecke abstützen und zu einem Punkt ziehen konnte, wo sie sich inmitten des Sammelsuriums niederließ. Und dort – direkt vor ihr – lag die Kladde, die sie von früher kannte. »De astra mundo«

stand auf dem Umschlag in der typisch verschnörkelten Schrift ihrer Mutter geschrieben.

Wie lange habe ich danach gesucht, nachdem sie von uns gegangen war. Und die ganze Zeit über lag sie hier oben. Das sieht Mutter ähnlich – etwas so Wertvolles fast offensichtlich für die Welt zu verstecken.

Eine geradezu kindliche Freude stieg in Granny auf. Nicht nur, weil Alastair gesagt hatte, dass sie dort drin etwas finden würde, das ihr das Leben nach dem Leben erleichtern könnte, sondern auch, weil sie das Gefühl hatte, ihre Mutter würde ihr aus den verspielten Schriftzeichen heraus zulächeln. Schnell wurde ihr aber auch klar, dass sie ohne tieferes Wissen über das Geisterdasein nicht in der Lage sein würde, die Kladde von ihrem jetzigen Platz zu entfernen

Aber vielleicht bekomme ich es geöffnet und kann hier oben etwas darin lesen.

Mit erwachendem Elan beugte Granny sich ganz nah an das Buch heran und versuchte, mit ihren Fingern die erste Seite aufzuschlagen.

Es funktionierte nicht.

Entweder prallten ihre Finger von der Oberfläche ab oder sie glitten hindurch, wenn sie zu viel Schwung anwendete.

Doch schließlich bekam sie den Bogen heraus und schaffte es, den gesamten Wälzer so weit zu drehen und bewegen, dass er zwar ein Stück über der Kante des Vorratsschranks hervorstand, sich aber der Buchdeckel problemlos öffnen ließ. Dann blätterte sie nach und nach die Seiten um, bis sie eine Überschrift bemerkte, die sie sich erhofft hatte. »Geisterkonventionen« stand über einigen Schaubildern und langen Listen geschrieben. Voller Vorfreude versenkte Granny sich in die ersten Zeilen, die ihr einiges von dem bestätigten, was sie sich bisher selbst erschlossen oder vermutet hatte.

In diesem Augenblick erscholl das Rumpeln.

Grannys Kopf schoss hoch. Sie starrte auf die Küchendecke und wünschte sich, dass auch ein Röntgenblick zu ihren Fähigkeiten gehören würde. Doch die Decke blieb undurchsichtig.

»Alastair, warst du das?«

»Nein, das kam von oben. Aus deiner Bibliothek.«

Granny stieß sich ab und schwebte – einige ihrer neuen Erkenntnisse nutzend – wieder zurück auf den Boden. Dort näherte sie sich der Tür und wappnete sich für ihre erste Durchquerung.

Letztendlich war es einfacher, als sie gedacht hatte. Wie auch bisher verspürte sie von der massiven Tür zunächst einen Widerstand, den sie aber mit genügend Willenskraft durchdringen konnte.

Nun stand sie im Flur. Nach links ging es in den Laden. Nach rechts zur Treppe ins Obergeschoss. Granny wandte sich zur Treppe und schwebte sie langsam empor. Sie war fast oben angekommen, als eine schattenhafte Gestalt aus der Tür zur Bibliothek kam und sich ihr schnellen Schrittes näherte.

Meine Güte, er wird doch nicht …

Doch in diesem Augenblick erreichte die Gestalt den Punkt, an dem Granny schwebte, und stieß heftig gegen sie. Granny wurde nach hinten geschleudert, prallte an einer Wand ab und wieder auf die Treppe zurück.

Der Mann, denn um einen solchen handelte es sich von der Statur her eindeutig, hatte von dieser Begegnung aber offensichtlich nichts mitbekommen, denn er stieg weiter die Stufen hinunter und verschwand im Flur.

Wenn er doch nur keinen … wie nennt man dieses neumodische Kleidungsstück? … Hoodie getragen hätte. Und wenn er mich doch nur nicht so überrascht hätte. Aber vielleicht kann ich doch noch einen Blick auf ihn erhaschen.

Granny stieß sich von den Stufen ab und nutzte den Schwung diesmal, um sich gezielt in Richtung Flur abprallen zu lassen. So schaffte sie es, fast gleichzeitig mit dem Mann an der Küchentür anzukommen.

Dann riss dieser die Tür auf und bog ab, hinein in die Küche.

Doch der Schwung, den Granny entwickelt hatte, ließ sich nicht so schnell stoppen. Mit Glück gelang es ihr, sich an der Klinke festzuhalten, um einigermaßen zum Stillstand zu kommen.

Aus der Küche erklangen in diesem Moment ein Krachen und ein Fauchen.

Ja, gut so Alastair. Halt ihn auf!

Erneut stieß Granny sich ab und schoss hinter dem Mann her in die Küche.

Der hatte bereits die Tür in den Garten geöffnet und sprang, vom fauchenden und spuckenden Kater attackiert, nach draußen, wo er die Tür zuwarf und sich kurz dagegenlehnte, um sie ins Schloss zu drücken.

Als Granny sah, wer ihr da durch den Glaseinsatz entgegenblickte, wurde ihr zuerst kalt und dann heiß.

INVESTIGATIVMODUS

Jona

»Klappe, Freddy«, blaffte ich meinen Hund an, was jedoch total ungerecht war, weil er nur auf mein schockiertes Aufjapsen mit einem alarmierten Bellen reagiert hatte.

Prompt bedachte er mich mit einem anklagenden Blick und trollte sich beleidigt zu den Kollegen aus der Sportredaktion, die er gelegentlich dazu animieren konnte, ihm Bälle aus zusammengeknülltem Papier zuzuwerfen.

»Alles klar, Jona?« Lisas rotblonder Lockenschopf tauchte hinter der Abtrennung auf, die meinen Schreibtisch von ihrem trennte.

Ich mochte meine junge Kollegin, die mich an guten Tagen an mein jüngeres Selbst erinnerte. Heute war jedoch kein guter Tag, und Lisas grenzenlose Neugier, gepaart mit einem ungesunden Hang zum Dramatisieren plus einem erschreckend scharfen Verstand, kam mir gerade ausgesprochen ungelegen. Ich hatte den Beweis, dass Granny Smith ermordet worden war, und ich musste irgendwas tun. Also öffnete ich den Mund und schloss ihn im nächsten Moment wieder, denn schlagartig waren mir mehrere Dinge in den Sinn gekommen.

»War die Frage zu schwierig oder geht's dir wirklich nicht gut?« Lisas Stimme changierte zwischen Ironie und echtem Mitgefühl. »Du hast so nach Luft geschnappt, das klang nicht gut.«

Ich schüttelte energisch den Kopf, um mein Sprachzentrum zu einer möglichst verbindlichen Aussage zu motivieren. »Alles in Ordnung«, sagte ich mit fester Stimme. »Ich hab mir nur den Finger eingeklemmt.«

Lisa schielte auf meine Hände und schien mir kein Wort zu glauben. Recht hatte sie, doch das konnte ich nicht zugeben.

»Die verdammte Schreibtischschublade ist verklemmt.« Ich stieß einen theatralischen Seufzer aus, um meiner Aussage noch etwas mehr Wirkung zu verpassen.

»So lange nur die Schublade verklemmt ist …« Lisa kicherte.

»Weißt du was? Ich glaube, ich geh doch lieber heim. Mir steckt die ganze Granny-Geschichte tiefer in den Knochen als gedacht.« Das war tatsächlich die blanke Wahrheit. »Und ihren Nachruf kann ich auch von zu Hause aus schreiben.«

»Wirklich schlimm, das alles.« Lisa wirkte nun aufrichtig geknickt. »Tut mir echt leid, dass du das erleben musstest.«

»Danke«, entgegnete ich knapp und steckte, nachdem ihre flammende Haarpracht wieder verschwunden war, einen USB-Stick in meinen Rechner. Es war sicherlich besser, wenn ich die fraglichen Bild- und Textdateien auch noch einmal separat speicherte. Um sie zur Polizei zu bringen? Eine kleine innere Stimme flüsterte mir ein, dass dies die schlaueste Vorgehensweise wäre, die korrekte jedenfalls. Doch ich brachte sie energisch zum Schweigen und rief mir den Zusammenstoß mit Fumble vor Augen. Wie wahrscheinlich war es wohl, dass unser lokaler Dorfbulle meiner These Glauben schenken würde? Eben. Zumal er garantiert argumentieren würde, dass es eben nur eine schwache Theorie meinerseits und kein Beweis war. Dabei wusste ich, dass die schwere Eisenpfanne schon längst nicht mehr an der Kette gehangen hatte. Granny hatte mir erzählt, dass sich die Verankerung in der Wand schon vor Jahren gelockert hatte und die Pfanne seitdem auf der Anrichte stand. Aus dem einfachen Grund, damit eben *nichts* Schlimmes passieren konnte.

Doch ich war mir sicher, dass Fumble das abtun würde – und ja, theoretisch, *sehr* theoretisch könnte es sein, dass sie es sich in den wenigen Wochen zwischen unserem Interview und heute doch anders überlegt und die Kette wieder montiert hatte. Allein ich glaubte nicht daran. Ich würde also erst einmal nicht zur Polizei gehen und meine Erkenntnis auch nicht mit der neugierigen Lisa oder sonst jemandem meiner werten Kollegenschaft teilen. Ich brauchte Beweise. *Richtige* Beweise! Fragte sich nur, wie ich die beschaffen konnte.

Nachdenklich packte ich den USB-Stick in meine Handtasche und fuhr meinen Rechner wieder runter. »Freddy!«, rief ich durchs Büro und Augenblicke später kam mein Terrier tatsächlich mit flatternden Ohren und glänzenden Augen angerannt. Im Maul eine zusammengeknüllte Zeitungsseite. Hoffentlich mit dem heutigen Leitartikel, der wirklich unterirdisch war …

»Braver Hund«, lobte ich ihn. »Wir gehen jetzt wieder.« Ich leinte ihn an, nuschelte einen undeutlichen Abschiedsgruß in die Runde und verließ rasch das Redaktionsgebäude.

Freddy sah mich aufmerksam und schwanzwedelnd an, als ich an der nächsten Straßenecke abrupt stehen blieb.

»Wir müssten nochmal zurück in Grannys Haus«, sagte ich leise zu ihm – oder vielmehr zu mir selbst, denn er gab ja keine Antwort. Zumindest keine sinnvolle. Aber Selbstgespräche auf der Straße wirkten doch immer etwas seltsam, obwohl es mir half, wenn ich meine Gedanken laut aussprach. »Ich hab aber keine Ahnung, wie wir das anstellen können«, murmelte ich also weiter.

»Wuff«, kam es gedämpft von Freddy, der mit der Zeitungskugel im Fang nicht sein volles Stimmvolumen aufbrachte. Aus dem Bellen wurde ein Knurren und er starrte auf die andere Straßenseite, wo eine hübsche dreifarbige Katze entlangspazierte.

»Du bist genial!«, rief ich hoch erfreut. »Irgendjemand muss doch Grannys Kater versorgen. Der arme Kerl versteht ganz bestimmt die Welt nicht mehr. Wenn uns also jemand fragt oder blöd kommen will, haben wir die perfekte Ausrede.« Entschlossen schlug ich die Richtung ein, die uns zu Grannys Laden führte. Die Tatsache, dass ich für die wohltätige Raubtierfütterung an einem Tatort einbrechen musste, ignorierte ich großzügig. Tierschutz war wichtig – und wenn es nach Fumble ging, war Grannys Küche ja auch kein Tatort, sondern lediglich der Schauplatz eines unglücklichen Unfalls.

Blieb trotzdem die nicht ganz unwesentliche Frage, wie ich jenen Schauplatz betreten konnte. Im Laufe meines Lebens hatte ich mir einige … nennen wir es: handwerkliche Kniffe angeeignet, die gleich hilfreich werden könnten. Genau wie mein MacGyver-inspirierter Schlüsselanhänger. Doch trotzdem gab es selbst für mich Grenzen. Das Polizeisiegel an der Ladentür beispielsweise.

Einen Moment lang starrte ich darauf. Nein, die Ladentür

war sowieso keine gute Idee. Da war die Gefahr viel zu groß, dass uns jemand beobachtete. Also bog ich mit Freddy in die kleine Seitenstraße ab, zu der man mutmaßlich zu Grannys Garten kam, der wiederum hoffentlich über ein Gartentor verfügte.

Ich kramte gerade nach meinem patenten Schlüsselbund, als mir eine dunkel gekleidete Gestalt im Laufschritt entgegengestolpert kam und mich unsanft anrempelte.

Freddy keifte den Rüpel daraufhin auf eine Art an, wie er sie für exakt eine Person reserviert hatte, und mir wurde schon wieder ganz anders. Keine Frage, der Kerl war Alfie – und er war aus Grannys Garten gekommen!

Scheiße.

Wenn es nach Freddy ginge, hätten wir sofort die Verfolgung aufnehmen müssen. Zweifellos hätte er ihn binnen Sekunden gestellt. Doch ich beschloss, dass mein nichtsnutziger Ex, der mir außer den handwerklichen Kniffen, die ich mir von ihm abgeguckt hatte, nur Scherereien gemacht hatte, warten konnte. Erst musste ich herausfinden, was er wohl bei Granny zu suchen hatte. Und dann gab es ja noch einen mutmaßlich hungrigen Kater …

ERINNERUNGSVERSUCHE

Granny

Um Himmels Willen, Alfie, was hast du getan?!

Granny starrte fassungslos auf den Rücken der schwarz gekleideten Gestalt, die nun um die nächste Hausecke bog und aus ihrem Sichtfeld verschwand.

»Dieser Grobian heißt Alfie?«, wollte Alastair wissen, während er sich Reste des auf dem Küchenboden zurückgebliebenen Chaos aus dem Fell putzte, das er unwillentlich aufgewischt hatte, als der Schwarzgekleidete ihm einen Tritt versetzt hatte. Auch wenn Granny dabei keine Regung in seinem Gesicht erkennen konnte, war am Tonfall seiner Worte deutlich zu erkennen, dass er auf eine Revanche hoffte.

»Wenn mich meine Augen nicht getrogen haben, dann ja«, gab Granny seufzend zurück.

»Und wer ist dieser … Alfie? Ein viel zu niedlicher Name für einen Katzenschänder.«

»Du müsstest ihn eigentlich auch kennen. Er ist Oscars Großneffe. Du kennst doch Oscar, den Mann von Portia. Er kommt auch hin und wieder zur Bridge-Runde.«

Alastair unterbrach das Putzen, um sie mit stoischer Miene anzustarren. »Mag sein«, kam es nach einer Weile von ihm. »Ist das der, der nach kaltem Rauch riecht, oder der mit dem Alkohol-Atem? Wenn ich ehrlich bin, dann sehen Menschen für mich alle ziemlich ähnlich aus. Am Geruch sind sie besser zu erkennen.«

Granny räusperte sich. »Nun, ich wiederum möchte keinem der Herren nahe genug kommen, um eines von beidem riechen zu können. Dein Geruchssinn ist viel feiner ausgebildet.«

»Na gut, ist es dann der mit oder ohne Fell auf dem Kopf?«, fragte Alastair und gähnte dabei.

»Es ist der ohne.« Granny musste unwillkürlich schmunzeln, wenn sie an Alastairs Kategorisierungen dachte.

»Aha. Und dieser … Alfie … wie kann es eigentlich sein, dass dieser fürchterliche Mensch die gleichen Anfangsbuchstaben im Namen hat wie ich? Egal, was hat es nun mit ihm auf sich?«

Granny setzte sich wieder an den Küchentisch und griff abwesend nach der letzten dort stehenden Tasse. Erst als ihre Finger halb hindurchfuhren, wurde ihr wieder bewusst, dass sie sich jetzt leider keinen Tee einschenken könnte. Er war inzwischen zwar ohnehin kalt und vermutlich auch bitter, aber doch versetzte es ihr einen Stich, dass der letzte Tee, den sie in ihrem Leben getrunken hatte – jemals trinken würde – ausgerechnet diese geschmacksneutrale Wellness-Mischung gewesen war, die sie sich von der neuen, jungdynamischen Mitarbeiterin im Teeladen als Probe hatte aufschwatzen lassen.

»Ich bin ganz Ohr«, unterbrach Alastairs Stimme ihre trüben Gedanken. Der Kater hatte das Putzen inzwischen beendet und war auf den Tisch gesprungen, wo er Granny nun Auge in Auge gegenübersaß.

»Ach ja, Alfie. Nun, der arme Junge hat es nie leicht gehabt.«

»Inwiefern?«

»Er ist irgendwie nie beachtet worden. Als Sandwich-Kind geschieht das schnell und …«

»Moment, wieso redest du jetzt von Essen?«

»Es … oh, nein, das ist nur so eine Redewendung. Er ist das mittlere Kind. Der große Bruder ist fast schon ein Wunderkind gewesen. Und die kleine Schwester eben das Nesthäkchen, das jeder sofort ins Herz geschlossen hat. Und Alfie musste immer mit dem zurechtkommen, was an Liebe und Fürsorge eben übrig blieb. Das war umso ungünstiger, als er eine Lernschwäche hatte. Er ist nicht dumm, nur eben langsamer als andere Kinder in seinem Alter. Aber für seinen Vater war er im Vergleich zum Großen ein Taugenichts und seine Mutter kam nicht mit seinen unvermittelten Ausbrüchen klar.«

»Und das weißt du, weil …?«

»Weil ich ihm vor längerer Zeit begegnet bin, als ich nach der Schule im Jugendzentrum geholfen habe. Er tat mir leid, also habe ich versucht, ihn zu unterstützen. Später habe ich ihn dann eine Weile lang aus den Augen verloren. Aber er kam immer mal wieder zu mir – meistens dann, wenn er Ärger in der Schule oder später in der Ausbildung hatte. Ich habe ihm immer wieder auf die Beine geholfen. Und jetzt …« Sie gab einen langen Seufzer von sich.

»Jetzt denkst du, dass er für deinen Tod verantwortlich ist?«

Granny bedachte den Kater mit einem waidwunden Blick, dann sank sie nach vorn und barg ihr Gesicht in den Händen. »Nein … ja … ich … weiß es … einfach nicht«, murmelte sie dazwischen hervor.

Alastair begann zu schnurren und rieb seinen Kopf an Grannys. »Dann ist es ja gut, dass ich es weiß.«

Wie elektrisiert zuckte Granny hoch und nur die Tatsache, dass ihr Kopf einfach durch Alastair hindurchfuhr, verhinderte, dass er vom Tisch gestoßen wurde. »Du weißt es? Was?!«

»Dass er es nicht war. Nachdem ich das Frühstück verspeist hatte, bin ich übers Dach flaniert, um den Ausblick in der Morgensonne zu genießen. Da habe ich bemerkt, dass jemand den Laden zur Gasse hin verlassen hat.«

»Und wer war es? Hast du ihn erkannt?«

Alastair drehte sich von Granny weg und begann sein makellos schwarzes Fell an der Flanke zu putzen. »Ich hatte doch bereits erwähnt, dass ihr Menschen für uns alle gleich ausseht. Und bevor du fragst, nahe genug, dass ich ihn hätte riechen können, war ich nicht. Außerdem stand der Wind ungünstig.«

Doch Granny ließ nicht locker. Sie stellte Frage um Frage, die der Kater mal erstaunlich akkurat, mal nur unzureichend beantwortete. Aber doch ergab sich mit der Zeit ein Bild, bei dem sich in Granny ein weiteres Mal an diesem Tag ein ungutes Gefühl in ihrer astralen Magengegend bildete.

UNWOHLSEIN

Jona

Positiv zu erwähnen war lediglich, dass ich mir meine Panzerknacker-Kompetenzen sparen konnte. Nicht nur hatte Alfie das Gartentor offengelassen, auch die Küchentür war geöffnet, sodass ich einfach in Grannys Haus hineinspazieren konnte. Wobei *einfach* daran gar nichts war. Die kurze Begegnung mit Alfie hatte mich noch mehr aus dem Tritt gebracht, als ich es ohnehin schon war. Was hatte der Idiot bei Granny zu suchen gehabt? Warum war er geflüchtet, als sei der Leibhaftige hinter ihm her? Und warum konnte ich ihn und die eher dunkleren Wochen meiner jüngeren Vergangenheit nicht endgültig in die Schrottpresse unliebsamer Erinnerungen schieben und vergessen?

Auch durch Freddy pumpte sichtlich noch das Adrenalin. Zu seiner Aufregung über Alfie, die meiner in nichts nachstand, kam nun der Anblick von Grannys Küche dazu.

Er schnupperte derart überdreht herum, dass er vermutlich überhaupt nichts riechen konnte. Aber was wusste ich schon vom hündischen Spezialorgan?

»Jetzt beruhig dich mal«, raunte ich ihm zu, doch diese Aufforderung galt mindestens genauso auch für mich. Wenn ich irgendwas herausfinden wollte, dann waren Konzentration und Übersicht essenziell.

Freddy jaulte frustriert auf – Ruhe war eindeutig nicht sein Ding – und starrte auf einen Küchenschrank, wo ich einen buschigen schwarzen Schwanz eher erahnte als wirklich sah. Es war also Kater Alastair, der Freddy so in Rage brachte und nicht etwa Grannys Geist.

Mir lief es beim Anblick des Blutflecks eiskalt den Rücken hinunter und ich fragte mich, wieso ich plötzlich an Geister glaubte. »Reiß dich zusammen«, ermahnte ich mich nun selbst. »Es gibt keine Gespenster!« Der Grund, warum ich mich gerade so unwohl fühlte, war sicher vor allem der Tatsache geschuldet, dass ich mich erstens illegal an einem mutmaßlichen Tatort aufhielt und dass ich zweitens das sichere Gefühl hatte, dass Alfie irgendwas damit zu tun hatte.

»Alastair, hast du Hunger?« Meine Versuche, den Kater zu locken überzeugten nicht mal mich selbst. Meine Stimme klang deutlich zu schrill und bebte auf ungesunde Art. Nicht gut. Ich schloss kurz die Augen und atmete ein paarmal tief durch.

FRUSTRATION

Granny

Schweren Herzens ließ Granny von der jungen Frau ab, die mit ihrem Hund an der kurzen Leine unschlüssig in der Küche herumzustehen schien. In den vergangenen Minuten seit diese zu Grannys großer Freude in ihrer Hintertür aufgetaucht war, hatte sie auf verschiedene Arten versucht, einen Kontakt zu ihr herzustellen. Sie war fest entschlossen, die findige Reporterin auf die eine oder andere Weise dazu zu bewegen, sich mit ihrem Fall zu beschäftigen – wenn es schon keiner der Polizisten für sonderlich angebracht zu halten schien. Denn sie mochte Jona und dies nicht erst, seit sie von ihr vor ein paar Wochen interviewt worden war.

Bereits ihr erster Artikel, der vor einigen Jahren in der Lokalzeitung veröffentlicht worden war, hatte Granny gezeigt, dass die junge Frau nicht nur blitzgescheit war, sondern auch das Herz am rechten Fleck hatte. Egal welchen

Inhalt die seitdem erschienenen Artikel gehabt hatten, sie zeugten immer von dem Bedürfnis, die Hintergründe auch der banalsten Begebenheit in Erfahrung bringen zu wollen. Dabei waren sie aber eindeutig auch nicht von Sensationsgier geprägt, sondern immer wertschätzend und mit einem augenzwinkernden Humor verfasst, den Granny sehr mochte.

Und abgesehen von ihrer Sympathie für Jona hatte sie auch den Eindruck, dass ihr verdächtiges Hinscheiden die Reporterin nicht allein aus beruflicher Sicht interessierte. Sie hatte gegenüber Lucius auch klar geäußert, dass sie mit seiner Unfall-Theorie genauso wenig klarkam, wie Granny selbst.

Also hatte sie versucht, Jona nach ihrem Eintreten auf verschiedene Dinge aufmerksam zu machen. Da sie nicht mehr an ihre sterbliche Hülle gebunden war, wie noch vorhin, war sie um die Reporterin herumgeschwebt, hatte versucht, sie durch sachte Berührungen ihrer Arme oder der Schultern in die Richtung zu lenken, von der Granny sich sicher war, dass Jona dort bei näherem Hinschauen etwas entdecken könnte. Mehr als diese vorsichtigen Berührungen hatte sie nicht riskieren wollen, denn ihr war der explosive Effekt noch gut im Gedächtnis, den sie auf den Kriminaltechniker gehabt hatte. Doch selbst dieses zögerliche Vorgehen schien bei Jona schon ein gehöriges Maß an Unbehagen hervorzurufen.

Ihr Hund wiederum nahm sie sehr wohl als das wahr, was sie war – ein Gespenst, auch wenn Jona dies in gewohnt gradliniger Art von sich gewiesen hatte. Vor Frustration darüber laut schimpfend war Granny hierhin und dorthin geschwebt. Und Freddy war ihren Bewegungen konsequent mit seiner Nase gefolgt.

War dies nur eine unwillkürliche Hinwendung zu einem

für das Tier unerklärlichen Phänomen gewesen? Oder verströmte ihr Astralkörper womöglich einen für den Geruchssinn von Hunden wahrnehmbaren Geruch? Sie konnte es nicht sagen und nahm sich vor, bei nächster Gelegenheit das Kompendium ihrer Mutter zu befragen.

Aber jetzt galt es erst einmal, Jona wieder zu beruhigen, damit sie nicht doch noch die Flucht ergriff. Zum Glück versuchte diese nun, Kontakt zu Alastair aufzunehmen, was er jedoch konsequent ignorierte.

Granny stieß sich vom Boden ab und schwebte hinauf zu ihm. »Alastair, bitte. Sei so gut und hilf mir dabei, die beiden zu motivieren, die Umstände meines Todes näher zu untersuchen.«

Aus der hintersten Ecke des Küchenschranks glommen zwei bernsteinfarbene Augen in ihre Richtung. »Wenn dies bedeutet, dass ich meine erhabene Position aufgeben muss, um mich auf eine Ebene mit diesem übermotivierten Fellklotz zu begeben, dann muss ich dich leider enttäuschen.«

»Hast du Angst vor ihm?«

»Angst?! Lachhaft! Ich bin eine Mehrkatze. Wir sind zu Dingen fähig, die ein dahergelaufener Straßenköter …«

»Da muss ich dich berichtigen«, unterbrach ihn Granny. »Als Jona letztens für das Interview hier war, haben wir uns auch über Freddy unterhalten. Er ist ein reinrassiger Airedale-Terrier mit einem Stammbaum, der …«

»Wenn ich schon Stammbaum höre«, wurde diesmal sie von ihrem Kater unterbrochen. »Diese Zucht-Stammbäume sind Menschenwerk und zu kaum etwas anderem gut, als ihre eigene Eitelkeit zu befriedigen. Und wenn wir überhaupt von Abstammung sprechen, dann lass dir dies gesagt sein: Meine Vorfahren sind mit Wilhelm dem Eroberer aus der Normandie herüber auf die britische Insel gekommen.«

»Das beeindruckt mich zutiefst«, warf Granny ein. »Und

es hat keinerlei Relevanz dafür, dass du mir nicht helfen willst. Kann es vielleicht doch sein, dass du Angst vor Freddy hast?«

»Ist dir klar, dass diese Kombination aus zu viel Muskeln und zu wenig Hirn mindestens doppelt so viel wiegt wie ich? Und das, obwohl Mehrkatzen stattlicher sind als selbst die größte Maine Coon.«

»Also hast du Angst.«

»Angst, niemals. Respekt vor dem Kräfteverhältnis. Diesem Rüpel begegne ich nur zu meinen Bedingungen.«

Granny verdrehte die Augen. Dann bemerkte sie aus dem Augenwinkel, dass Jona ihre Idee, Alastair vom Schrank zu locken, anscheinend aufgegeben hatte und nun mit einem unschlüssigen Ausdruck auf ihrem Gesicht umhersah. Sie wirkte zum Glück nicht so, als würde sie gleich wieder nach draußen gehen, weil sie den Kater nicht hatte überzeugen können. Granny begann zu hoffen, dass das Futterangebot nicht der einzige Grund für ihr Zurückkommen gewesen war.

SPÜRSINN-MODUS EIN

Jona

Die Katzenfütterung konnte warten, beschloss ich. Der eigentliche Grund für meinen Besuch in Grannys Haus war ja ohnehin ein anderer. Ich wollte Beweise finden für meine Mordthese – oder wenigstens verräterische Spuren und Hinweise, die auch die Polizei zu ernsthaften Ermittlungen würde motivieren können. Und ich wollte herausfinden, was Alfie hier getan hatte.

Freddy gebärdete sich weiterhin wie eine tickende Zeitbombe neben mir, aber er hatte wenigstens sein nervtötendes Gejaule eingestellt und stierte stattdessen ununterbrochen auf den Schrank, auf dem der Kater saß. Würde ich den Todesgriff an seiner Leine lockern, würde er jedoch zweifellos explodieren und für noch mehr Chaos sorgen.

Hätten die nicht wenigstens das Blut wegwischen können?, fragte ich mich, als mein Blick erneut über die angetrocknete

Blutlache glitt. Wäre mir das in meiner Küche passiert, hätte mein patenter Saug- und Wischroboter namens Hamish längst alles saubergemacht. Oder alle Spuren vernichtet? War vielleicht doch besser, dass Granny in ihrem abrupt beendeten Leben nicht so technikaffin gewesen war.

Aus meiner aktuellen Position konnte ich nicht alles erkennen, aber ich wollte auch auf keinen Fall Freddy loslassen. Außerdem war ich mir seltsamerweise sicher, dass Alfie nichts in der Küche gemacht hatte. Keine Ahnung, warum, aber mein Reporterinstinkt funkte sehr klare Signale.

»Freddy, such Alfie!«, befahl ich nun meinem Hund, der prompt ein kehliges Knurren hören ließ. Als ich vor anderthalb Jahren mal einen Bericht über die lokale Rettungshundestaffel recherchiert hatte, waren Freddy und ich zum Training für die Anfänger eingeladen worden. Mein sonst unbeherrschter Terrier hatte echtes Talent fürs Mantrailing gezeigt und seitdem machte ich mir einen Spaß daraus, ihn in der Redaktion Kollegen oder im Pub Freundinnen »suchen« zu lassen. Das funktionierte natürlich nur bei jenen Leuten, bei denen er die Namen eindeutig mit ihrem Geruch zuordnen konnte, doch das war bei Alfie kein Problem.

Prompt verließ er seine Lauerposition und schnupperte angestrengt umher. Er schien eine Spur zu haben. An der Tür zum Garten schnüffelte er länger, dann lotste er mich am Herd vorbei in Richtung der Tür, die zum Treppenhaus und zum Laden führte. Auch diese Tür war nur angelehnt und ich schob sie mit dem Ellbogen auf. Albern, denn daran hatte ich ja bereits vor ein paar Stunden eindeutige Fingerabdrücke hinterlassen. Ich erwartete, dass Freddy mich in den Laden führen würde, doch er bog zielstrebig zur Treppe ab und marschierte mit erhobener Rute und zuckender Schnauze in den ersten Stock.

Ich war noch nie in Grannys privaten Räumen gewesen,

war mir jedoch sicher, dass die Fudge-Großmeisterin, die in ihrem Laden und ihrer Küche stets peinlichst auf Sauberkeit und Ordnung Wert gelegt hatte, jede Form von Chaos auch aus ihrer Wohnung verbannt hätte. Die Bibliothek, in die mich Freddy zielstrebig geführt hatte, sah jedoch aus, als sei eine Bombe eingeschlagen. Der Terrier grollte und mich fröstelte es trotz der mollig warmen Heizung. Warum besaß eine putzige alte Dame, die Süßkram herstellte, eine Sammlung alter Folianten, die Antiquaren und Bibliothekarinnen zweifellos feuchte Träume bereiten würden? Und Okkultisten, wie mir mit einem weiteren Schauder klar wurde, als ich Pentagramme und ähnliche Symbole auf einigen Buchrücken entdeckte.

Was bloß hatte Alfie hier gesucht?

KATZENRODEO

Granny

Ach je, irgendwann musste es ja einmal so weit kommen, dass jemand Mutters Passion bemerkt, dachte Granny, während sie in genügend Abstand zu Jona hinter ihr schwebte, dass sie ihr hoffentlich nicht erneut Unbehagen bereitete. Immerhin schien die junge Frau tatsächlich daran interessiert zu sein, weitere Ermittlungen anzustellen.

Aber woher kennt sie Alfie? Was hat sie ausgerechnet mit ihm zu tun? Und was um aller Mächte zwischen Himmel und Erde Willen hat dieser Schuft hier in der Bibliothek veranstaltet? Sie glitt flink an der Reporterin vorbei, um einen genaueren Blick auf das Chaos werfen zu können, das heute Morgen noch nicht dagewesen war. Dabei ging sie in Gedanken noch einmal alles durch, was vom vorigen Abend bis zu der fatalen Situation heute Morgen geschehen war.

Sie hatte den letzten Kunden bedient – einen asiatischen

Touristen, der staunend nicht nur ihre gesamte Fudge-Kollektion, sondern auch gefühlt jeden Quadratzentimeter des Ladens fotografiert hatte. Danach hatte sie abgesperrt und war in die Küche gegangen, um ein paar Vorbereitungen für ihre morgendliche Fudge-Produktion zu treffen und sich etwas zum Abendessen zu machen. Alastair hatte um Einlass gebeten und sich ebenfalls sein Abendessen zubereiten lassen.

Dann waren sie beide hoch in die Bibliothek gegangen, wo er an seinem angestammten Platz auf dem Kaminsims gelegen hatte, während sie in *The Apple Tree* gelesen hatte, einer Kurzgeschichtensammlung von Daphne du Maurier. Sie hatte die Autorin schon als junge Frau verehrt, da diese in der Gegend gelebt hatte und eine gute Kundin des damals noch von ihrer Mutter betriebenen Fudge-Ladens gewesen war.

Granny wurde nicht müde, besonders ihre phantastischen Geschichten, wie *Die Vögel* zu lesen, weshalb der schmale Band auch schon ziemlich zerfleddert war. Danach hatte sie die monatliche Abrechnung der Bridge-Runden gemacht und sich notiert, wie viel Fumble ihr daraus noch schuldete und was davon sie an Reinette weitergeben musste.

Schließlich hatte sie Alastair für seine nächtlichen Streifzüge hinausgelassen und war zu Bett gegangen. Am Morgen war sie wie immer früh aufgestanden und hatte sich einen Tee zubereitet. Während sie darauf gewartet hatte, dass das Wasser kochte, war sie durch die Küchentür in den Garten hinausgetreten, um ein paar Freiübungen an der frischen Morgenluft zu machen. Hatte sie danach vielleicht vergessen, die Tür wieder zu schließen?

Das war gut möglich, denn kaum dass der Kessel angefangen hatte zu pfeifen und sie hineingegangen war, um das

Wasser aufzugießen, hatte sie aus Richtung des Ladens einen Knall gehört. Also war sie mit dem Kessel in der Hand nach vorn geeilt, hatte dort aber nichts gefunden, was den Lärm verursacht haben konnte. Also war sie in die Küche zurückgekehrt, hatte den Tee getrunken und sich dann an die Arbeit gemacht. Allerdings hatte es dann im Laden an die Tür geklopft und sie hatte die Vorbereitungen unterbrochen, um ein weiteres Mal nach vorn zu gehen. Diesmal war der Grund erkennbar gewesen, denn sie hatte zwei Jugendliche gesehen, die die Gasse hinuntergerannt waren. Es mochte sein, dass sie einfach nur den Schulbus nach St. Austell erreichen wollten, aber Granny hatte eher darauf getippt, dass sie ihr einen Streich hatten spielen wollen. Danach war nichts Ungewöhnliches mehr geschehen – wenn man mal von der Tatsache absah, dass der Morgen mit ihrem Tod geendet hatte.

Und nun versuchte sich Granny – ähnlich wie Jona – ein Bild davon zu machen, was die herumliegenden Bücher und Papiere ihr womöglich über den Grund für Alfies Hiersein sagen könnten. Aber so lang sie auch schaute, es ergab sich kein System aus all den dort verstreuten Dingen. *Außer der Tatsache, dass er aus jedem Abteil des Regals jeweils die beiden äußeren Bücher oder Sammelmappen entfernt hat,* ging es Granny durch den Kopf. *Aber, um was zu tun?* Sie glitt näher ans Regal heran, schwebte nacheinander die einzelnen Abteile ab, um in die Lücken zu spähen.

Jona hatte sich mittlerweile hingehockt und nahm einige der dort liegenden Bücher in Augenschein, wobei sie nicht merkte, dass sie ihren Griff um Freddys Leine mehr und mehr lockerte. Doch der Airedale machte keine Anstalten, wieder nach unten zu laufen. Vielmehr hatte er sich neben dem Kamin aufgestellt und starrte unverwandt auf einen Punkt im Regal daneben.

Was machst du denn da?, hätte Granny ihn am liebsten gefragt, als auch sie es hörte. Das leise summende Geräusch, das von dort zu ihr und wahrscheinlich auch zum empfindsamen Gehör des Hundes drang. *Ach so, das ist ja nur …*

In diesem Augenblick explodierte das Regal, etwas Schwarzes schoss in einer Staubwolke hinaus und landete mitten auf Freddy.

Jona kippte mit einem Schrei hintüber und Freddys Leine glitt ihr aus den Fingern. Der Hund schoss wie ein fellbesetzter Querschläger zwischen den herumstehenden Möbelstücken hin und her, rammte in seiner Panik die Zimmertür, die prompt ins Schloss fiel.

»Alastair, was tust du da?!«, rief Granny so laut sie konnte ihrem Kater hinterher, der wie ein Rodeo-Reiter auf dem Rücken des tobenden Terriers hin und her geschüttelt wurde, ohne aber ganz den Halt zu verlieren.

»Na was wohl? Ich treffe Vorbereitungen dafür, unsere Gäste dazu zu motivieren, mit uns zusammenzuarbeiten. Und dazu begegne ich dem Hund zu meinen Bedingungen.«

»Wie soll das funktionieren? Eher erleidet entweder Freddy oder Jona einen Herz …« Weiter kam sie nicht, denn Freddy hatte einen Haken geschlagen und war dabei mit voller Wucht gegen Granny gestoßen. Sie wurde zu Boden geschleudert und streckte instinktiv die Hände aus, um sich abfangen zu können. Allerdings hatte sie nicht an ihr astrales Dasein gedacht. Anstatt schmerzvoll inmitten des Staubes auf dem Parkett vor dem Speiseaufzug aufzuprallen, aus dem ihr Kater gesprungen war, warf sie der Kontakt mit dem Boden wieder in die Höhe. Granny schlug einen unfreiwilligen Salto, schaffte es aber, sich an einem der Regalbretter festzuhalten und zum Stillstand zu kommen. Aus halber Höhe besah sie sich das Tohuwabohu, das auf dem Boden der Bibliothek herrschte.

Jona rappelte sich gerade mühevoll in eine sitzende Position auf und sah mit großen Augen zu ihrem Terrier, der sich ungewöhnlich still auf den Boden gekauert hatte, die Ohren angelegt. Alastair ließ sich geschmeidig von dessen Rücken gleiten, drehte sich um und blickte dem Airedale fest in die Augen. Anstatt dies jedoch mit Gebell zu kommentieren, erhob sich Freddy und schaute mit schräg gelegtem Kopf zurück. Dann gähnte er, schüttelte sich ausgiebig und setzte sich neben Jona.

Allerdings würdigte diese ihren Hund keines Blickes. Ihre Augen waren auf einen Punkt unterhalb des Ortes gerichtet, an dem Granny in der Luft hing, und ihr Gesicht verlor zusehends an Farbe.

Oje, schoss es Granny durch den Kopf, als diese Jonas Blick folgte.

NICHTANGRIFFSPAKT

Freddy

»ALTER, WAS GEHT AB?« FREDDY WUSSTE NICHT, WIE ER reagieren sollte. Da war dieser wild gewordene Riesenkater auf seinem Rücken gelandet und hatte sich eine halbe Ewigkeit nicht abschütteln lassen. Weil sich die Krallen des Biests tief in sein Fell versenkt hatten. Und in seine Haut. Vermutlich würde er sterben – oder Schlimmeres. Weil dieser unheimliche Alastair tollwütig war – oder Schlimmeres.

»Ich bin nicht tollwütig und du wirst auch nicht sterben«, entgegnete Alastair indigniert. »Du musst auch nicht so ein Drama aus allem machen und ›Alter‹ lass ich mich von dir schon gar nicht nennen, verstanden?«

»Ich hab dich nicht Alter genannt«, stellte Freddy richtig.

»Du hast gesagt: ›Alter, was geht ab?‹«, beharrte der Kater jedoch. Offensichtlich legte er großen Wert auf Details.

»Ja schon, aber … Ich meine, das war doch … Das sagt man halt so.«

»Wer sagt das? Ungehobelte adoleszente Menschen-Männer?« Alastair fixierte den Airedale blasiert.

Freddy, der keine Ahnung hatte, was adoleszent bedeutete, hielt es für besser, nicht weiter zu diskutieren, sondern fragte rundheraus: »Was willst du von mir? Hätten wir nicht unsere natürliche Feindschaft aufrechterhalten können?«

»Glaub mir, mein junger Freund, das wäre mir auch lieber, aber leider ist ein Nichtangriffspakt notwendig.« Der Kater seufzte bedauernd.

»Warum?«

»Warum was?«

»Warum ich dich nicht angreifen darf?« Freddy fragte sich, ob der alte Kater vielleicht doch etwas simpler gestrickt war, als er angenommen hatte.

»Aber das ist doch offensichtlich!«

»Ähm … nein?«

Alastair schloss die Augen und sagte dann mit der vorgetäuschten Geduld eines Grundschullehrers: »Granny Smith ist tot.«

»Ja, dachte ich auch, aber da ist sie ja!« Freddy sah zum Regal hoch, wo Granny sich festhielt und irgendwie seltsam in der Luft hing. Taten Menschen seiner Erfahrung nach normalerweise nicht, aber andererseits überraschten ihn die Zweibeiner immer wieder mit rätselhaften Verhaltensweisen.

»Das ist nur Grannys Astralleib«, korrigierte ihn Alastair jedoch.

»Astra … was?«

»Ihr Geist, wenn du das besser verstehst. Granny ist tot. Sie wurde ermordet. Die Polizei geht von einem Unfall aus, nur deine Leinenchefin glaubt an ein Verbrechen«, sprach der Kater rasch weiter.

»Leinenchefin? Was ist denn das für ein Scheiß, Alter?! Als ob ich eine Chefin bräuchte«, regte sich Freddy auf.

»Das werde ich jetzt nicht kommentieren, denn wir müssen jetzt langsam zum Punkt kommen. So lange kann ich die Zeit nicht dehnen.«

»Du kannst die Zeit dehnen?« Nun war Freddy schon ein bisschen beeindruckt, auch wenn er sich nicht konkret vorstellen konnte, wie das wohl funktionierte. Aber ihm fielen spontan ein paar ziemlich coole Anwendungsmöglichkeiten ein.

»Ja, kann ich. Aber nur im Notfall und nur kurz. Es kostet mich viel Energie. Also lenk nicht ständig ab.«

»Sorry.« Freddy sah sich um. Irgendwie wirkte alles andere im Raum wie eingefroren. Jona hatte einen sehr merkwürdigen Gesichtsausdruck und starrte auf Handabdrücke auf dem Boden. Und auch Granny änderte ihre skurrile Pose kein bisschen. Crazy.

»Also zurück zu unserer Mission«, sprach Alastair weiter.

»Welche Mission?«

»Göttin der Weisheit, lass ein Tröpfchen Verstand in diesen Holzkopf einsickern«, murmelte der Kater grimmig und warf Freddy dann einen derart unheimlichen Blick zu, dass der Hund keinen Mucks mehr machte. »Unsere Mission ist, dass wir Jona auf die Spuren hinweisen, die der Mörder hinterlassen hat. Sie braucht Beweise.«

»Okaaaaay …« Freddy kratzte sich am Ohr. »Aber wir wissen doch, dass Alfie der Täter war.«

»Alfie ist ein übler Halunke, aber er hat nichts mit Grannys Tod zu tun.«

»Hat er nicht?«

»Nein. Aber ich würde gerne herausfinden, was er hier im Haus zu suchen gehabt hat. Womöglich ist er ein Verbündeter des Täters, oder so. Woher kennst du ihn überhaupt?« Alastair sah den Terrier neugierig an.

»Er und Jona hatten mal was … Ich mag gar nicht darüber nachdenken. Ich konnte den Kerl jedenfalls nie leiden.«

»Menschen!« Der Kater klang reichlich resigniert. »Man denkt, man kennt sie und dann …«

»Genau, Alter. Ganz genau«, stimmte Freddy zu.

»Was haben wir vorhin vereinbart?«

»Sorry, ist mir so rausgerutscht. Wie soll ich dich denn sonst nennen?«

»Sir wäre angemessen. Aber Alastair ist in Ordnung.«

Aber sonst ist bei dir alles aufgeräumt im Oberstübchen? Freddy hatte mit Katzen noch nie etwas anfangen können, aber dieses Exemplar war besonders aufgeblasen. Nicht nur von seinen körperlichen Dimensionen her. »Jawohl, Hoheit!«, antwortete er also mit triefendem Sarkasmus.

»Dir ist schon klar, dass ich deine Gedanken lesen kann? Keine sehr erbauliche Lektüre …«

»Hmpfff.«

»Zurück zum Fall. Alfie ist eindeutig nicht der Täter. Wir müssen Spuren sammeln und dafür sorgen, dass Jona das alles versteht und dann die Polizei informiert. Idealerweise eine etwas kompetentere Person als diesen Fumble.«

»Und wie sollen wir das anstellen? Ich meine, ich kann ja blöderweise nicht mit ihr reden. Also kann ich schon, aber sie versteht mich nicht.«

»Das ist in der Tat ein Problem.« Alastair stieß einen weiteren tiefen Seufzer aus. »Aber du kannst sie ja subtil auf Dinge aufmerksam machen.«

»Subtil?« Wieder ein Wort, das Freddy nicht kannte. Klang irgendwie seltsam. Und langweilig.

»Wohl wahr. Nicht deine Stärke. Aber du kannst sie ja

anstupsen oder sie an der Leine in die richtige Richtung ziehen und so. Das hat ja vorhin auch geklappt, als du sie in die Bibliothek geführt hast.«

»Aber dafür müsste ich ja erst einmal echte Spuren finden.«

»Lass das mal meine Sorge sein. Aber jetzt müssen wir die Plauderei leider beenden. Ich kann die Zeit nicht länger dehnen. Deine erste Aufgabe wird sein, dafür zu sorgen, dass Jona nicht durchdreht, ja?« Alastair schielte vielsagend zu den Handabdrücken im Staub, die auch Jona im Visier hatte. Dann sah er zu Granny und bei Freddy fiel die Münze.

»Verstehe. Kannst dich auf mich verlassen, Alt … Alastair.« Er gähnte, schüttelte sich ausgiebig und setzte sich dann ganz eng neben Jona.

UNVERHOFFTES TREFFEN

Jona

Ich merkte, wie mir fürchterlich schwindlig wurde und es vor meinen Augen zu flimmern begann. Fühlte sich so eine beginnende Ohnmacht an? Ich hatte keine Ahnung, aber gesund war es auf alle Fälle nicht. Dann stupste mich Freddy an und sah mich aus seinen treuen, braunen Augen aufmunternd an. Dafür, dass er bis vor drei Sekunden noch in einem wilden Rodeo durch den Raum getobt war, wirkte er jetzt geradezu tiefenentspannt und gechillt.

Fahrig hob ich eine Hand und tätschelte seinen Kopf. »Guter Junge«, brachte ich mit zittriger Stimme hervor und er drängte sich noch näher an mich. Er war warm, weich und verströmte sein übliches Hundearoma, das mich seltsamerweise beruhigte. Wenn Freddy entspannt war, konnte wohl keine Gefahr herrschen, oder?

»Was geht hier bloß ab?«, fragte ich leise und sah erneut zu der Stelle auf dem Fußboden. Da waren ganz deutlich zwei Handabdrücke zu erkennen. Die waren vorhin definitiv noch nicht hier gewesen. Oder? Wieder wurde mir etwas schwummrig, doch womöglich bildete ich mir das alles auch nur ein. Es konnten ja auch die Handabdrücke von Alfie sein? Wobei, nein. Eher nicht. Der verfügte über riesige Pranken und das hier waren zierliche Abdrücke.

Ich rappelte mich vorsichtig hoch und zog mein Telefon hervor. Besser, ich machte von allem hier Fotos. Ich war mir zwar nicht sicher, wofür ich sie brauchen konnte, doch lieber ein Bild zu viel, als eines zu wenig. Sachte näherte ich mich den Abdrücken und ging davor in die Hocke. Zum Vergleich hielt ich meine eigene Hand darüber, die Silhouetten im Staub waren jedoch deutlich kleiner. Fast wie die von einem Kind. Oder einer sehr kleinen Frau?

Beim Gedanken an Granny rieselte es mir eiskalt den Rücken hinunter. Hatte sie womöglich gestern vor ihrem Tod hier oben eine Auseinandersetzung mit ihrem Mörder gehabt? Hatte sie ihn dabei überrascht, wie er dieses Chaos angerichtet hatte? War es zu einer Rangelei gekommen, weshalb sie sich dabei auf dem Boden abstützen musste? Instinktiv sah ich mich weiter um. In diesem Fall müsste es ja auch Abdrücke ihrer Füße oder ihrer Knie geben, doch Fehlanzeige. Dabei war das ganze Areal total verstaubt. *Aber erst, seit der Kater aus dem Speiseaufzug geschossen kam,* bemerkte meine innere Stimme triumphierend. Vorher war alles sauber gewesen. Chaotisch, aber sauber.

Es machte auch überhaupt keinen Sinn, dass Granny hier oben eine Rangelei gehabt haben sollte und dann erst unten in ihrer Küche erschlagen wurde. Während sie am Fudge-Kochen war. Nein, hier war etwas ganz gewaltig faul, doch die Zusammenhänge wollten in meinem Kopf einfach keinen Sinn ergeben.

Also fotografierte ich weiter gefühlt jeden Quadratzentimeter ab und stellte dann irgendwann fest, dass ich selbst reichlich Spuren hinterließ. Wie sollte ich das der Polizei erklären? »Scheiße«, murmelte ich zu mir selbst, doch ich beschloss, mir darüber zu einem späteren Zeitpunkt Gedanken zu machen.

»Hast du vielleicht etwas Sinnvolles zu allem beizutragen?«, fragte ich den Kater, der majestätisch mitten im Raum saß und mich die ganze Zeit mit seinen Bernsteinaugen fixierte. Erstaunlich, dass Freddy plötzlich überhaupt kein Problem mehr mit ihm zu haben schien.

»Mau«, sagte er wenig hilfreich.

»Ich versuche, mir ein Bild von allem zu machen«, sagte ich zu ihm und merkte, wie es mich beruhigte, meine Gedanken auszusprechen. »Ich bin überzeugt davon, dass dein Frauchen umgebracht worden ist und ich fürchte, dass Alfie irgendwie da mit drinhängt, aber das hier ergibt alles keinen Sinn.« Ich deutete quer durch den Raum und hatte den Eindruck, dass mir der intelligente Kater ganz genau zuhörte. Genau wie Freddy, der weiterhin eng an meiner Seite blieb und ein wenig herumschnüffelte. Zu blöd, dass er mir nichts von seinen Erkenntnissen sagen konnte.

»Mau«, kam es erneut von Alastair.

»Hast du Hunger?«, erkundigte ich mich. Das war immerhin die offizielle Begründung meiner Anwesenheit hier. Diesen Teil der Mission durfte ich nicht aus den Augen verlieren.

»Mau.« Klang das genervt oder ungeduldig? Ich kannte mich mit Katzen einfach nicht gut genug aus, um die Feinheiten erkennen zu können. Das war bei Freddy einfacher. Aber der hatte eigentlich immer Hunger.

»Okay, ich glaube, ich komm hier sowieso nicht weiter«, sagte ich und knipste noch ein paar Bilder von den geschändeten Regalen. »Lasst uns runtergehen und Futter suchen. Morgen komme ich zurück, da habe ich dann hoffentlich wieder einen klareren Kopf.«

Die beiden Tiere liefen einträchtig nebeneinander vor mir die Treppe hinunter und fast schien es mir, als würden sie miteinander tuscheln – ein weiteres Zeichen dafür, dass ich wohl kurz davor stand, den Verstand zu verlieren. Alastair machte mir dann glücklicherweise sehr eindeutig klar, wo ich sein Futter finden konnte. Doch als ich mich bückte und die Tür des fraglichen Unterschranks öffnete, fiel mein Blick auf einen umgekippten Stuhl. Auf der Sitzfläche waren eindeutig … Schuhabdrücke zu sehen. Hm. Ob das der Polizei ebenfalls aufgefallen war? Sicherheitshalber knipste ich weitere Bilder, ehe ich endlich auch eine Dose Katzenfutter hervorholte. Doch plötzlich schien es mit dem großen Hunger nicht mehr so weit her zu sein, denn Alastair hatte keinen Blick dafür, sondern fixierte nun eine Stelle am Rahmen der Tür zum Flur. Freddy starrte ebenfalls in diese Richtung.

»Wollt ihr mir vielleicht etwas sagen?«, fragte ich die beiden und betrachtete nun selbst die Zarge, ohne jedoch etwas erkennen zu können. Keine sichtbaren Spuren jedenfalls, doch sicherheitshalber fotografierte ich die Stelle, die von den beiden Vierbeinern so intensiv beäugt wurde.

»Freddy, lass uns gehen. Ich will mir jetzt noch Alfie vorknöpfen. Guten Appetit, Alastair, morgen komm ich wieder.«

Freddy schien es nicht besonders eilig zu haben, denn er trödelte neben mir an der Leine herum und blieb ständig stehen, um zu schnüffeln und gefühlt alle dreißig Zentimeter sein Bein zu heben. Langsam setzte die Dämmerung ein und ein fieser Nieselregen machte alles noch ungemütlicher.

»Jetzt komm schon«, drängte ich ihn. »Vorhin wolltest du Alfie am liebsten ermorden, jetzt bekommst du die Chance.«

Er brummte und wollte partout an der nächsten Ecke rechts abbiegen, um auf dem direkten Weg nach Hause zu laufen.

»Nein, erst gehen wir zu Alfie«, bestimmte ich und zerrte ihn an der Leine noch die paar hundert Meter weiter. Doch auf mein vehementes Klingeln und Klopfen öffnete niemand in seiner Wohnung. Das musste natürlich nicht bedeuten, dass er nicht zu Hause war. Vielleicht hatte er nur keine Lust, mir aufzumachen? Verdenken könnte ich's ihm nicht. Kurz überlegte ich, ob ich die Tür einfach knacken sollte, doch ich verwarf den Gedanken gleich wieder. Ich hatte so viel Getöse gemacht, dass bestimmt einige Nachbarn auf der Lauer lagen. Ein Einbruch würde da nicht allzu gut aussehen.

Was nun? Ich könnte es in seinen Lieblingspubs versuchen, doch merkte ich, wie mir dafür die Energie fehlte. Die Befragung von Alfie konnte vielleicht noch etwas warten, meine Badewanne und ein Glas Rotwein zur Entspannung nicht.

»Lass uns heimgehen«, kündigte ich schließlich an und Freddy lief daraufhin deutlich entschlossener neben mir her, doch als wir uns meinem kleinen Häuschen näherten, wurde er wieder merklich langsamer. Er witterte mit angelegten Ohren in alle Richtungen und klappte seine Rute, die er sonst fröhlich hochstehen hatte, ganz nach unten. Sehr, sehr merkwürdig.

Als ich mit dem Schlüssel in der Hand zu meiner Tür

ging, trat plötzlich eine Gestalt aus dem Schatten hinter der Kirschlorbeerhecke. Alfie.

Freddy knurrte und mein Herz schlug mir bis zum Hals. »Was willst du?«, brachte ich hervor.

»Deine Hilfe.«

ÜBERRASCHUNG

Granny

Granny war erleichtert.

Vor Kurzem war Jona mit Freddy gegangen, aber nicht in panischer Hast, wie sie es durch die Spuren, die sie auf dem Boden hinterlassen hatte, zunächst befürchten musste. Die Reporterin bestätigte sogar Grannys Vermutung – wenn nicht sogar Hoffnung –, dass sie dazu entschlossen war, den Mord aufzuklären oder zumindest dazu beizutragen, dass die Polizei ihn aufklärte. Und es hatte sogar den Anschein gehabt, dass sie sich von den Hinweisen hatte lenken lassen, die Alastair ihr unten in der Küche gegeben hatte. Selbst Freddy schien mitgemacht zu haben.

Aber wieso hatte er dies getan? Weshalb hatten die beiden fast schon zusammengearbeitet? Und warum hatte Jona zum Schluss bekundet, dass sie sich auf die Suche nach Alfie machen wollte?

Ausgerechnet Alfie. Woher kannte sie ihn? Oder war es vielleicht so, dass sich Grannys Gedanken auf sie übertragen hatten?

Ich muss unbedingt noch einmal in Mutters Notizen schauen, ob so etwas möglich ist.

»Vielleicht solltest du dich besser auf den Stand der Tatsachen bringen lassen, anstatt so überaus unsinnige Annahmen anzustellen«, kam es in diesem Moment von Alastair, der sich bis zu diesem Zeitpunkt ungewöhnlich schweigsam gezeigt hatte. Tatsächlich hatte er nicht einmal auf Grannys Kontaktversuche reagiert.

»Wie schön, dass sich Sir Alastair zu einem Gespräch herablässt«, entgegnete sie daher spitz.

»Gern geschehen. Um nun also die Tatsachen folgen zu lassen: Ich habe dem guten Freddy meine Sicht der Dinge dargelegt und er hat zugesagt, im Rahmen seiner … Möglichkeiten mitzuhelfen. Leider sind diese um einiges begrenzter als die meinigen und mangels direkter verbaler Kommunikationsmöglichkeit haben auch wir beide es nicht vermocht, Jona auf das aufmerksam zu machen, was ihrer Aufmerksamkeit wert ist.«

»Dann sollte ich unbedingt zusehen, dass ich mehr über Kommunikation zwischen astralen und irdischen Wesen in Erfahrung bringe. Aber was …«

»Sucht Jona bei Alfie?«

»Als könntest du meine Gedanken lesen«, bestätigte Granny und zwinkerte dem Kater zu.

»Sie kennt diesen Katzenfeind, weil sie vor Kurzem eine Liaison mit ihm hatte. Wenn du mich fragst, ich hätte ihr mehr Geschmack zugetraut.«

»Ich kann deine Vorbehalte nachvollziehen, aber ich bitte dich, ihm noch eine Chance zu geben. Im Grunde genommen hat er das Herz am rechten Fleck.«

»Im Gegensatz zu seinem Gehirn, wenn die Bemerkung erlaubt ist.«

Spontan wollte Granny etwas erwidern, ließ es aber sein, denn ihr war klar, dass sich das durchaus auf die Bereitschaft ihres Katers zur weiteren Mitarbeit auswirken konnte. Und die brauchte sie, denn immerhin hatte Alastair etwas geschafft, an das sie bisher nicht zu denken gewagt hatte. Einen weiteren Verbündeten zu gewinnen. Und damit dieser Verbündete nicht das einzig Positive blieb, galt es nun zu ergründen, ob an dem etwas dran war, was sie bereits zu Anfang bemerkt hatte. Zu diesem Zeitpunkt war sie durch die Bindung an ihre sterbliche Hülle nicht in der Lage gewesen, es näher zu betrachten. Doch das war nun ja vorbei.

Dieses Mal, nur mit wenig Schwung, stieß sie sich vom Boden der Küche ab und glitt langsam hoch, bis sie nur wenige Zentimeter von der Nische entfernt schwebte, in der einmal die Kette gehangen hatte, die nun über die Kante des Sideboards hing. Auch wenn es hier oben nur wenig Licht gab und sowohl Decke als auch Wände nach jahrzehntelanger Nutzung der Küche ohne nennenswerte Renovierung von einer Schicht aus Staub, Ruß und fettigem Wrasen bedeckt waren, fand Granny sofort, was sie suchte. Vielleicht auch genau deswegen, denn ihre geschärften Sinne erkannten ohne große Anstrengung dort, wo sie vorhin gemeint hatte, einen glühenden Handabdruck zu sehen, eine mehr oder weniger ovale Stelle, an der die einheitliche Struktur der Ablagerungen durchbrochen war. Diese befand sich oberhalb der Tür in den Flur direkt an der Ecke zur Nische.

Hab ich dich! Granny schwebte noch etwas näher und fuhr ihren visuellen Sinn weiter hoch. Kein Zweifel, das musste der Abdruck dieser Hand sein. Leider war dies demjenigen, der den Abdruck hinterlassen hatte, sehr wohl bewusst gewesen, weshalb er im Bereich der Fingerspitzen quer darübergewischt hatte. *Verflixt, also kann man hier wohl keine Fingerabdrücke abnehmen. Aber vielleicht ist das ja nicht alles.* Ein Lächeln breitete sich auf ihrem Gesicht aus, als sie sich daran erinnerte, dass sie bei genügend Konzentration inzwischen Dinge wahrnehmen konnte, die dem normalen Auge verborgen blieben. Also starrte sie mit aller Macht noch einmal auf den teilweise verschmierten Abdruck und konnte nach einer Weile tatsächlich etwas erkennen.

Es war eindeutig der Abdruck einer Hand. Von der Handfläche gingen vier leicht gespreizte Fortsätze aus, die allerdings spontan seltsam wirkten, ohne dass Granny es sich zunächst erklären konnte. Erst ein Vergleich mit ihrer eigenen Hand offenbarte den Grund. Der Ringfinger dieser Hand war ungewöhnlich lang. Er musste mindestens genauso lang sein wie der Mittelfinger, wenn nicht noch länger.

Das gibt es doch gar nicht. Oder doch? Plötzlich hatte Granny eine Szene von vor vielen Jahren vor Augen. Es war auf einer Party gewesen. Sie konnte sich nicht mehr erinnern, wo sie stattgefunden hatte. Aber es war einer der ersten gesellschaftlichen Anlässe gewesen, zu der sie mit ihrer Mutter hatte gehen dürfen. *Meine Güte, wie lang muss das schon her sein.* Sie hatte sich unwohl unter all diesen hochwohlgeborenen Gestalten gefühlt, obwohl diese sie überhaupt nicht wahrgenommen hatten.

Auch ihre Mutter war normalerweise nicht in diesen Kreisen unterwegs, jedoch hatte sie eine offizielle Einladung erhalten, weil es sich um eine Halloween-Party gehandelt hatte und sie die Rolle der »wicce« übernehmen sollte. *Nein, sie hatte das nicht nur gespielt. Ich habe es nur damals nicht als das wahrgenommen, was es war.*

Und dann war da dieser Junge – vielleicht etwas jünger als sie selbst. Er gehörte wohl zum Haushalt der Gastgeber. Ihre Mutter hatte in seiner Hand gelesen und dabei den außergewöhnlich langen Ringfinger bemerkt. Granny konnte sich noch gut an den Kommentar des Gastgebers dazu erinnern, dass Männer mit langen Ringfingern gute Liebhaber wären. Woran sie sich nicht erinnern konnte, war das Gesicht des Jungen. *Dann bringt mich das nicht weiter. Schade.*

In diesem Moment fiel ihr etwas auf. Da waren ja nur vier Finger zu sehen gewesen. Sie stellte sich vor, wie jemand sich wohl abstützen würde, um mit der anderen Hand die Verankerung der Kette aus der Wand in der Nische reißen zu können, und blickte mit erwachender Hoffnung um die Ecke.

Na, sieh mal einer an. Da warst du doch nicht so schlau, wie du dachtest.

Vor ihr prangte ein gut sichtbarer Daumenabdruck.

»Alastair, wir haben ihn!«

»Wer hat wen?«, kam es mit kauenden Geräuschen vom Küchenboden.

»Den Täter. Hier ist ein gut sichtbarer Fingerabdruck. Damit kann die Polizei Abgleiche anstellen und …«

»Mir ist sehr wohl bewusst, was ein Fingerabdruck ist. Ich kannte Sir Conan Doyle schon, bevor er ein Sir wurde. Aber zurück zu deinem erhofften Abgleich. Für diesen müsste die Polizei zunächst überhaupt auf die Idee kommen, hier noch einmal zu suchen. Mal ganz davon abgesehen, dass dieser Abdruck dann auch noch bei denen in der Kartei vorhanden sein müsste.«

»Na, das ist doch …«

»Eben nicht«, unterbrach sie der Kater. Er leckte sich das Maul und begann sich zu putzen. »Ich bin mir nämlich nicht sicher, dass sich schon Abdrücke von ihm in irgendeiner Kartei befinden.«

»Und wieso das?«

»Weil ich mir gut vorstellen kann, dass er zwar eine gewisse kriminelle Energie besitzt, diese aber noch nie selbst ausgelebt hat.«

Granny ließ sich langsam zu Boden sinken und sah ihren Kater mit großen Augen an. »Aber … weshalb?«

»Ein Profi hätte seine Abdrücke nicht verwischen müssen.«

»Weil … er Handschuhe getragen hätte.«

»Schön, dass du nun ebenfalls auf Höhe der Ereignisse angekommen bist.«

»Herrje, dann nützt uns das womöglich gar nichts?«

Alastair stoppte sein Putzwerk und brachte es fertig, Granny mit einem Ausdruck anzuschauen, der geradezu mitleidig wirkte. »So weit würde ich nicht gehen. Wenn wir die Polizei davon überzeugen können, sich den Abdruck genau anzuschauen und diese sogar die anatomische Besonderheit erkennen, dann sollte dies Grund genug sein, um anlassbezogen Fingerabdrücke von Personen zu nehmen, die bisher noch in keiner Kartei verzeichnet sind.«

Granny konnte es nicht verhindern, dass ihr Unterkiefer hinunterklappte, während sie den Kater mit großen Augen anstarrte. »Woher hast du diese Informationen? Selbst wenn du dabei gewesen wärst, als *Sherlock Holmes* geschrieben wurde, dort hätte so etwas doch niemals …«

»Ich war dabei«, fuhr Alastair dazwischen, der sich aufrecht hingesetzt hatte und sie mit seinen Bernsteinaugen anfunkelte. »Und selbstverständlich hat Arthur in den Geschichten nichts über die aktuellen Prozeduren der Kriminalistik geschrieben. Diese Informationen habe ich aus *Midsomer*.«

Am liebsten hätte sich Granny auf einem Stuhl niedergelassen, befürchtete aber, dass sie in ihrem aufgewühlten Zustand einfach hindurchgleiten würde. Also blieb sie stehen und stammelte: »Du … kennst … Inspektor … Barnaby? Aber wo … ich meine wie …«

»Nun, zum ersten Mal habe ich die Serie bei meiner Ersatz-Futterlieferantin gesehen.«

»Ersatz …?«

»Futterlieferantin. Es ist in den letzten Jahrzehnten mitunter vorgekommen, dass deine Mutter oder auch du mir den Zutritt ins Haus und damit zum Futternapf verwehrt habt.«

»Wenn du dich nicht zur üblichen Zeit hast blicken lassen und auch auf unsere Rufe nicht reagiert hast. Irgendwann wollten wir schließlich auch ins Bett.«

»Feinheiten. In solchen Fällen war ich demnach darauf angewiesen, mir mein Nachtmahl anderswo zu besorgen, und fand nicht weit von hier eine stets offene Tür bei einer deiner Geschlechtsgenossinnen, die meine Anwesenheit durchaus zu schätzen wusste, während sie besagte Serie im Fernsehen schaute. Sie machte dann aber vor einiger Zeit von ihrem Ableben Gebrauch und da ich – was die Serie anbelangte – auf den Geschmack gekommen war, schaute ich mir seitdem die Wiederholungen eben hier an.«

Es dauerte einen Moment, bis Granny in der Lage war, dem eben Gesagten einen Sinn zuzuordnen. Dann aber platzte sie heraus: »Du kannst die Fernbedienung meines Fernsehers benutzen?!«

»Selbstverständlich.«

»Das ist überhaupt nicht selbstverständlich. Wie …?«

»Wenn man ein Mehrkater ist, dann schon.« Die hochaufgerichtet dasitzende Gestalt des Katers schien noch ein Stück größer zu werden. »Anders als normale Katzen können wir die Ballen unserer Vorderpfoten unabhängig voneinander und auch zielgerichtet bewegen – ähnlich wie du deine Finger.«

»Du versetzt mich immer wieder in Erstaunen.«

»Gern geschehen. Was nun die Spurensuche angeht, wollen wir damit hier fortfahren oder noch einmal in der Bibliothek suchen?«

Das brachte Granny wieder auf den eigentlichen Grund für ihr Hiersein. Sie schaute sich um und tippte sich dabei gedankenverloren mit dem Finger gegen die Unterlippe. »Ich möchte mich auf jeden Fall noch einmal genauer umsehen, ob ich andere Stellen finden kann, die der Schuft berührt hat. Inzwischen ist es hier ja dunkel genug, dass ich das Glühen solcher Stellen einfacher erkenne.«

»Dafür brauchst du mich sicherlich nicht. Also werde ich mich mal auf den Weg machen.«

Bevor Granny ihn auch nur danach fragen konnte, was Alastair damit meinte, hatte dieser Anlauf genommen und war gegen die Gartentür gesprungen. Zumindest machte es zuerst den Eindruck. Aber er dosierte seinen Schwung so elegant, dass er nicht dagegen prallte, sondern an der Klinke hängenblieb und die so geöffnete Tür mit seinem Schwung ein Stück aufschwang, bevor er losließ und leichtfüßig wieder auf dem Boden landete.

»Du kannst die Tür ruhig wieder etwas zudrücken«, kam es aus Richtung des nur noch als schwarzer Schemen zwischen den Schatten des abendlichen Gartens erkennbaren Katers. »Du weißt ja, mit genügend Konzentration bekommst du es hin. Aber lass die Tür einen Spalt offen, damit ich mich nicht wieder durchs Oberlicht zwängen muss.«

Sehr wohl, euer Hochgeboren, dachte Granny und musste

schmunzeln. Dann versuchte sie, die Tür tatsächlich wieder etwas weiter zu schließen. Es gelang ihr schon viel besser, sodass sie sich voller Elan daran machte, ihren Plan in die Tat umzusetzen.

ENTDECKUNGEN

Granny

Eine gute Stunde später schwebte sie zufrieden wieder hoch in die Bibliothek. In der vergangenen Zeit hatte sie gelernt, ihre Abdrücke oder die durch die behandschuhten Hände der Kriminaltechniker verursachten von denen zu unterscheiden, die der Täter hinterlassen hatte. Und die gab es. Zwar nur wenige, aber sie waren da. Am hölzernen Griff der Pfanne, an der Lehne des Stuhls, auf dem sich auch die Stiefelabdrücke befanden, und an der Klinke der Tür zum Flur. *Das darf ich nicht vergessen,* ging es ihr durch den Kopf. *Wenn wir einen Weg finden, um Jona genauere Hinweise zu geben, dann soll sie alle unsere Erkenntnisse erfahren.*

Oben empfing sie das Chaos der auf dem Boden verteilten Bücher. Doch sie interessierte sich mehr für die, die sich immer noch in den Regalen befanden. Oder vielleicht auch das, was sich hinter ihnen befinden mochte.

Hat Alfie vielleicht nur deswegen die äußeren Bücher entfernt, weil er genau dies tun wollte? Dahinter schauen? Granny schwebte noch einmal alle Fächer des Regals ab und versuchte, im Zwielicht der letzten Strahlen der Sonne, die ins Zimmer und damit auch in einige der Lücken fielen, vielleicht doch etwas zu erkennen, was hinter den Buchreihen nichts verloren hatte. Plötzlich stockte sie. Das sollte doch auch anders funktionieren.

Sie sammelte sich und durchdrang die vor ihr befindliche Reihe auf Höhe der *Revised Edition of Mrs Beetons Book of Household Management*, einem dicken Schinken, von dem sie sich nicht erinnern konnte, dass sie oder ihre Mutter ihn jemals von seinem Platz entfernt hatte.

Nach einem kurzen unangenehmen Moment, in dem sie sich mitten zwischen den Seiten befand, tauchte sie daraus in der Lücke dahinter auf. Dann benutzte sie ihre erweiterten Sinne, um diese Lücke zu untersuchen. Doch sie fand nichts. Jedenfalls nicht im ersten Versuch. Sie drehte sich herum, um wieder zurück in die Bibliothek zu schweben, und stutzte. Das war ja gar kein Buch. Jedenfalls keines im herkömmlichen Sinn und sie ahnte, dass es darin auch nicht um irgendwelche Haushaltstipps ging. Weder von Mrs Beeton noch von jemand anderem.

Direkt vor ihr und durch ihre geschärften Sinne auch im Dunklen relativ gut zu erkennen, war eine Art Karton, der nur von vorn betrachtet den Eindruck vermittelte, ein Buch zu sein. Darin befanden sich Blätter aus Papier, die aber eindeutig keine normalen Buchseiten waren. *Das muss ich mir unbedingt genauer anschauen. Ob es möglich ist, gleichzeitig durchlässig und fest zu sein?* Sie machte Anstalten, tief durchzuatmen, bemerkte die Sinnlosigkeit und schüttelte kurz den Kopf. Dann vertiefte sie ihre Konzentration und schob sich durch das Regal zurück, während sie den ominösen Karton mit der Stirn vor sich her bugsierte, bis er Übergewicht bekam, auf den Boden kippte und seinen Inhalt dort zum Teil ausbreitete.

Was um aller Mächte Willen ist das?!

FLUCHT NACH VORN

Jona

»Meine Hilfe? Na du hast ja Nerven!« Ich bemühte mich um äußere Gelassenheit, was jedoch gar nicht so einfach war, denn mein Puls raste immer noch wie verrückt. Konnte das eine Falle sein? Wollte Alfie mich etwa auch um die Ecke bringen? So wie Granny? Warum aber bat er mich dann um Hilfe? Und besonders bedrohlich wirkte er gerade auch nicht. Eher verdammt nervös und panisch.

»Bitte!«, flehte er nun fast.

Fast tat er mir leid. Ich schielte zu Freddy, der erstaunlicherweise sein Geknurre eingestellt hatte und mich nun herausfordernd ansah. Merkwürdig. Wollte mein Hund etwa, dass ich mich Alfie sprach? Das wäre ja etwas ganz Neues. »Na schön, lass uns reingehen«, sagte ich schließlich. Im Nieselregen war es eindeutig zu ungemütlich. Ich schloss die Tür auf, ließ Alfie eintreten und rubbelte den Terrier mit seinem Handtuch ab, was er ganz gegen seine sonstige Gewohnheit stoisch ertrug, weshalb wir ruckzuck damit fertig waren. Sehr, *sehr* merkwürdig!

Nachdem ich meinen feuchten Mantel ausgezogen und mich von meinen Schuhen befreit hatte, ging ich in die Küche und stellte Teewasser auf. Badewanne und Rotwein mussten noch etwas warten. Wenigstens half diese beschauliche Tätigkeit, meine durchgedrehten Nerven ein wenig zu beruhigen.

Alfie sah mir dabei wortlos zu und schien, um Worte zu ringen.

»Raus mit der Sprache«, forderte ich ihn auf, während ich nun Futter in Freddys Napf gab, ehe mein treuer Begleiter einem tragischen Hungertod zum Opfer fiele. Bei diesem bescheuerten Vergleich verzog ich das Gesicht. Von grässlichen Todesfällen hatte ich heute eindeutig genug. Zumal ein mutmaßlicher Mörder in meiner unmittelbaren Nähe stand. Scheiße. Allerdings schwieg der hilfesuchende Killer immer noch.

»Was hat dir Granny angetan?«, bohrte ich nach und das holte ihn schließlich aus der Reserve.

»Nichts!«, rief er vehement. »Du denkst doch nicht etwa, ich hätte etwas mit ihrem Tod zu tun.«

»Warum sollte ich etwas anderes denken?«, gab ich zurück. »Du bist in heller Aufregung aus ihrem Garten gerannt.« Dann fiel mir etwas anderes siedend heiß ein und Angst kroch mir den Rücken hoch. »Wie kannst du wissen, dass Granny tot ist, wenn du angeblich nicht … ähm … dabei warst?«

Alfie schloss gequält die Augen.

»Das heißt, du warst also doch dabei?«, fragte ich. »Und wolltest vorhin noch einmal *was* bei ihr machen? Spuren verwischen?« Ich öffnete vorsichtig eine Schublade und tastete nach einem Messer.

»Ich hab's nicht getan!«, schrie er nun fast. »Granny war immer gut zu mir und hat mir oft aus der Patsche geholfen. Ich hätte ihr niemals wehgetan. Das war nicht der Plan.«

»Was war nicht der Plan?« Ich umschloss den Griff meines Lieblingsmessers, mit dem ich sonst Bananen und Äpfel für mein Müsli zerteilte. Ob man damit auch einen Mörder abwehren konnte?

»Wir wollten etwas von Granny stehlen«, gab er zu. »Mehr nicht. Keine Ahnung, warum das so aus dem Ruder gelaufen ist.«

»Wer sind wir? Und was wolltet ihr stehlen?«

»Ein Buch. Oder eher … ich weiß nicht, wie nennt man das, wenn es noch kein Buch ist?«

»Buchstaben?«, schlug ich vor. »Worte? Sätze?« Ich hatte keine Ahnung, wovon der Idiot sprach.

»Ist ja auch egal. Wir wollten diese Zettel finden und dann gleich wieder verschwinden. Im Idealfall hätte Granny davon gar nichts mitbekommen. Aber …« Alfie sah sich nun panisch in meiner Küche um, so als würde er irgendwelche Eindringlinge vermuten.

»Aber?«

»Aber er hat's vermasselt. Granny hat ihn überrascht und er ist in Panik geraten und … nun ja … du weißt schon.«

Wusste ich. Würde ich wohl auch nie wieder vergessen können. »Wer ist *er*?«

»Das tut jetzt nichts zur Sache«, behauptete Alfie, obwohl ich da entschieden anderer Meinung war.

»Ich finde schon. Das bedeutet, du weißt, wer Grannys Mörder ist. Du musst zur Polizei gehen und eine Aussage machen, damit sie diesen Unmenschen verhaften und hinter Schloss und Riegel bringen können«, ereiferte ich mich.

»Das ist nicht so einfach«, sagte er kleinlaut. »Und deshalb brauch ich ja auch deine Hilfe.« Wieder scannte er nervös die Umgebung.

Freddy, der wie immer seine Mahlzeit im Rekordtempo beendet hatte, beobachtete uns aufmerksam und schien buchstäblich an Alfies Lippen zu hängen. Hatte ich erwähnt, dass ich das Verhalten meines Hundes mehr als merkwürdig fand?

»Wenn du mir sagst, wer *er* ist, dann kann auch ich zur Polizei gehen und die Anzeige erstatten«, bot ich großzügig und nur leicht ironisch an.

»Die Sache ist nicht so simpel, wie du denkst. Genau genommen ist sie viel größer. Und viel gefährlicher.«

»Das hilft mir jetzt auch nicht weiter. Und ganz ehrlich, wenn die Sache so groß und gefährlich ist, warum kommst du dann zu mir? Das wäre doch noch ein Grund mehr, zur Polizei zu gehen.« Ich ließ das Messer wieder los und schloss die Schublade. Meine Angst vor Alfie war komplett verschwunden, stattdessen begann mein Kopf unangenehm zu pochen. Eine Reaktion, die er oft bei mir provozierte. Wie hatte ich mich nur auf diesen Idioten einlassen können?

»Ich werde dir alles sagen«, versprach er. »Ich kann dir auch beweisen, dass … also was genau … also wer … aber …«

Der Kopfschmerz wurde stärker. »Ehrlich, Alfie, wenn du so weitermachst, platzt bei mir gleich ein Aneurysma und dann hast du zwei Tote zu verantworten.«

»Ich war's nicht«, beschwor er mich erneut und drehte sich dann abrupt zur Tür. »Ich kann es dir beweisen! Muss nur … ähm … Ich hole etwas aus meiner Wohnung und dann bin ich gleich wieder bei dir.« Damit machte er auf dem Absatz kehrt und ich hörte gleich darauf, wie die Haustür ins Schloss fiel.

»Wuff«, sagte Freddy.

»Fandest du das auch reichlich merkwürdig?«, fragte ich meinen Hund und trank dann einen Schluck Tee.

Leider hatte mein Hund darauf nichts Erhellendes zu sagen, sondern legte mit einem Seufzer seinen Kopf auf die Vorderpfoten ab. Ich dagegen versuchte, mir einen Reim auf Alfies Verhalten zu machen.

War es echte Überzeugung oder doch eher Wunschdenken – wer mochte sich schon gerne eingestehen, eine Affäre mit einem Mörder gehabt zu haben? –, aber ich glaubte ihm, dass er Granny nicht getötet hatte. Allerdings machte das die Sache nur minimal besser. Schließlich steckte er mit dem wahren Täter offensichtlich unter einer Decke – und war gewillt gewesen, Granny zu bestehlen. Was er wohl mit »Zetteln« und »wie nennt man ein Buch, bevor es ein Buch ist«, gemeint hatte?

»Manuskript!«, rief ich laut und Freddy zuckte mit einem Ohr. Er muss ein Manuskript gemeint haben. Aber was für eines? Hatte Granny irgendwelche schriftstellerischen Ambitionen gehegt? Und wie aufregend, gefährlich oder kontrovers konnten ihre Aufzeichnungen sein? »Tücken bei der Fudge-Herstellung« klang jetzt nicht nach einem Thema, für das man einen Diebstahl oder gar einen Mord begehen musste.

Ich setzte mich mit meinem Tee an den Küchentisch und zog einen Block hervor. Denken fiel mir immer leichter, wenn ich mir dabei Notizen machte. Grannys Bibliothek war eindeutig durchsucht worden. Und zwar *nachdem* die Polizei am Morgen im Haus gewesen war. Ich hatte mitbekommen, wie zwei Beamte auch kurz in Grannys Wohnung gegangen waren und nach wenigen Minuten wieder runterkamen. Offensichtlich war ihnen dabei nichts aufgefallen. Damit konnte ich also mit einiger Sicherheit davon ausgehen, dass

Alfie nach der Tat noch einmal zurückgekehrt war, um erneut nach dem Manuskript oder den ominösen Zetteln oder den Dingen, die ein Buch ausmachten, ehe sie zum Buch wurden, gesucht hatte. Womöglich auf Drängen des anderen Mannes? Der ziemlich sicher sein Auftraggeber war? Eine Sache wusste ich sicher: In Alfie steckte einiges an krimineller Energie, aber ein Mastermind war er ganz sicher nicht.

Ich notierte »Auftragsdiebstahl« und »mutmaßliches Manuskript« auf meinem Block. Außerdem: »Wer könnte der Komplize / der Auftraggeber sein?«

Das war jetzt noch nicht sonderlich hilfreich, aber vielleicht ein Anfang. Und für die restliche Klärung würde ja gleich Alfie sorgen. Doch wo blieb der nur? Inzwischen war eine gute halbe Stunde vergangen und mein Magen begann zu knurren. Zwischen seiner Wohnung und meinem Cottage lagen maximal fünf Gehminuten, er hätte also längst wieder hier sein müssen.

Ich sehnte mich inzwischen nicht nur nach Rotwein in der Badewanne, sondern auch noch nach einer Tiefkühlpizza oder wenigstens einem Käsebrot. Hatte er mir vielleicht eine Nachricht geschrieben? Wo war mein Handy? Ich stand auf, ging in den Flur und fand es in der Manteltasche. Fehlanzeige. Kurz entschlossen rief ich bei ihm an. Es klingelte und klingelte und klingelte und dann war die Verbindung weg. Hatte er mich etwa weggedrückt?

Eine heftige Wut brandete in mir auf. Er wollte schließlich Hilfe von mir. Wie kam er dazu, mich jetzt einfach zu ignorieren? Ich schlüpfte wieder in meine Schuhe und meinen Mantel und ehe ich mich noch dazu entscheiden konnte, ob ich Freddy mitnehmen oder zu Hause lassen sollte, stand mein Hund auch schon neben mir. »Wir knöpfen uns den Idioten jetzt vor!«

THEORIE

Granny

Granny starrte mit einer Mischung aus Faszination und Verwunderung auf die lose Blättersammlung des ausgekippten Kartons. Sie beugte sich darüber und las ein paar der sichtbaren Zeilen auf verschiedenen Blättern, die mit einer Schreibmaschine getippt und ab und an mit handschriftlichen Notizen versehen waren.

Wenn sie sich nicht vollkommen täuschte – und das würde sie kategorisch ausschließen – handelte es sich dabei um das Manuskript von Daphne du Mauriers berühmtem Roman *Rebecca*. Sie hatte die traurig-schaurige Geschichte im Laufe ihres Lebens etliche Male gelesen. Und war jedes Mal aufs Neue dem Sog der Erzählung verfallen. Ein paar Details waren auf dieser Seite anders, als sie es aus ihrem Buch kannte.

Handelt es sich dabei womöglich um den allerersten Entwurf?

Sie war sich sicher, dass sich auf ihrem sterblichen Leib jetzt die Haare aufstellen würden, doch in ihrem aktuellen Zustand verspürte sie lediglich ein seltsames Kribbeln.

Falls dies wirklich das Original-Manuskript von Rebecca ist, könnte es unter Sammlern einigen Wert besitzen. Aber doch sicher nicht so viel, dass man dafür einen … Mord begehen würde. Oder?

Außerdem stellten sich gleich zwei weitere wichtige Fragen: Warum befand sich ein mutmaßlich wertvolles Original-Manuskript eines Welt-Bestsellers ausgerechnet in ihrem Bücherregal? Und warum wusste jemand anderer davon, wenn selbst sie schon keine Ahnung gehabt hatte? Sie bezweifelte es stark, dass Alfie dahinterstecken könnte. Der las doch höchstens den Sportteil der *SUN* und hatte garantiert in seinem Leben noch nie etwas von Daphne du Maurier und ihrem berühmtesten Roman gehört.

Aber wer dann? Und was bedeutet dieses Manuskript der Person, dass sie bereit ist, dafür ein Leben auszulöschen?

FALSCHER ORT ZUR FALSCHEN ZEIT

Jona

Die Rage und der ungemütliche Regen beschleunigten meine Schritte dermaßen, dass ich schon nach drei Minuten wieder im Treppenhaus des schäbigen Mehrfamilienhauses stand, in dem Alfie wohnte. Wie immer war die Haustür nur angelehnt gewesen, doch als ich vor seiner Wohnungstür stand, war die ebenfalls leicht geöffnet.

»Alfie?«, rief ich leise und trat dann ein. Freddy legte die Ohren zurück und versteifte sich merklich, ihm entfuhr ein kaum wahrnehmbares Grollen.

Die Wohnung war dunkel und nur durch die Straßenbeleuchtung schemenhaft erhellt. Langsam ging ich durch den Flur. Die Schlafzimmertür war geschlossen, doch … was war das? Unter der ebenfalls geschlossenen Badezimmertür trat Flüssigkeit hervor. Kein Wasser. Dafür war sie zu dunkel und zu …

Im nächsten Moment ging das Licht an und eine unangenehm bekannte Stimme hinter mir rief: »Polizei! Hände hoch und keine Bewegung!«

Ich tat, wie mir befohlen, und ließ dabei die Leine los. Freddy kläffte Constable Fumble wütend an.

»Halt gefälligst deinen Höllenhund fest, sonst erschieße ich ihn«, blaffte mich der Dorfbulle an.

»Dafür müsste ich die Hände aber wieder runternehmen«, entgegnete ich und wunderte mich selbst, dass ich noch zu so etwas wie Logik im Stande war. Ich verstand gerade die Welt nicht mehr. Warum war die Polizei hier? Warum ausgerechnet Fumble? Und Scheiße, war das da auf dem Boden wirklich Blut?

Fumble grunzte etwas Unverständliches und schien ebenfalls die Blutspur zu bemerken.

»Freddy«, beorderte ich den Hund an meine Seite zurück und hielt ihn mit eisernem Griff am Halsband fest, während ein jüngerer Kollege von Fumble vorsichtig die Badezimmertür öffnete.

Das schien nicht so einfach zu sein, denn am Boden lag Alfie. Mausetot. Ein Küchenmesser, das viel martialischer war als mein zartes Obstmesserchen, steckte noch in seiner Brust.

»Auf frischer Tat ertappt«, krähte hinter uns nun eine Frauenstimme.

Fumble und ich fuhren gleichzeitig herum. Es war eine von Alfies neugierigen Nachbarinnen.

»Diese Frau war schon vor anderthalb Stunden hier, aber da war Alfie nicht da. Sie hat ihm garantiert aufgelauert und ihn dann kalt gemacht!«, rief die Frau aufgeregt und deutete mit ausgestrecktem Zeigefinger auf mich, um jede Verwechslungsgefahr auszuschließen.

»Zweimal an einem Tag an einem frischen Tatort. Ich

schätze, du begleitest mich jetzt dringend mal ins Revier«, sagte Fumble mit einem maliziösen Grinsen und ließ die Handschellen klicken.

»Aber Freddy?«, rief ich, als hätte ich jetzt keine dringenderen Probleme.

»Den bringe ich ins Tierheim«, sagte Fumble, als er mich in den wartenden Streifenwagen bugsierte. Als er jedoch nach der Leine greifen wollte, machte mein Hund einen blitzschnellen Satz zur Seite und lief in die Dunkelheit davon.

TIERISCHE LOGIK

Alastair

Zwecklos. Vollkommen zwecklos. Die Ruhe ist dahin.

Alastair gab ein leises Greinen von sich, während seine Krallen den Ast, auf dem er lag, ohne Unterlass bearbeiteten und bereits einen großen Teil der Rinde in Sägespäne verwandelt hatten. Seine Schwanzspitze zuckte hin und her und erzeugte dabei immer wieder raschelnde Geräusche, die das Kaninchen auf der Wiese unter dem Baum dazu veranlassten, die Löffel hin und her zucken zu lassen. Plötzlich machte der Nager einen Satz und hüpfte hakenschlagend auf das nächste Gebüsch zu, in dem er verschwand.

Warum so hektisch, junger Hüpfer? Ich bin heute Abend ohnehin nicht in der Stimmung, dich zu jagen. In diesem Moment erhaschten Alastairs Ohren den eigentlichen Grund für die abrupte Flucht des Kaninchens.

Aus der entgegengesetzten Richtung näherte sich etwas

mit einer Vielzahl unterschiedlicher Geräusche, dass es selbst dem Kater schwerfiel, alles halbwegs einer Quelle zuzuordnen.

Galoppierende Pfoten … ein Schleifen … wovon? … ein unregelmäßiges Klappern … was ist das? … dazu etwas, das wie »Al-al-al-al-al« klingt … Oh, nicht doch. Hat sich dieser sabbernde Störenfried schon wieder losgerissen?

Kaum hatte Alastair dies gedacht, preschte Freddy auch schon um eine Hausecke und rannte quer über die Wiese in Richtung von Grannys Cottage, die Leine, die an seinem Halsband befestigt war, hinter sich herschleifend. Der Kater überlegte kurz, ob es erfolgversprechend wäre, sich noch einmal auf den Airedale fallen zu lassen. Da verhakte sich die wild hin und her peitschende Handschlaufe der Leine am unteren Ende einer auf der Wiese stehenden Skulptur und setzte damit dem Vorwärtsdrang des Hundes ein jähes Ende. Mit einem überrascht klingenden Laut – halb Jaulen, halb Japsen – schlug Freddy fast eine komplette Rolle rückwärts, sprang wieder auf und blieb verblüfft stehen.

Alastair erhob sich vom Ast und streckte sich noch einmal in alle Richtungen, bevor er von seinem Hochsitz hinunter sprang und nicht weit von dem Gestrauchelten landete.

»Wer reitet so spät durch Nacht und Wind …«, begann er zu deklamieren, doch weiter kam er nicht.

»Al, da bist du ja!« Freddy wollte dem Kater freudig entgegenspringen, wurde jedoch ein weiteres Mal gebremst.

»Dir ist schon klar, dass auch ein dritter Versuch dessen, was eben schon nicht funktioniert hat, nicht von Erfolg gekrönt sein wird.«

»Ist klar, Al. Aber vielleicht funktioniert es ja, wenn ich nur langsam springe.«

Alastair schloss kurz seine Augen. »Tu, was du nicht

lassen kannst. Aber lass dir gesagt sein, dass nur ein Verrückter erwartet, durch das beständige Wiederholen einer nicht funktionierenden Sache letztendlich doch zum Erfolg zu kommen.«

Freddy legte seinen Kopf schräg. »Kannst du das nochmal wiederholen? Ich bin ab Verrückter nicht mehr mitgekommen.«

»Nun gut. Um es also auch für dich verständlich zu sagen: Lass es bleiben!« Alastair gab dem Airedale keine Gelegenheit, ihn weiter in dieses sinnlose Gespräch zu verwickeln, und machte zwei schnelle Sätze bis zu der Skulptur. Dort nahm er die Lederschlaufe zwischen seine Zähne und befreite den dummen Hund.

»Hü-hott!«, rief er Freddy zu und unterstützte dies mit einem Schnalzen der Leine durch eine zackige Kopfbewegung.

Auch wenn dem Airedale deutlich anzumerken war, dass er mit dieser Situation vollkommen überfordert war, ließ er sich schließlich darauf ein. Er schüttelte sich und trottete nun in langsamerer Gangart auf eine Lücke im Gebüsch zu, hinter der sich die niedrige Mauer befand, die Grannys Anwesen begrenzte. An der Küchentür angekommen, setzte er sich und sah Alastair fragend an.

Der Mehrkater schritt – so würdevoll, wie dies mit einer Hundeleine im Maul möglich war – bis zu ihm, ließ die Schlaufe dann fallen und setzte sich ebenfalls.

»Was führt dich hierher, junger Freund?«

»Echt?!«

»Wie soll ich das verstehen?«

»Du bist echt mein Freund? Das hast du jetzt schon zum zweiten Mal gesagt.«

Alastairs Schwanzspitze begann erneut zu zucken, er

konnte es aber verhindern, dass das Fauchen, das sich in ihm zusammenballte, sein Maul verließ. »Das war eine Höflichkeits … ach, was soll's. Es würde deinen Horizont vermutlich übersteigen. Betrachte dich also, was die Arbeit an Grannys Mordfall angeht, als meinen Freund.« Bevor er weitersprechen konnte, zuckte sein Kopf herum und er glättete flugs ein paar in Unordnung geratene Haare an seiner Flanke. »Was also ist der Grund für deinen unerwarteten – und unbegleiteten – Besuch?«

»Jona kann nicht hier sein.«

»Das ist offensichtlich. Hat dies möglicherweise auch einen Grund? Oder wolltest du nur mal wieder Hallo sagen?«

»Natürlich nicht!«

»Also?«

»Äh, was?«

Tief in Alastairs Kehle begann es zu knurren.

»Ach so, du meinst, warum ich nicht einfach nur zu meinem … Freund gekommen bin?«

Warum habe ich ihm das bloß erlaubt? »Exakt.«

»Na ja, Jona ist … warte, ich hab da doch irgendwann mal ein Wort bei dir gehört, das dazu passt. Ach ja, in … disponiert.« Der Airedale begann mit freudigem Augenaufschlag zu hecheln, als erwarte er für ein Kunststück eine Belohnung.

»Inwiefern?«, ging Alastair jedoch darüber hinweg.

»Das geht aus dem Gefängnis nicht so gut. Wegen der Gitter und so.«

Alastair widerstand dem Impuls, einem imaginierten Insekt nachzujagen, das in diesem Moment an ihm vorbeizusummen schien. *Verdammte Übersprunghandlungen!* »Sie ist im Gefängnis?!«

»Das hab ich doch gesagt.«

»Aber warum?«

»Warum ich das gesagt habe? Na, weil es stimmt.«

Alastair zog die Lefzen zurück und fixierte Freddy mit seinem Blick. Dieser legte die Ohren an und duckte sich leicht, bevor er antwortete.

»Sorry, aber du verwirrst mich mit deinen ständigen Fragen.«

»Dann komm endlich zum Punkt! Warum ist Jona im Gefängnis?!«

»Das ist doch klar.«

»Ist es eben nicht! Du warst dabei, aber ich nicht. Ergo musst du mir das erzählen, was du gesehen hast!«

»Stimmt natürlich. Also, Jona ist mit mir nach Hause gegangen. Da hat aber schon dieser Alfie gewartet. Aber er hat sie nicht angegriffen, wie wir alle dachten, sondern hat gesagt, dass er ihre Hilfe braucht.«

»Hilfe? Wobei?«

»Er hat gesagt, dass er weiß, wer Granny umgebracht hat.«

Oha, das ging ja schneller als gedacht, schoss es Alastair durch den Kopf. *Ist der Fall etwa schon gelöst?* »Und wer war es? Nun spann mich doch nicht so auf die Folter!«

»Fol …?«

»Vergiss es. Sag mir nur einfach endlich, wer es war?«

»Das weiß ich doch nicht!«

»Aber du hast doch eben gesagt, dass …«, begann Alastair, doch nun wurde er vom – einfältigen, aber in seiner Welt gerechten – Zorn des Airedales gebremst.

»Eben nicht! Ich habe nur gesagt, dass Alfie gesagt hat, dass er weiß, wer Granny getötet hat. Oh Mann, was für ein langer Satz. Da weiß man ja am Ende fast schon nicht mehr, wie er angefangen hat. Egal. Alfie wollte uns das nicht erzählen. Er wollte erst noch was aus seiner Wohnung holen. Wir haben dann gewartet. Irgendwann hat Jona die Geduld verloren. Also sind wir zu ihm rüber. Da war er aber schon tot.«

»Was?!«

»Na, tot eben. Er lag in seinem Badezimmer. Also, ich denke, dass er lag, weil Tote ja nicht mehr stehen können. Aber die Tür war zu. Deshalb konnte ich es nicht sehen. Nur riechen. Und das Blut habe ich natürlich gesehen, als es unter der Tür durchgelaufen ist.«

»Verdammt. Und jetzt denken sie, dass Jona es getan hat.«

»Woher weißt du das?«, fragte Freddy mit schiefgelegtem Kopf.

»Na, sonst wäre sie ja wohl kaum im Gefängnis.«

Freddys Augen wurden groß. »Woher weißt du das?«

Kurz überlegte Alastair, ob er versuchen sollte, die Theorie zu überprüfen, nach der Schläge auf den Hinterkopf das Denkvermögen erhöhten. Doch er verwarf die Idee sofort wieder. »Du hast es mir erzählt. Vor nicht einmal fünf Minuten.«

»Oh, stimmt. Na dann haben wir das ja geklärt. Und was machen wir jetzt?«

»Wir müssen auf jeden Fall versuchen, unsere Version des Tathergangs den richtigen Stellen bei den Ordnungsbehörden …«

»Ähm, entschuldige«, unterbrach der Airedale ein weiteres Mal Alastairs Gedanken. »Hast du was zum Fressen da? Ich bin am Verhungern.«

Zum ersten Mal in seinem Leben wünschte sich der Mehrkater, ein Mensch zu sein, denn die waren in der Lage, das zu tun, was er in diesem Moment gern getan hätte: ironisch fragend eine Augenbraue anzuheben. Da dies aber nicht der Fall war, zeigte er Freddy den Weg durch die angelehnte Tür in die Küche und machte sich selbst auf zu Granny.

INSTANT MESSAGE

Granny

»Er ist was?!«

Granny Smith hatte das Gefühl, dass sämtliche Kraft ihren Körper verließ. Dann jedoch erinnerte sie sich daran, dass sie diesen Körper bereits vor einiger Zeit verlassen hatte. Aber die Nachricht von Alfies Tod hatte etwas in ihr zerbrechen lassen. Da sie selbst nie Kinder bekommen hatte, war dieser – zwar nicht allzu kluge, aber im Grunde herzensgute – Junge wie ein Sohn für sie gewesen. Sie hatte es klaglos jedes einzige Mal erduldet, dass er nicht auf ihren Rat gehört, mit seiner Herangehensweise aber gescheitert war. Ebenso klaglos hatte sie immer wieder ihre Geldbörse geöffnet, um ihn aus den Klemmen zu befreien, in die er sich manövriert hatte.

Und nun war er nicht mehr. Einfach so.

Und was viel schlimmer ist: Der Schuft, der ihn auf dem

Gewissen hat, ist auch mein Mörder gewesen! Das darf nicht ungesühnt bleiben.

Alastair schien ihre Gedanken gelesen zu haben, denn er stimmte zu. »Ja, in der Tat. Wir müssen etwas tun, um Jona zu entlasten. Schon allein, damit diese Futter-Vernichtungsmaschine, die sich über mein kärgliches Nachtmahl hermacht, nicht dauerhaft bei uns einzieht.«

Aus der entfernten Ecke der Küche erklangen enthusiastische Kaugeräusche.

Granny wandte kurz ihren Blick dorthin. »Du wirst es überleben.«

Zuerst hatte es den Anschein, dass ihr Kater zu einer Antwort ansetzen würde, doch er ließ es erstaunlicherweise bleiben. Anscheinend war ihm mehr daran gelegen, diese unsäglichen Schandtaten aufzuklären, als sie das bisher angenommen hatte.

Ach, du Lieber.

»Gern geschehen«, erwiderte Alastair mit einem Schnurren.

»Hast du eine Idee, was wir jetzt tun können?«

»Um der Wahrheit die Ehre zu geben, so hatte ich gehofft, dass dir etwas einfallen würde.«

»Hmm, wir müssen schnellstmöglich dafür sorgen, dass die Polizei in St. Austell von all dem Elend, das wir herausgefunden haben, Kenntnis erlangt. Das dürfte nicht nur Jona entlasten, sondern auch dabei helfen, dass die versierten Kriminalisten dem wirklichen Täter auf die Spur kommen. Dass Alfie bei mir nach etwas gesucht hat, muss etwas zu bedeuten haben. Vielleicht hat er tatsächlich das Manuskript …«

»Manuskript?«, fragte der Mehrkater. »Inwiefern …?«

Die Kaugeräusche verstummten.

Grannys und Alastairs Köpfe fuhren herum zu der nicht

mehr vorhandenen Lärmquelle. Von dort schaute Freddy mit großen Augen zurück. Eine Weile lang schien er erstaunlicherweise Grannys Kater zu fixieren – ein Umstand, von dem sich Granny sicher war, dass Alastair ihn noch nie bei einem anderen Tier geduldet hatte. Dann wandte sich der Airedale wieder dem Napf zu und leckte die letzten Futteratome aus dem Schüsselchen.

»Das ist interessant«, kam es von Alastair.

Granny, die fasziniert das seltsame Verhalten des Hundes beobachtet hatte, fuhr zusammen. »Huch, was war das denn?«

»Animale Kommunikation. Freddy hat mir erzählt, dass Alfie von einem Manuskript gesprochen hat.«

»Ihr könnt tatsächlich miteinander sprechen?«

Alastair brachte es fertig, einen indignierten Ausdruck auf seinem Katzengesicht zu zeigen. »Selbstverständlich. Sonst hätte ich es doch auch vorhin in der Bibliothek nicht so schnell fertiggebracht, den Halbstarken in unserem Sinne bei Jona einzusetzen.«

»Natürlich, das hatte ich ganz vergessen. Können alle Tiere so etwas?«

»Da bin ich mir nicht sicher. Vermutlich hilft es, dass ich ein Mehrkater bin. Aber zurück zum Thema: Wenn auch dieser unterbelichtete Tropf von Alfie etwas so Kompliziertes wie ein Manuskript erwähnt – glaub mir, in Freddys Schilderung schien er noch weniger mit Hirn gesegnet zu sein als selbst der Hund. Wenn er also von so etwas weiß und es sogar tatsächlich gesucht hat, dann könnte dies das Motiv darstellen. Aber wieso hast du es eben erwähnt?« Der Kater kratzte sich am Ohr. Er wirkte ob der Tatsache, dass Granny ihm einen Schritt voraus zu sein schien, leicht verstimmt.

»Ich habe vorhin ein Manuskript gefunden«, erwiderte Granny mit einem feinen Lächeln.

»Ernsthaft?«

»Du musst gar nicht so skeptisch klingen. Ich war nach deinem schnöden Abmarsch in der Bibliothek und habe mich gründlich umgesehen. Dabei habe ich einen Karton entdeckt, der nur so aussah, als sei er ein echtes Buch. Tatsächlich befindet sich darin aller Voraussicht nach ein Manuskript des Romans *Rebecca* von Daphne du Maurier.«

»Miiiaurrr«, entfuhr es Alastair unvermittelt, und seine Augen blitzten auf eine Art, die Granny nur als enthusiastisch interpretieren konnte.

»Denkst du womöglich ...«, fragte sie sachte nach. War ihr kluges Haustier mit seinen erstaunlichen Fähigkeiten zum selben Schluss gekommen wie sie? Wundern würde sie es nicht. Nicht mehr nach den bisherigen Ereignissen des heutigen Tages.

»Natürlich, das sind sehr gute Nachrichten!«, gab er zurück. »Wir haben ein Motiv und das fragliche Objekt der Begierde.«

»Phänomenal! Das müssen wir Jona wissen lassen!«

»Was uns zu der Frage bringt, wie wir das anstellen.«

»Die E-Mail!«, platzte Granny heraus.

»Bitte, was?«

»Das ist eine Möglichkeit, wie wir mit Jona in Verbindung treten könnten. Wir hatten vor einiger Zeit ja Mail-Kontakt wegen des Interviews. Mit ein wenig Glück ist sogar noch das Programm offen.«

»Du sprichst in Rätseln.«

»Oh, entschuldige. Ich vergaß, dass du so etwas höchstens einmal im Fernsehen gesehen hast. Wir Menschen haben Geräte, die Computer genannt werden. Damit kann man Nachrichten austauschen, auch wenn man sehr weit voneinander entfernt ist.«

»Und du besitzt so ein Gerät?«

»In der Tat. Er steht in meinem Büro.«

»Zu dem du mir bisher den Zutritt verweigert hast«, ergänzte Alastair süffisant, und Freddy jammerte leise.

Doch diesmal war Granny nicht danach, sich für ihre Art und Weise, mit ihrem Hausgenossen umzugehen, zu entschuldigen. »Exakt. Aber ab sofort hast du meine offizielle Erlaubnis, es zu betreten und auch die Tastatur zu bedienen, wenn deine vollmundige Ankündigung, die Pfotenballen von Mehrkatzen betreffend, zutrifft.«

»Touché«, erwiderte Alastair, erhob sich und starrte dann den großen Hund ein paar Sekunden lang an, der sich prompt mit einem tiefen Seufzen auf dem Küchenboden zusammenrollte. »Dann sollten wir dies schnellstmöglich verifizieren.« Er sprang auf und lief geschwind aus der Küche, die Treppe hinauf und bis ans Ende des Ganges, wo gegenüber dem Schlafzimmer eine Tür den Zugang zum Büro versperrte. Granny schwebte hinterher und traf kurz nach ihm dort ein und wurde vom auffordernden Blick des Mehrkaters empfangen.

»Hier ist deine Hilfe notwendig. Die Tür öffnet sich nach außen, also kann ich meine übliche Strategie zur Türöffnung nicht anwenden.«

Gut zu wissen, dachte Granny und konzentrierte sich darauf, die Klinke zu bedienen.

Wenig später war es geschafft, und die beiden blickten auf den Monitor des Computers, der ein sich bewegendes, abstraktes Muster anzeigte.

Alastair wandte seinen Blick vom Monitor ab und zu Granny. »Inwiefern hilft uns dieses künstlerisch sicherlich interessante Schauspiel bei der Kommunikation mit Jona?«

Von einer gewissen Genugtuung darüber erfüllt, endlich einmal etwas zu wissen, von dem ihr Kater nichts ahnte, erklärte sie ihm in wenigen Sätzen die grundlegende Funktionsweise und schloss mit den Worten: »Du musst einfach nur die Maus bewegen, um ihn aus dem Schlafmodus zu wecken.«

Sekunden später wünschte sie sich, sie hätte es nicht gesagt.

Kaum hatte Alastair mit seiner Pfote die neben der Tastatur liegende, kabelgebundene Maus berührt, geschahen zwei Dinge gleichzeitig: Das Linienmuster verschwand und wurde tatsächlich durch die Anzeige des geöffneten Mailprogramms ersetzt. Und der Mauszeiger begann, einen wilden Tanz quer über die Anzeige aufzuführen, als die Katzeninstinkte zuschlugen. Alastair haschte mit steigender Vehemenz mit beiden Pfoten nach dem Zeigegerät und vergaß dabei vollkommen, was um ihn herum geschah. Er machte auf der Schreibtisch-Oberfläche einen abrupten Satz zur Seite und stieß gegen Granny.

Huch!, war alles, was sie denken konnte, als sie zur Seite geschleudert wurde und auf einer dunklen, spiegelnden Oberfläche aufprallte. Doch der Schwung war zu stark und so sank sie hinein und fand sich mit einem Mal in einer unglaublichen Welt wieder.

Sie stand auf einer üppigen Wiese mit einem kleinen Bach, der jedoch nirgendwo hinfloss. Vor ihr schwebten längliche Gebilde, auf denen Text geschrieben stand. Sie waren in zwei Spalten angeordnet. Die Rechten hatten eine blaue Farbe, die Linken waren weiß. Als sie sich umdrehte, entdeckte sie eine Ansammlung kleinerer, quadratischer Flächen, die alle jeweils mit einem einzigen Buchstaben beschriftet waren.

Moment, diese Wiese, das ist der Hintergrund meiner Nach-

richten-App auf dem Smartphone. Ich muss da hineingefallen sein. Kann ich dann vielleicht einfach selbst eine Nachricht an Jona schreiben, ohne Alastairs Hilfe in Anspruch zu nehmen? Wer weiß, was dann noch passieren würde?

Sie ging ein paar Schritte, bis sie an einer Stufe angekommen war, unter der die Text-Kästen verschwanden. In der Mitte davon erkannte Granny den Namen ihrer Freundin, mit der sie zuletzt Nachrichten ausgetauscht hatte. Links daneben war ein Pfeil zu erkennen, der ebenfalls nach links wies. Mit einem vorsichtigen Lächeln tippte sie mit ihrer ganzen Hand auf das Symbol.

Sie hatte richtig vermutet.

Der Chat mit ihrer Freundin wurde geschlossen und stattdessen eine Liste ihrer letzten Konversationen aufgerufen.

Granny ging die Liste ab und hoffte, dort Jonas Namen zu lesen. Doch er war nicht dort. Allerdings waren in der Liste auch zwei Einträge, die nur Nummern anzeigten, die ihr nicht bekannt vorkamen.

Wenn ich mir doch bloß Telefonnummern merken könnte. Aber es muss eine von den beiden sein, denn Jona hat mir nach unserer Mail-Konversation noch einmal am Tag des Interviews eine Nachricht hier geschrieben, dass sie etwas später eintreffen würde.

Granny versuchte, in den Text-Ausschnitten, die in der Liste neben den Nummern angezeigt wurden, zu erkennen, welcher der beiden Chats der mit Jona sein könnte. Aber in beiden war der angezeigte Eintrag eine Nachricht von ihr selbst, in der sie etwas bestätigte. Also wählte sie den ersten Eintrag aus. Aber auch in dem sich öffnenden Chat konnte sie nicht zweifelsfrei erkennen, ob es der Richtige wäre.

Aber irgendwie klingt das schon nach der Reporterin. Ach, was soll's. Ich schicke erst einmal etwas Unverfängliches, dann werde ich vielleicht an der Antwort erkennen, wer es ist.

Granny begab sich zurück zum Bereich, in dem die Tastatur angezeigt wurde, und tippte mit ihren Händen: »Bitte nicht erschrecken!«. Darüber nachsinnend, was sie noch schreiben könnte, fuhr sie mit ihrer Rechten über das Textfeld. Allerdings ein wenig zu weit nach rechts, sodass sie den nach vorn weisenden Pfeil berührte, der neben ihrem Text erschienen war.

Ach du lieber Himmel, was geschieht mit mir!?

POLIZEIWILLKÜR

Jona

»Ist dir eigentlich klar, in welche Schwierigkeiten du dich gerade bringst?«, zeterte ich auf der Rückbank des Streifenwagens. Der Gefühlsmix, der in mir tobte, war derart überwältigend, dass ich die widerstreitenden Emotionen gar nicht richtig zu fassen bekam. Alfie war tot. Ziemlich sicher ermordet. Seine dämliche Nachbarin hielt mich für die Mörderin – und der minderbemittelte Constable Fumble ebenso. Mein Hund war bei der Androhung des Tierheims auf und davon gelaufen. Ich hatte Kopfschmerzen, Hunger – und kauerte mit Fesseln an den Handgelenken äußerst unbequem im Fond eines Polizeiautos.

»Da spricht die Richtige«, entgegnete Fumble gereizt und warf mir über den Rückspiegel einen düsteren Blick zu. »Du hast einiges an Erklärungen zu liefern.«

Ich lachte freudlos auf. »*Du* bist derjenige, der sich

erklären muss. Wie kannst du es einfach so wagen, mich zu verhaften, ohne mir meine Rechte zu verlesen?«

»Ich habe dich nicht verhaftet!«, behauptete er grunzend.

»Und warum sind dann meine Hände hinter dem Rücken gefesselt?«, schnaubte ich und ächzte, als Fumble über eine Bodenschwelle fuhr, die mich fies durchrüttelte. »Ich bin nicht angeschnallt und könnte mich bei einem Unfall schwer verletzen. Ich könnte mir auch eine Schulter auskugeln, genau genommen glaube ich, dass ich bereits mindestens eine Zerrung habe. Wie denkst du, finden das deine Vorgesetzten?« Ich hatte keine Ahnung, woher ich den Nerv nahm, Lucius Fumble derart anzublaffen. Schließlich war er trotz allem ein Vertreter der Staatsgewalt und saß gerade buchstäblich am längeren Hebel. Doch sein Verhalten war derart absurd, dass ich nicht an mich halten konnte.

»Die werden begeistert sein, wenn ich ihnen eine Doppelmörderin präsentiere«, entgegnete er mitleidslos.

»Das glaubst du doch selbst nicht.« Ich schüttelte den Kopf.

»Was ich glaube, ist irrelevant. Die Beweise sprechen eine eindeutige Sprache.«

»Welche Beweise, bitte schön?« Hatte der Idiot etwas getrunken?

»Die werde ich dir ganz sicher nicht unter die Nase reiben. So, da wären wir.« Er fuhr mit viel zu viel Schwung auf den Parkplatz hinter Foweys Feuerwehrstation, in dem die lokalen Ordnungshüter eine lächerlich kleine Niederlassung hatten, und bremste so abrupt, dass ich unangenehm hin- und hergeschleudert wurde. Dann stieg er aus, öffnete die Tür, packte mich grob am Oberarm und schubste mich unsanft durch den Nieselregen und hinein.

Das alles war so absurd, dass ich fast damit rechnete, dass im nächsten Moment jemand hinter dem halbvertrockneten Gummibaum im Flur hervorgesprungen kam und mich mit »Versteckte Kamera!« überraschte. Doch leider schien hier niemand zu Scherzen aufgelegt zu sein. Ich auch nicht. Wäre ja auch ziemlich geschmacklos.

Fumble brachte mich unter den fragenden Blicken der Leute in der Feuerleitwarte in ein Büro, das mangels echtem Vernehmungsraum wohl zu meiner Befragung genutzt werden sollte. Er löste dankenswerterweise die Handschellen und wies mir einen Stuhl zu. Dann nahm er selbst am Schreibtisch Platz und sah mich erwartungsvoll an.

Ich schwieg und starrte knapp an ihm vorbei auf das ausgeblichene Kalenderblatt vom August 2011. Man war wohl nicht ganz auf der Höhe der Zeit bei der Polizei in Fowey. Nicht, dass mich das überraschte.

Fumble machte mein Schweigen zusehends nervös. Er begann damit, Akten und Notizen auf dem Tisch vor ihm von einer Seite auf die andere zu schieben. Schließlich fuhr er mich an: »Was hast du zu deiner Verteidigung zu sagen?«

»Nichts«, entgegnete ich schlicht.

»Nichts? Dann gibst du es also zu?« Seine Augen leuchteten auf, wie ein Weihnachtsbaum kurz vor der Bescherung.

»Es gibt nichts, was ich zugeben müsste, und es gibt nichts, wofür ich mich verteidigen sollte«, entgegnete ich kühl.

»Was hast du dann bei Alfie Harrison zu suchen gehabt?«, fragte er weiter, doch ich schüttelte nur den Kopf.

»Ich werde gar keine Aussage mehr machen. Jedenfalls nicht, ohne vorher mit einem Anwalt gesprochen zu haben.« Ich verschränkte meine Arme vor der Brust. Niemals in meinem Leben hätte ich mir vorstellen können, diesen klischeebeladenen Satz einmal allen Ernstes auszusprechen. Aber ich hatte genügend Krimis gelesen und True-Crime-Podcasts gehört, sodass ich wusste, dass jedes

Wort, das ich hier sagte, gegen mich verwendet werden konnte.

»Wenn du so unschuldig bist, wie du behauptest, dann kannst du ja wohl mit mir sprechen«, versuchte es Fumble mit der erwartungsgemäßen Aussage.

»Ich werde gar nichts mehr sagen«, wiederholte ich mich und überlegte gleichzeitig fieberhaft, ob ich überhaupt jemanden kannte, der als juristischer Beistand infrage käme. Vor ein paar Monaten hatte ich ein Interview mit einer Strafverteidigerin geführt, die in die landesweiten Schlagzeilen geraten war, weil sie einem notorischen Betrüger zu einem fulminanten Freispruch verholfen hatte. Der Mann hatte hier in der Gegend etliche Menschen um ihre Ersparnisse gebracht, und die Empörung war enorm gewesen, dass er wegen schlampiger Ermittlungen seitens Polizei und Staatsanwaltschaft freigesprochen werden musste. Annabelle Rhodes hatte diese Fehler derart gnadenlos aufgedeckt, dass dem Richter gar nichts anderes übrig geblieben war. Ich war damals ebenfalls ziemlich aufgebracht gewesen, dass der Kerl, der alles andere als ein Unschuldslamm war, wieder auf freien Fuß kam, doch waren Ms. Rhodes' Argumente im Interview absolut bestechend gewesen. Ich musste bei der Vorstellung lächeln, was sie mit Lucius Fumble und seinem Kompetenz-Team anstellen würde.

»Was gibt es so blöde zu grinsen?«, motzte er mich an.

»Ich stelle mir gerade vor, was meine Anwältin mit dir anstellen wird, wenn sie erfährt, wie du mit mir umgegangen bist«, entgegnete ich wahrheitsgemäß. »Und ich würde sie jetzt gerne anrufen.«

»Nun sei nicht so«, versuchte er es mit Beschwichtigung. »Du brauchst keinen Anwalt. Das hier ist ein ganz informelles Gespräch. Deine Zeugenaussage wäre wirklich wichtig.«

»Zeugenaussage?« Ich merkte, wie die Wut in mir wieder hochkochte. »Seit wann werden Zeugen mit Handschellen abgeführt? Außerdem habe ich selbst als Zeugin das Recht auf juristischen Beistand.«

»Ich … das …«, begann er und merkte wohl, wie ihm die Felle davonschwammen.

Dabei hätte ich wirklich viele Informationen, die ich gerne mit der Polizei geteilt hätte. Alfie hatte klare Andeutungen auf einen Komplizen oder eher Auftraggeber gemacht. Offenbar hatte er sogar einen handfesten und eindeutigen Beweis dafür. Und ich wusste, dass es um ein Manuskript ging, das sich in Granny Smiths Besitz befand. Alles durchaus spannende Informationen für die Staatsgewalt, aber ganz sicher nichts, was ich mit Lucius Fumble besprechen wollte.

»Darf ich also nun Annabelle Rhodes anrufen?«, fragte ich.

Bei diesem Namen wurde er sichtlich blass und hatte Mühe, Haltung zu bewahren. »Das wird ganz sicher nicht nötig sein«, presste er hervor und klang fast ein wenig flehend.

»Das sehe ich kategorisch anders.«

»Ähm …«, stammelte er wieder los und wurde dann von einer Kollegin gerettet, die nach einem energischen Klopfen das Zimmer betrat.

»Telefon für dich«, sagte sie zu Fumble. »Es ist dringend.«

Der Constable stand so hektisch auf, dass der Schreibtischstuhl laut polternd umfiel, und verließ das Büro.

Leider blieb die Polizistin hier, sonst hätte ich die Gelegenheit genutzt, einen Blick auf die Akten zu werfen, die er die ganze Zeit hin- und hergeschoben hatte. Ob es da um Grannys Mord ging? Stattdessen zog ich mein Handy aus der Manteltasche und scrollte in meiner Kontaktliste, bis ich Annabelle Rhodes gefunden hatte. Bingo, da war sogar ihre Handynummer. Wenn mir hier und heute jemand noch richtig blöd kam, würde ich sie auf der Stelle anrufen – auch wenn ich mir mutmaßlich höchstens eine Stunde ihrer Dienste leisten konnte.

Mitten in diese Überlegung hinein kehrte Fumble mit hochrotem Kopf zurück. »Du kannst gehen«, sagte er, ohne mir jedoch in die Augen zu blicken.

»Ach?« Ich wettete darauf, dass er einen massiven Anpfiff von höherer Stelle bekommen hatte, doch leider war er nun gar nicht mehr auskunftsfreudig.

»Zieh ab, ehe ich's mir anders überlege«, knurrte er, und das ließ ich mir dann doch nicht zweimal sagen.

GHOSTING MAL ANDERS

Jona

Ich ließ rasch das ungemütliche Büro hinter mir, doch dann merkte ich, wie mir nicht nur die feuchte Kälte in die Knochen kroch, sondern die gesammelten Ereignisse des Tages. Und mir wurde eine Sache bewusst: Ein Mörder, der an einem Tag zwei Menschen kaltblütig aus dem Leben befördert hatte, lief immer noch in Fowey herum. Womöglich war er noch in der Nähe von Alfies Wohnung gewesen, als erst ich und dann die Polizei dazukamen. Vielleicht hatte er mich als Nächstes auf der Liste?

Ich schluckte hart und versuchte, diesen unbehaglichen Gedanken energisch wieder abzuschütteln. Ich ließ mich weder als Täterin abstempeln, noch hatte ich vor, zum Opfer zu werden. Trotzdem würde ich mich deutlich besser fühlen, wenn Freddy an meiner Seite wäre. Wo war der Kerl nur hingelaufen? Hoffentlich nach Hause, aber meinem Terrier war alles zuzutrauen. Auch dass er sich von einem Auto überfahren ließ. Diese Vorstellung verstörte mich noch mehr, als die Möglichkeit, auf der Todesliste eines irren Killers zu stehen. Ich schlug den Kragen meines Mantels hoch und eilte nach Hause.

Dort war von Freddy leider nichts zu sehen und ich überlegte, ob ich mich auf die Suche nach ihm machen sollte. Doch mir war schrecklich kalt und ich redete mir ein, dass man mich sicherlich anrufen würde, wenn er irgendwo auftauchte. Schließlich stand meine Telefonnummer auf seinem Namensschild.

Ich hatte mich gerade aus meinen feuchten Klamotten geschält, als mein Handy wie aufs Stichwort vibrierte. Kein Anruf, sondern eine Nachricht. Doch als ich das Display entriegelte, um nachzusehen, von wem sie stammte, wurden mir die Knie weich und ich ließ mich auf mein Bett sinken.

Mein Herz klopfte wie verrückt und es dauerte einen Moment, bis ich einen zweiten Blick wagte. Wenn meine Verhaftung schon ein ganz mieser Scherz war, was war bitte schön das hier?

Die Nachricht stammte angeblich von Granny Smith, und im Chat waren ein fröhlich winkender Avatar der Verblichenen zu sehen und der Satz: »Bitte nicht erschrecken!«

»Die Warnung kommt leider zu spät«, murmelte ich zu mir selbst und schubste mein Telefon ein Stück von mir weg, so als könne es mich jeden Augenblick anspringen.

War das am Ende eine Nachricht des Mörders? Hatte er Grannys Handy in seinen Besitz gebracht und drohte mir nun? Vermutlich sollte ich auf der Stelle die Polizei informieren, aber nach meinem jüngsten Abenteuer mit Constable Fumble war mir das Vertrauen ein klein wenig abhandengekommen. Nach einer Weile siegte meine angeborene

Neugier. So leicht würde ich mich nicht von einem Killer übertölpeln lassen.

»Was verschafft mir die unerwartete Ehre?«, tippte ich und verschickte die Nachricht. Das klang hoffentlich neutral und abgeklärt und nicht so panisch-nervös, wie ich mich fühlte.

Prompt begannen drei Pünktchen auf dem Display zu tanzen, und ich wartete voller Ungeduld auf die Replik.

»Jona? Jona, bist du es?« Garniert wurde die Frage von einem fragenden Gesicht des Avatars.

»Wer will das wissen?«

Wieder kamen die drei Pünktchen. Diesmal dauerte es erheblich länger, bis der Text schließlich erschien: »Es mag vermutlich ziemlich unglaubwürdig klingen, aber ich bin tatsächlich Faye Smith. Die genauen Umstände erfordern eine Erklärung, die ich gerne geben möchte. Aber dafür muss ich sicher sein, dass ich es mit Jona Gold zu tun habe.«

Mir entfuhr ein ungläubiges Schnauben. Entweder war dieser betrügerische Mörder abgebrühter als gedacht, oder … Ich wusste nicht recht, was ich antworten sollte, doch mein Gegenüber war offensichtlich ziemlich ungeduldig, denn wieder sah ich die Punkte auf dem Display.

»Alastair hat Freddy übrigens in mein Haus gebracht und sein Futter mit ihm geteilt. Du musst dir also keine Sorgen machen.«

Wie wahrscheinlich war es, dass ein potenzieller Betrüger wusste, wie mein Hund und Grannys Kater hießen? Nicht sehr, oder? Aber immer noch wahrscheinlicher, als dass mir eine Tote Nachrichten aus dem Jenseits schrieb. Bei diesem Gedanken fröstelte mich wieder. Dass dort Handynutzung möglich oder gar erlaubt sein könnte, hielt ich für ausgeschlossen – und eigentlich wollte ich auch gar nicht so intensiv über solche Dinge nachdenken. Aber ich wollte natürlich herausfinden, wer wirklich dahintersteckte, also sollte ich wohl auf dieses kranke Spiel eingehen.

»Da bin ich sehr froh«, tippte ich also als Antwort. »Und ja, ich bin Jona. Das müsstest du ja auch an meinem Profilbild erkennen können.«

Drei Punkte – und ein Avatar, der Tränen lachte.

»Auf deinem Profilbild ist Freddy zu sehen!«, schrieb mein jenseitiger oder betrügerischer Gesprächspartner.

»Eben.«

Ich war ziemlich gespannt auf die angekündigte Erklärung und rechnete damit, dass es länger dauern könnte. Also schlüpfte ich in einen warmen Jogginganzug und kuschelige Wollsocken und ging mit dem Telefon in die Küche. Ich brauchte jetzt wirklich dringend etwas zu essen. Und endlich einen Schluck des langersehnten Rotweins. Und vielleicht auch etwas, um mein leicht strapaziertes Nervenkostüm wieder etwas zu beruhigen. Also schaltete ich das Küchenradio ein und streamte meine Chill-down-Playlist vom Handy.

Gerade als ich den ersten Bissen meines Käsebrots mit dem Wein runterspülte, kündigte mein Handy die nächste Nachricht an.

Liebe Jona, man kann, ohne zu übertreiben, sagen, dass ich einen schlechten Tag habe. Jemand hat mich ermordet – zumindest meinen irdischen Körper. Mein Astralleib dagegen ist noch intakt, und ich werte diese Tatsache als Aufforderung, mein gewaltsames Ende aufzuklären. Oder zumindest daran mitzuwirken. Erstaunlicherweise kann ich mit Alastair kommunizieren, der mehr als ein gewöhnlicher Kater ist. Er hat auch Kontakt zu Freddy aufgenommen, aber an dieser Stelle wird die Kommunikationskette leider schon wieder brüchig. Dein Hund hat uns aber mitgeteilt, dass

Alfie ebenfalls getötet wurde und du von der Polizei verdächtigt wirst, was mir sehr leidtut. Hoffentlich kommt Lucius rasch wieder zu Sinnen. Laut Freddy hat dir Alfie noch einige interessante Informationen mitgeteilt, die sich auch mit unseren neuesten Erkenntnissen decken. Ich habe aber noch ein weiteres Problem. Ich bin nicht nur tot, mein Astralleib scheint nun auch in deinem Telefon gefangen zu sein. Vielleicht könntest du zu mir nach Hause gehen und wir finden dort gemeinsam eine Lösung für diesen unglücklichen Zustand? Freddy würde sich sicher ebenfalls freuen. Alles Liebe, deine Faye – die du vermutlich nur als Granny Smith kennst.

Auch beim dritten Lesen wurde mir der Sinn nicht klarer, und ich wusste nicht, was ich denken oder fühlen sollte. Konnte es sein, dass der Geist von Granny gerade mein Handy bewohnte? Ich trank einen großen Schluck, was die Dinge jedoch auch nicht verbesserte. Dann erschienen wieder drei Punkte auf dem Display, und jemand hämmerte voller Vehemenz an meine Haustür und klingelte gleichzeitig Sturm.

HUNGER MACHT'S MÖGLICH

Alastair

Etwas war anders. Die Präsenz, die Alastair selbst dann noch gespürt hatte, als er sich konzentrieren musste, um seine felinen Ur-Instinkte wieder so weit in den Griff zu bekommen, dass er von dieser Maus ablassen konnte, war verschwunden.

Er fuhr herum. Sein Schweif peitschte die Luft, während er ihre durchscheinende Gestalt auf dem Schreibtisch zu entdecken versuchte. Als dies nicht von Erfolg gekrönt war, sprang er vom Tisch herunter und suchte jeden Winkel des Büros ab. Doch nirgendwo konnte er sie sehen, und auch ihre Emanation war weiterhin nicht zu spüren.

Er fauchte verärgert. Dann aber kam ihm die Idee, dass Granny das Büro auch verlassen haben konnte, um nicht womöglich von seinen instinktgetriebenen Eskapaden irgendwie in Mitleidenschaft gezogen zu werden. Und fühlte er ihre Präsenz vielleicht nur in direkter Nähe? Er hatte sich in den letzten Stunden keine Gedanken darüber gemacht. Sie waren die meiste Zeit zusammen gewesen. Und in der Zeit, als er andere Dinge zu tun gehabt hatte, war er eben darauf konzentriert gewesen. Also huschte er durch die angelehnte Tür auf den Flur und dann hinunter in die Küche.

Noch bevor er sie erreicht hatte, erscholl von dort ein lautes Krachen und Splittern.

»Hey, Al«, wurde er von Freddy empfangen, nachdem er in Windeseile die letzten Meter überwunden hatte.

Dieser saß neben einem Haufen aus Scherben, wirkte aber eher mit sich zufrieden als schuldbewusst. »Schau mal, was ich gefunden habe«, rief er aufgeregt. »Was zu fressen für mich und dich. Na ja, eigentlich Menschenfutter, aber das riecht trotzdem fressbar.«

»Grannys Shortbread? Wie konntest du …?«

»War eigentlich ganz einfach«, bemerkte Freddy eifrig. »Die Dose stand ganz schön kippelig an der Kante des Tisches hier. Ich musste nur dreimal gegen den Tisch stoßen, und schon ist sie runtergefallen und hat sich geöffnet.«

Alastair knurrte und sträubte sein Rückenfell. »Wie ich bereits zu sagen anhob, bevor ich so rüde unterbrochen wurde, …«

»Ein Rüde? Das bin ich, oder? Jona sagt das immer wieder, wenn sie mit anderen Menschen über mich spricht. Was bedeutet das, Al?«

Nun sträubte sich Alastairs komplettes Fell, und er ging drohend ein paar Schritte auf den Airedale zu, dessen Haltung sich unwillkürlich änderte. Er gab ein Winseln von sich und wich mit eingezogener Rute in die nächste Ecke zurück.

»Noch einmal«, fauchte der Mehrkater. »Wie konntest du es wagen, dich an Grannys letzte Kekse heranzumachen!«

»Ich hatte Hunger«, kam es kleinlaut von dem in der Ecke Kauernden.

»Hunger?! Du hast bereits mein gesamtes Futter vertilgt und vermutlich bei Jona ebenfalls schon ein Abendessen gehabt.«

»Und wenn schon. Das … das reicht eben nicht. Und wo dieses … Shortbread nun schon so herumliegt, wäre es doch schade drum, wenn es verkommen würde. Dann würdest du auch noch etwas zu fressen haben.«

Alastair fixierte ihn eine Weile lang mit seinen leuchtenden Bernsteinaugen. Dann zuckte sein Blick zum Chaos vor ihm auf dem Boden. »Aber nur, weil es ohnehin nur noch Krümel sind«, gab er zurück und schnappte sich ein paar kleine Brocken.

Freddy tappte langsam zurück zu dem Punkt, von dem Alastair ihn vertrieben hatte. Dort setzte er sich hin, fing aber nicht an, ebenfalls zu fressen. Stattdessen beäugte er den Mehrkater, als ob er dessen Bissen zählen würde, während ihm lange Fäden von Spucke aus dem Maul tropften.

Als einer der Tropfen ihn fast am Kopf traf, zuckte der Kater hoch. »Erbärmlich«, bemerkte er. »Du tust glatt so, als wärest du am Verhungern. Also bedien dich halt. Aber noch eins: Hast du kürzlich Granny hier unten gesehen?«

Freddy senkte blitzschnell den Kopf und begann damit, die Keks-Stücke zwischen den Scherben hervorzuklauben und zu fressen. »Ich dachte, sie ist tot«, kam es kauend von ihm.

Alastair unterdrückte ein erneutes Fauchen. »Selbstverständlich ist sie das. Ich meinte ihren Astralleib.«

»Ach so. Nee, den habe ich nicht mehr gesehen, seit sie mit dir nach oben ge …schwebt ist.«

»Dann stimmt es also tatsächlich.«

Freddy unterbrach das Stöbern und schaute den Kater an. »Was stimmt?«

»Ich hatte das Gefühl, dass ihre Präsenz plötzlich verschwunden wäre.«

»Aber wo soll sie denn hin?«

»Eine interessante Frage aus deinem Maul, die ich mir ebenfalls schon gestellt habe.«

»Was habt ihr eigentlich da oben gemacht?«

»Wir wollten Kontakt zu deiner Lei … zu Jona aufnehmen.«

»Oh, gute Idee. Ist sie denn schon wieder aus dem Gefängnis raus?«

»Das wissen wir nicht.«

Freddy setzte sich auf den Küchenboden und leckte sich die Lefzen. »Am besten schauen wir, ob sie zu Hause ist. Dann kann sie uns vielleicht auch gleich noch ein bisschen richtiges Futter geben. Dieses trockene Zeug schmeckt zwar gar nicht so schlecht, aber ich bekomm davon so Durst.«

Alastair wollte schon etwas sagen, aber er behielt es für sich. *Wo er recht hat,* ging es ihm durch den Kopf. Er stand auf und bedeutete Freddy, ihm zu folgen.

WELLENREITEN FÜR FORTGEGANGENE

Granny

Ein Krachen ließ Granny zusammenzucken. Sie hatte eben eine Nachfrage an Jona eintippen wollen, weil diese ihr auf die Offenbarung, dass sie als astraler Körper in deren Smartphone gelandet war, noch nicht wieder geantwortet hatte. Natürlich war es relativ viel Text gewesen, den Granny geschrieben hatte. Und allein schon die Tatsache, dass sich Jona nun mit der Vorstellung anfreunden müsste, dass es so etwas wie Geister gab, war sicherlich nicht trivial. Aber doch hatte Granny es selbst nicht mehr ausgehalten, denn es ging ja auch darum, diesen unseligen Zustand, im Handy der Reporterin gestrandet zu sein, so schnell wie möglich zu beenden.

»Jona? Ist alles in Ordnung?«, tippte sie fieberhaft.

Doch es kam keine Antwort.

Granny ließ sich auf den Boden der Nachrichten-App

sinken und starrte missmutig umher. Dann stutzte sie, denn nun bemerkte sie, dass sich an ihrer Umgebung etwas geändert hatte. Anstatt dass der Boden, auf dem sie sich befand, alles um sie herum ausfüllte, schien dieser nun über einer anderen Ebene zu schweben, denn sie konnte über den Rand der App schauen. Und dort sah sie eine Art Karussell anderer Ebenen, alle in verschiedenen Farben und manche davon vermittelten sogar den Eindruck, sich zu bewegen.

Das sieht ja fast so aus, wie bei dieser Funktion, die mir Alfie …, schoss es ihr durch den Kopf, aber der Gedanke verhakte sich, als er bei dem Unglückswurm angelangt war. Granny bemühte sich darum, die Fassung zu behalten. *Reiß dich zusammen, Faye Smith! Es ist, wie es ist. Aber damit es nicht so bleibt, dass hier jemand ungesühnt fürchterliche Dinge tun kann, musst du einen kühlen Kopf bewahren!*

Sie schaute noch einmal über den Rand und fühlte sich darin bestätigt, dass Jona wohl gerade dabei gewesen war, von einer App zur anderen zu wechseln, als – ja, was eigentlich? – geschehen war. Inzwischen war sie sich sicher, dass Jonas Schweigen nichts Gutes zu bedeuten hatte. Vielleicht war sie sogar in Gefahr. Also nahm sie allen Mut zusammen und stieß sich von der Oberfläche der Nachrichten-App ab, um zu der zu springen, die sich zu bewegen schien.

Es glückte ihr tatsächlich. Doch als sie dort angekommen war, hatte sie gerade genug Zeit, um festzustellen, dass diese App Musik abspielte, bevor sie von einem Sog erfasst wurde, der sie davonriss.

Es war, als würde sie mit einer ganzen Wanne voll Wasser durch einen Abfluss gespült. Doch plötzlich weitete sich alles um sie herum und sie trudelte durch einen Raum, der ihr unbekannt war. Alles drehte sich so schnell um sie, dass Granny nur schemenhaft das Innere einer Küche erkennen konnte. Da schoss etwas Rotes, Eckiges auf sie zu und

Granny schlug instinktiv eine Hand vors Gesicht und streckte die andere Hand aus, um es abzuwehren.

Mit einem Mal kam alles zum Stillstand. Nur nicht in Grannys Kopf. Stöhnend hielt sie sich mit geschlossenen Augen an dem Objekt fest, das sie gestoppt hatte.

»Himmel nochmal, was war denn dies nun wieder? Ach bitte, es soll endlich aufhören sich zu drehen. Das ist heute wirklich nicht mein …« Granny stutzte. Die Worte, die sie unwillkürlich gerade gesprochen hatte, klangen ungewöhnlich, anders, irgendwie stärker, als wenn nur sie selbst sie von sich gegeben hätte. Und vor allem klang es … weltlich – sie fand einfach kein anderes Wort dafür. Sie öffnete vorsichtig die Augen. Allein die Tatsache, dass sie in den letzten Stunden schon einige Seltsamkeiten erlebt hatte – angefangen mit ihrem eigenen astralen Dasein –, ließ sie das, was sie sah mit einer gewissen Nüchternheit betrachten.

Sie schwebte in einer Küche, kurz unterhalb eines Oberschranks und ihre rechte Hand steckte mitten in einem roten Küchenradio, das unter diesen Schrank montiert worden war. Dieses Radio spielte momentan entspannende Musik, doch wenn sie ihre Finger ein wenig bewegte, dann flackerte die Anzeige und es waren leichte Störgeräusche zu vernehmen. Granny ließ ihren Blick durch die restliche Küche schweifen und entdeckte an der gegenüberliegenden Wand unterhalb eines Fensters einen kleinen Tisch mit zwei Stühlen, auf dessen Platte ein Teller mit einem angebissenen Käsebrot und ein halb voll mit Rotwein gefülltes Glas standen. Daneben lag ein Smartphone.

Jonas Küche. Das muss ihre Küche sein und ich bin auf der Musik aus ihrem Handy …

Doch Granny kam nicht dazu, sich für ihre Scharfsinnigkeit zu gratulieren, denn in diesem Moment hörte sie Stimmen – nicht nur die von Jona, sondern auch noch eine

Männerstimme, die ihr vage bekannt vorkam. Und klang dieser Mann nicht ein wenig aufgebracht? War Jona also tatsächlich in Gefahr?

»Nein, ich denke, es ist erst mal alles in Ordnung. Nur ein mächtiger Kater«, erklang es da aus dem Flur. »Aber ich sollte wirklich wieder zu ihr … Danke fürs Vorbeischauen. Mach's gut.« Dann wurde eine Tür geschlossen und Schritte näherten sich der Küche. Kurz darauf erschien eine ziemlich derangiert aussehende Jona im Durchgang. Unstete Blicke in alle Richtungen werfend, ging diese langsam zu ihrem Stuhl, als würde sie sich auf einer viel zu dünnen Eisschicht über einen See bewegen. Mit einem leisen Stöhnen ließ Jona sich auf einem der Stühle nieder, beäugte kurz ihr Telefon, schüttelte dann aber den Kopf und schob es noch ein Stück von sich weg. Dann griff sie nach dem Brot, ließ es aber gleich darauf wieder fallen, schnappte sich das Weinglas und nahm einen kräftigen Schluck.

»Armes Schätzchen«, sagte Granny teilnahmsvoll. Erneut klangen ihre Worte ungewöhnlich laut.

Und sie hatten eine durchschlagende Wirkung.

Jona zuckte mit einem spitzen Schrei zusammen, schnappte sich ihr Messer und sprang kampfbereit auf. Mit weit aufgerissenen Augen fuhr ihr Kopf hin und her – vom Handy zum Radio und wieder zurück, während sie sich schwer atmend mit dem Rücken an die Wand drückte.

Da wurde es Granny klar. Sie war nicht nur auf der Musik aus Jonas Handy entkommen, sondern war mit ihrer Hand in diesem Radio auch in der Lage, ihre Stimme in der irdischen Sphäre erklingen zu lassen. Hin und her gerissen zwischen dem Wunsch, der verängstigten Reporterin zu helfen und der Befürchtung, dass jedes Wort von ihr diese noch mehr aufregen könnte, schaute sie wie paralysiert auf Jonas Mienenspiel.

Das kann ich so nicht lassen, sagte sie sich schließlich. *Egal, ob ich ab jetzt schweige oder nicht, wird es für die Arme herausfordernd werden. Aber mit meiner Hilfe hat sie wenigstens die Chance, seelisch gesund zu bleiben.*

Sie räusperte sich, was die Reporterin erneut zusammenzucken ließ. »Liebe Jona. Es tut mir wirklich leid, dass ich dich so erschreckt habe – zuerst mit dieser Nachricht und dann auch durch meine unbedachten Äußerungen. Aber es lässt sich leider nichts daran ändern, dass alles die Wahrheit ist. Eine Wahrheit, die zu glauben auch ich zunächst einige Schwierigkeiten hatte. Und ich bin ja sogar direkt davon betroffen.«

Mit langsamem Kopfschütteln und ungläubigem Blick wurde Granny von Jona gemustert. Oder wohl eher das Radio.

»Das … das passiert gerade alles wirklich, oder?«, murmelte die Reporterin, als wäre sie soeben aus einem Traum erwacht, nur um festzustellen, dass dieser Traum keiner war. »Bist das tatsächlich du, Granny? Oder werd ich gerade verrückt?«

»In der Tat ist Ersteres der Fall, meine Liebe. Glaub mir, es war für mich mindestens ebenso schwierig, das als Tatsache hinzunehmen.«

Ein leises Lächeln stahl sich auf Jonas Gesicht, in das auch die Farbe wieder zurückgekehrt war. Dies zeigte nun sogar Anzeichen von Neugier.

Brava, ich wusste, du bist eine Kämpferin.

»Es hört sich so an, als würdest du aus meinem Radio zu mir sprechen. Bist du jetzt also da drinnen? Und nicht in meinem Handy? Wie …?« Jonas Stimme verklang und sie fuhr sich zerstreut mit der Hand durchs Haar.

»Nun ja, fast wäre es so gewesen, aber ich konnte mich im letzten Moment … abstützen.« Angesichts des zweifelnden Ausdrucks auf dem Gesicht der Reporterin musste Granny unwillkürlich schmunzeln. »Ich verstehe die Konventionen, denen astrale Körper unterworfen sind, selbst noch nicht so genau. Aber es scheint so zu sein, dass ich manchmal in der Lage bin, feste Materie zu durchdringen, in anderen Fällen aber auch geradezu davon abpralle.«

Jona legte den Kopf leicht schräg und schaute eine Weile lang in die Luft, als ob sie versuchen würde, sich genauer vorzustellen, wie das sein würde. »Interessant«, sinnierte sie. »Kannst du mir mehr darüber erzählen?«

Und Granny erzählte. Sie begann mit der Tatsache, dass es ihr um ein Haar nicht gelungen wäre, sich von ihrem irdischen Körper zu lösen – ein Umstand, bei dem es Jona sichtlich fröstelte. Dann berichtete sie von ihren versuchten Interaktionen mit Menschen, die bei direktem Kontakt anscheinend zu heftiger Übelkeit führten, und den tatsächlichen Gesprächen mit ihrem Mehrkater. Schließlich kam sie zu ihren eigenen Fähigkeiten und Dingen, die ihr nicht gelangen. »Vermutlich kann Mutters Kompendium bei manchem davon helfen«, schloss sie.

»Kompendium?«, kam es von Jona, die bis zu diesem Zeitpunkt mit offensichtlich wachsender Neugier zugehört und an den richtigen Stellen kurz nachgefragt hatte.

»Ja, auch wenn ich dies selbst nie bemerkt habe, so scheint sie eine echte ›wicce‹ gewesen zu sein und einiges über die astrale Welt gewusst zu haben. Sie hat eine Kladde mit allerlei Informationen zusammengestellt, aus der ich bereits ein paar interessante Dinge erfahren habe. Nur ist die Lektüre eines irdischen Buches für mich natürlich nicht allzu einfach.«

»Na, dafür hast du ja jetzt mich«, rief Jona, deren investigatives Interesse nun ernsthaft geweckt schien.

»Ja, und das ist ein großes Glück, Liebes«, entgegnete

Granny in warmem Tonfall. Konnte es wirklich sein, dass sie so schnell eine Verbündete gefunden hatte? »Und dann ist da noch diese Sache mit dem Manuskript …«

»Manuskript?«, unterbrach Jona sie. »Alfie hat etwas erwähnt, das man mit viel gutem Willen als Manuskript interpretieren könnte. Das ist ja ein Ding.« Sie schüttelte den Kopf. »Wow. Und worum handelt es sich genau?«

Ehe Granny antworten konnte, stieß etwas mit einem dumpfen Knall und einem kratzenden Geräusch von außen gegen Jonas Küchenfenster und ließ sie beide heftig zusammenzucken.

VERSTÄNDNISPROBLEME

Jona

»WAS ZUR HÖLLE?«, ENTFUHR ES MIR UND EIN WEITERER Adrenalinschub flutete meinen Körper. Gesund konnte das garantiert nicht sein, oder?

»Keine Sorge, Schätzchen, das ist nur Alastair«, tönte Grannys Stimme aus meinem Radio. Sie klang amüsiert und ziemlich erleichtert.

»Klar, wer sonst«, murmelte ich, während ein Teil meines Unterbewusstseins darüber sinnierte, wie es möglich war, dass ein Geist stimmlich Emotionen transportieren konnte. Mithilfe meines Radios. Ich hatte jedoch eindeutig zu wenig Ahnung von physiologischen, physikalischen oder metaphysischen Feinheiten, um eine vernünftige Einordnung vornehmen zu können, und stand stattdessen wieder auf, um den Kater ins Haus zu lassen.

»Mau!«, bemerkte er herrisch und schlüpfte durch das

Fenster in meine Küche, wo er sich umsah. Mit einem eindeutig indignierten Gesichtsausdruck, den ich prompt persönlich nahm. Offensichtlich gefiel dem gnädigen Herrn meine bescheidene Bleibe nicht, oder es saß ihm sonst etwas quer.

Ohrenbetäubendes Gebell lenkte mich jedoch gleich von diesen Gedanken ab. Alastair war nicht alleine hergekommen, er hatte meinen Hund mitgebracht, der nun allen Ernstes versuchte, ebenfalls irgendwie das Fensterbrett zu erreichen.

»Lass das Freddy, komm zur Tür«, rief ich und hetzte in den Flur, wo ich Sekunden später im Windfang von meinem enthusiastischen Terrier fast zu Tode begrüßt wurde.

»Ich freu mich auch so sehr dich zu sehen«, keuchte ich, während ich seine stürmischen Zärtlichkeiten, die reichlich Zunge und Zähne beinhalteten, abzuwehren versuchte.

Auch wenn er wild und ungestüm war, flutete mich doch ein Gefühl von unendlicher Erleichterung, ihn wieder bei mir zu haben. Freddy war ein Geschöpf aus Fleisch und Blut, mit Mundgeruch und feucht-müffelndem Fell, aber durch und durch real und lebendig. Im Gegensatz zu meinem unsichtbaren Gast in der Küche.

Dorthin schien es Freddy nun aber magisch zu ziehen, denn nach einem letzten schlabberigen Handkuss drängelte er sich an mir vorbei und flitzte in die Küche. Ich atmete ein paarmal forciert tief aus und wieder ein, was jedoch leider nicht für die gewünschte Klarheit im Kopf sorgte, sondern nur für leichten Schwindel. Da ich jedoch gleich darauf forderndes Napfgeklapper hörte, folgte ich meinem Hund.

Freddy stand auffordernd wedelnd vor seinem leeren Futternapf und wurde bei seiner wenig subtilen Bettelei von Kater Alastair beäugt, der es sich neben meinem angebissenen Käsebrot auf dem Küchentisch bequem gemacht hatte.

Aus dem Radio dudelte nun wieder meine softe Chill-Playlist statt der Geister-Granny, und einen kurzen Augenblick wollte ich mich der verführerischen Annahme hingeben, ich hätte mir das eben alles eingebildet. Der Tag wuchs mir eindeutig über den Kopf.

»Lass das Freddy«, tadelte ich den Hund, als er weiter am Napf rüttelte. »Du hast bereits dein Abendessen bekommen. Als Alfie hier war«, erinnerte ich ihn und erschauderte dann prompt. Vor wenigen Stunden war Alfie noch quicklebendig in meiner Küche gestanden und hatte mir Hinweise auf Grannys Mörder liefern wollen. Ich schluckte und versuchte, mich zu konzentrieren. Darauf, was ich nun sinnvollerweise als Nächstes tun sollte.

Freddy brummte frustriert und trollte sich dann zu seinem Küchenbett, wo er sich umständlich zusammenrollte und mir demonstrativ den Rücken zuwandte. Ich wusste, dass er die Rolle der beleidigten Leberwurst nicht allzu lange würde durchhalten können, also sagte ich nichts, sondern angelte nach einem Notizbuch und einem Kuli, die ich überall im Haus verstreut herumliegen hatte. Zahlenmäßig waren sie sogar Freddys Schlafstätten überlegen, obwohl der außer im Badezimmer in jedem Raum eine Decke oder ein Körbchen hatte – verwöhnter Kerl.

Schlafen wäre auch für mich eine gute Idee, spät genug wäre es auch, aber ich bezweifelte ganz stark, dass ich überhaupt zur Ruhe kommen könnte. Nein, erst musste ich meine Gedanken und die Ereignisse des heutigen Tags sortieren. Also begann ich, alles stichpunktartig zu notieren. Angefangen bei meiner Entdeckung der toten Granny in ihrem Laden, über die polizeilichen Ermittlungen, Sams seltsames Verhalten in der Redaktion, den flüchtenden Alfie, die merkwürdige »Geisterbegegnung« in Grannys Bibliothek, die Konfrontation mit Alfie, seine Bitte um Hilfe, sein schrecklicher Tod. Ein erneuter Auftritt von PC Fumble, der mich allen Ernstes verhaftet hatte. Vermeintliche oder tatsächliche Textnachrichten von der verblichenen Granny, ein durch und durch seltsamer Überraschungsbesuch von Sam gerade erst vorhin, Grannys Stimme aus meinem Radio und die glückliche Heimkehr meines Hundes in Begleitung von Grannys Kater.

Ich schüttelte den Kopf. Das alles waren nur die allerdürrsten Fakten, doch die reichten locker aus, den dumpfen Schmerz in meinem Kopf zu verstärken. Ich griff nach dem Rotweinglas, doch Alastair legte mir eine Pfote auf die Hand.

»Was?«, fragte ich das Tier ungnädig. »Ich finde, nach diesem Tag habe ich mir ein bisschen flüssigen Trost verdient, um die scharfen Kanten etwas abzuschleifen.«

Er betrachtete mich so durchdringend aus seinen klugen Bernsteinaugen, dass ich meine Hand wieder zurückzog, aufstand und mir ein großes Glas Wasser eingoss, dankbar dafür, dass Freddy keine erzieherischen Absichten mir gegenüber an den Tag legte.

Als ich mich wieder setzte, hatte ich kurz das Gefühl, als würde mir ein kalter Hauch über den Rücken streichen und ich zuckte unwillkürlich zusammen. Dann knackte das Radio und meine besänftigende Musik erstarb.

»Tut mir leid, wenn ich dich schon wieder erschreckt habe«, tönte Grannys Stimme aus dem Lautsprecher. »Ich habe nur deine Notizen gelesen und war nicht schnell genug wieder weg.«

»Aha«, murmelte ich matt. Wäre ja auch zu schön gewesen, ich hätte mir die Stimme und die Textnachrichten nur eingebildet. Mit ein bisschen mehr Rotwein hätte das vielleicht funktioniert.

»Dann war vorhin also Sam Shepherd bei dir?«, erkundigte sie sich, ohne weiter auf mein Missbehagen einzugehen.

»Mhm.«

»Und was wollte er?«, bohrte sie nach.

»Wissen, wie es mir geht.« Ich zuckte mit den Schultern. Ich fand es auch seltsam, dass Sam hier aufgekreuzt war. Wir kannten uns schon lange und mochten uns, aber unsere Beziehung war immer strikt auf die Arbeit bezogen gewesen, auch wenn wir auf Partys oder bei irgendwelchen Stadtfesten durchaus freundschaftlich miteinander plauderten. Er war noch nie bei mir zu Hause gewesen und dass er so schnell von meiner »Verhaftung« erfahren hatte, war ebenfalls merkwürdig. Wobei, nein. Das eigentlich nicht. Der Flurfunk in Fowey funktionierte bestens. Irgendein wachhabender Beamter, der mich gesehen hatte, musste Sam oder sonst jemandem aus der Redaktion Bescheid gegeben haben. Schließlich war das doch eine spannende Info, wenn eine Redakteurin wegen Mordverdachts zur Polizei gebracht wurde.

»Warum hat er dann nicht angerufen?«, fragte Granny und sprach damit aus, was mir auch durch den Sinn schoss.

»Vermutlich hat er mich nicht erreicht, weil du mein Telefon okkupiert hast«, entgegnete ich trocken.

»Ich glaube nicht, dass meine Anwesenheit die Funktionsfähigkeit des Gerätes einschränkt«, behauptete sie jedoch ganz sachlich und ignorierte meinen Sarkasmus völlig.

»Wie auch immer, er hat sich angeblich Sorgen gemacht und wollte sichergehen, dass es mir gutgeht. Viel mehr konnte ich mit ihm nicht besprechen, weil dann ja plötzlich Stimmen aus der Küche zu hören waren und ich mir rasendschnell eine Ausrede einfallen lassen musste«, sagte ich anklagend. Ich hatte in diesem Moment beinahe einen

Nervenzusammenbruch erlitten, als plötzlich Grannys Stimme erklungen war, während ich mit Sam sprach.

»Das war sehr schlagfertig von dir«, lobte mich die Geisterstimme. »Auch wenn er sich womöglich gefragt hat, wie es sein konnte, dass so schnell nach deiner Verhaftung, eine Freundin mit Kater bei dir in der Küche sitzen konnte. Ich nehme an, du meintest den Kater im übertragenen Sinn und nicht im wörtlichen. Denn tatsächlich sitzt ja nun ein Kater in deiner Küche und ich betrachte mich als deine Freundin. Aber normalerweise leidet man ja eher erst am nächsten Tag an einem alkholbedingten Kater, nicht wahr?«

»Zumindest bin ich ihn auf diese Weise rasch losgeworden«, entgegnete ich dem beeindruckenden Wortschwall, der irgendwas von einem nervösen Plappern hatte.

»Das ist sehr gut, denn wir müssen dringend noch einmal los.«

»Bitte?«

»Ich könnte mir gut vorstellen, dass wer auch immer mich und Alfie auf dem Gewissen hat, nach wie vor Interesse an dem Manuskript haben wird.«

»Ach ja, das Manuskript. Worum handelt es sich denn dabei genau?«

»Womöglich um die erste Fassung von Daphne du Mauriers Roman *Rebecca*. Mit handschriftlichen Notizen.«

»Wow.« Ich war wirklich beeindruckt. So ein rarer Fund war sicherlich einiges wert, aber einen Mord?

»Und da ich in meiner aktuellen … ähm … Form leider nicht in der Lage bin, substanzielle Materie von einem Ort zu einem anderen zu bewegen, brauche ich dich dafür«, sprach Granny jedoch weiter, ehe ich meine Gedanken aussprechen konnte.

»Mich?«

»Natürlich, denn auch unseren beiden treuen Freunden

traue ich das nicht zu – bei allem Engagement, das sie schon gezeigt haben. Alleine und als Team.«

»Hm.« Granny hatte eindeutig einen Punkt, aber mich zog es wirklich nicht noch einmal nach draußen. Es war kalt, nass und spät. Fürchterlich spät. Mein Blick fiel auf die Küchenuhr.

Kurz vor Mitternacht.

Geisterstunde.

Wie passend.

»Ich würde auch sehr gerne die Kladde meiner Mutter holen, denn da stehen vielleicht noch weitere sachdienliche Hinweise drin, wie ich mit meinem derzeitigen Zustand noch besser zurechtkomme.«

»Steht darin auch etwas, wie *ich* mit *meinem* derzeitigen Zustand besser zurechtkommen kann?« Mir entfuhr ein Geräusch, das eine Mischung aus Seufzen und unterdrücktem Lachen war und so seltsam klang, dass sogar Freddy seine Bockigkeit vergaß und mich fragend ansah.

»Nun, es steht eine ganze Menge darin. Wir werden es aber nur herausfinden, wenn wir das Manuskript und die Kladde sichern, ehe uns jemand … nun ja … zuvor kommt.«

»Du denkst, dein Mörder wird zurückkehren?« Wieder fröstelte es mich.

»Ich bin mir sogar absolut sicher. Warum zwei Tote riskieren und dann das eigentliche Ziel aus den Augen verlieren? Wir müssen unbedingt schneller sein als er.«

Ich sparte mir die eigentlich naheliegende Frage, warum Granny nicht einfach in ihr Haus zurückkehrte und als Gruselgespenst etwaige Mörder oder sonstige Eindringlinge vertrieb. Bis vor wenigen Stunden war Faye Smith eine ganz normale ältere Frau gewesen, die ein ganz normales Leben geführt hatte. Es konnte auch für sie nicht einfach sein, das alles zu begreifen und zu akzeptieren. Vermutlich hatte sie schlicht Angst. Oder es war ihr zumindest sehr unheimlich, denn auch wenn man ihr nichts Schlimmeres mehr antun konnte …

Ich unterbrach meinen Gedankengang, als mir schlagartig bewusst wurde, dass man *mir* sehr wohl noch etwas Schlimmeres antun konnte. Doch andererseits konnte und wollte ich ihr meine Hilfe nicht verweigern. Ich wollte genauso dringend herausfinden, wer sie und Alfie gemeuchelt hatte – und warum. Und dann würde ich dafür sorgen, dass dieser Jemand hinter Schloss und Riegel kam.

»Du hilfst mir also?«, sagte Granny hoffnungsfroh und ich fragte mich, ob der obskure Nachtod-Zustand ihr auch das Gedankenlesen ermöglichte.

»Ja«, sagte ich mit so viel Entschlossenheit, zu der ich noch in der Lage war.

»Dann lass es uns so schnell wie möglich hinter uns bringen«, bat sie eindringlich. »Wir werden aber das Radio mitnehmen müssen.«

»Wieso das denn?«

»Nun ja, weil wir so miteinander kommunizieren können und …«

Ich unterbrach sie lachend. Es war das erste richtige Lachen an diesem Tag.

»Was ist daran so komisch?«, fragte sie etwas verschnupft.

»Mein Radio ist eigentlich kein Radio im herkömmlichen Sinn, sondern ein Bluetooth-Lautsprecher, der mit meinem Handy verbunden ist. Wenn ich mir meine Kopfhörer in die Ohren schiebe, müsste das genauso funktionieren – und ist ein bisschen diskreter.«

»Das ist ja toll.« Granny klang wirklich beeindruckt, während ich aufstand und in meiner Handtasche die kleine

Box suchte, in der die Ohrstöpsel auf den nächsten Einsatz warteten.

Ich schaltete den Lautsprecher aus und wartete, bis sich meine In-Ear-Kopfhörer mit meinem Telefon verbanden. »Kannst du mich hören?«, fragte ich.

Stille.

Verdammt. Was war denn nun schon wieder? Hatte ich irgendwas falsch gemacht? Vielleicht hätte ich den Lautsprecher nicht einfach ausschalten sollen? Wenn ich doch nur wüsste, wie diese Geistersache ablief. Wobei, wenn ich es mir recht überlegte, wollte ich sicherlich einiges, aber ganz bestimmt nicht mehr darüber erfahren.

»Jona?«, dröhnte es mit einem Mal in meinem Kopf und ich gab ein erschrockenes Japsen von mir, während mein Puls zu neuen Höhenflügen ansetzte.

»Granny«, keuchte ich. »Erschreck mich doch nicht so!«

»Das war nicht meine Absicht«, gab sie zurück. »Ich …«

Aber das Adrenalin, das noch durch meine Adern pumpte, machte mich ungeduldig. »Also konntest du mich hören«, unterbrach ich sie. »Warum hast du denn nicht gleich etwas gesagt?«

»Dich zu hören gelingt mir auch ohne Zuhilfenahme deines Handys«, entgegnete sie leicht pikiert. »Nur war es notwendig, dass ich zuerst wieder einen Zugang zu ebendiesem Handy finde, bevor auch du wieder mich hören konntest.«

Meine Aufregung verblasste angesichts ihrer Worte. »Entschuldigung«, murmelte ich und fuhr mir mit fahrigen Bewegungen durchs Haar.

»Eine Entschuldigung ist nicht notwendig«, bemerkte Granny nun wieder in ihrem üblichen großmütterlichen Tonfall. »Die Umstände haben uns beide … nun ja, einiges abverlangt.« Sie seufzte. »Aber eigentlich schlagen wir uns doch ganz gut, nicht wahr? Und um deine eigentliche Frage zu beantworten: So ist unsere Kommunikation viel besser.«

Also konnte es losgehen. Ich überlegte, ob ich mir für diese Mission etwas anderes anziehen sollte. Schwarze Klamotten vielleicht? Doch vermutlich würde ich ohnehin keiner Menschenseele begegnen und hatte mit Freddy ja die perfekte Ausrede an der Leine. Also schlüpfte ich in meinen Regenmantel, steckte mir eine zusammengefaltete Einkaufstasche in die eine und mein Handy in die andere Jackentasche.

BAUCHGEFÜHL

Freddy

»Nun beweg schon deinen felligen Hintern«, forderte Alastair den Airedale fauchend auf, der auch nach dem zweiten Rufen von Jona weiterhin bewegungslos in seinem Körbchen lag.

»Ich denk ja gar nicht dran«, grummelte der Hund bockig. »Wenn sie mich verhungern lässt, kann sie auch zusehen, wie sie alleine mit der Situation klarkommt.«

»Sei nicht so nachtragend. Das ist ja ein regelrecht katzenartiges Verhalten, was ich selbstredend gutheiße – allerdings nicht hier, jetzt und heute. Wir haben eine Mission. Eine gefährliche Mission und ich sage es nicht gerne, aber wir brauchen dich und deine rohe animalische Aggression. Für den Fall, dass der Mörder auf uns in Grannys Haus wartet.«

»Animalische Aggression«, murmelte Freddy leise vor sich hin und wusste nicht so recht, ob er das als Kompliment oder Beleidigung aufnehmen sollte. Natürlich hatte das Katzenbiest recht, dass er mitkommen musste. Nie im Leben würde er seine Jona alleine losziehen lassen, doch er fühlte sich auch noch tief gekränkt. Er hatte sich so sehr gefreut, seinen Lieblingsmenschen wiederzuhaben, und wie hatte sie reagiert? Mit sträflicher Missachtung seiner Grundbedürfnisse. Nein, so leicht würde er sich nicht rumkriegen lassen.

Nun raschelte es verheißungsvoll aus dem Flur. So verheißungsvoll, dass selbst der Mehrkater seine Ohren spitzte. Jona hatte die Tüte mit Freddys Lieblingsleckereien von der Hutablage der Garderobe geholt und knisterte nun damit herum. Böse Frau. *Sehr* böse Frau.

Der Geist war nach wie vor willig, doch das Fleisch war schwach, und ehe Freddy noch einen weiteren Gedanken verschwenden konnte, rannte er bereits wie ein geölter Blitz aus der Küche und bremste sabbernd vor Jona ab.

»Schön, dass du doch mitkommen wirst«, sagte sie mit einer hochgezogenen Braue und schob ihm einen Keks ins Maul. Dann klippte sie wieder die Leine ans Halsband, die sie ihm erst vor wenigen Minuten abgenommen hatte. Das nervte wirklich so sehr, denn ohne Leine hätte er eine deutlich bessere Bewegungsfreiheit. Doch das Leckerli war köstlich …

»Lecker«, schmatzte Freddy und fühlte sich vom Leinenzwang mal abgesehen wieder halbwegs mit der Welt – und Jona – versöhnt und bereit für neue Abenteuer.

»Und das ist der Grund, warum es keine Hundegewerkschaften gibt«, murmelte Alastair leise, als sie in die stockdunkle und immer noch sehr feuchte Novembernacht traten und sich in Richtung von Grannys Cottage aufmachten.

»Gewerkschaften?« Davon hatte Freddy noch nie etwas gehört.

»Das sind Zusammenschlüsse von Gruppen, um Interessen durchzusetzen«, erklärte ihm der Mehrkater. »Diese Gemeinschaften sind eisenhart in der Verhandlungsführung, um ihre Ziele zu verfolgen.«

»Versteh ich nicht«, brummte der Hund.

»Eben. Keine weiteren Fragen. Aber jetzt halt lieber mal die Klappe und spitz die Ohren. Mir kommt das hier alles ein bisschen komisch vor.«

Freddy hätte dafür keine Aufforderung gebraucht, denn auch er nahm Dinge wahr, auf die er gerne verzichtet hätte. Geräusche und Gerüche, die hier nichts verloren hatten. Beides wurde intensiver, als sie sich dem Häuschen näherten.

Ob Jona auch etwas wahrnahm? Ihre strammen Schritte wurden jedenfalls zusehends langsamer, dann entfuhr ihr ein schlecht unterdrücktes »Scheiße« und sie zerrte ihn in eine dunkle Nische neben einem Müllhäuschen.

Nun roch er noch etwas: Angst.

ZWICKMÜHLE

Granny

Selbst körperlos und in Jonas Handy gefangen, schien Granny die enorme Anspannung regelrecht fühlen zu können, die die Reporterin mit einem Mal befallen hatte. Auch von Alastair bemerkte sie Schwingungen, die von Aufregung kündeten. Nur sehen konnte sie nichts, solange sie sich in diesem vermaledeiten Gerät befand. Aber nur auf diese Art und Weise konnte sie mit Jona reden.

Während sie noch innerlich mit einer Entscheidung zum Gehen oder Bleiben rang, tat die Reporterin ihr den Gefallen, zu soufflieren.

»Da ist ein Schatten«, hauchte sie.

»Ein Schatten?« *Verflixt, wenn ich doch nur etwas sehen könnte.* »Wo … wie …?«

»Er … shit, wo ist der jetzt?«

»Wo sind wir überhaupt?«

»Kannst du denn nicht …?«

»Nein!«, fuhr Granny der Reporterin mit ungewöhnlicher Vehemenz dazwischen. Die plötzliche Blindheit setzte ihr anscheinend mehr zu, als sie es sich hatte eingestehen wollen. Sie zwang sich zur Ruhe und fuhr in gemäßigterem Tonfall fort: »Entschuldige bitte. Nein, ich kann aus deinem Smartphone zwar mit dir kommunizieren, bin aber nicht in der Lage, etwas zu sehen, das sich außerhalb dieses Geräts befindet.«

»Ach verdammt, das ist … aber Moment mal. Was wäre denn, wenn ich …«

Jonas Worte verklangen, aber Granny konnte nun ein leises Scharren, Rascheln und Klappern vernehmen.

Plötzlich war alles anders.

Vor sich erblickte Granny nun ein Panorama, das ihr durchaus bekannt vorkam. Durch die Dunkelheit, die ringsherum herrschte, waren zwar kaum Details zu erkennen, aber das, was sie sah, genügte ihr. Es handelte sich um den Garten hinter ihrem Cottage, von der schmalen Pforte aus betrachtet, durch den man den angrenzenden Park erreichte.

»Hat es geklappt?«, kam es von Jona.

»Was hast du getan?«

»Das Naheliegendste. Ich habe die Kamera angeschaltet und mir das Telefon in eine Tasche vorn an meiner Jacke gesteckt. Funktioniert das denn nun?«

»Ich kann etwas erkennen. Das ist auf jeden Fall besser als vorher und … oh.«

»Was ist? Hast du ihn gesehen?!«, flüsterte Jona eindringlich.

»Keinen Schatten. Aber ein Licht.«

»Hä?«

»Oben in meinem Arbeitszimmer. Da bewegt sich ein Lichtschein.«

Das Panorama vor Granny schwankte und drehte sich ein wenig, als die Reporterin ihre Position veränderte, um besser sehen zu können. Und dann war es wieder zu erkennen. Ein Flackern. Oben im Fenster zu Grannys Arbeitszimmer. Es wirkte, als ob dort jemand mit einer Taschenlampe nach etwas suchte.

Das Manuskript. Wir müssen diesen Schuft unbedingt daran hindern, es in seine gierigen Finger zu bekommen!

Sie war schon drauf und dran, Jona in ihr Cottage zu scheuchen, als ihr bewusst wurde, dass vermutlich ihr eigenes Aufeinandertreffen mit diesem üblen Menschen mit ihrem Tod geendet hatte. Und dass selbst Alfie, der ja wohl in seinem Auftrag gehandelt hatte, vor dessen krimineller Energie nicht sicher gewesen war.

Doch die Reporterin schien bereits ihre eigene Entscheidung getroffen zu haben, denn sie gab ihren Standort auf und schlich im Schatten der Bäume und Sträucher entlang der Mauer seitlich auf das Fenster zu.

Mit einem Mal strahlte ein Punkt intensiver Helligkeit von dort nach draußen.

Jona zuckte zurück und versuchte, sich mehr schlecht als recht unter den überhängenden Zweigen einer fast vollständig entlaubten Forsythie zu verbergen. Dabei verrutschte das Handy, sodass Granny ein weiteres Mal mit Blindheit geschlagen war und nur die keuchenden Atemzüge der Reporterin vernahm. Passend dazu begann in diesem Moment auch Freddy leise zu knurren.

»Psst, Freddy«, zischte Jona. »Gib Ruhe.«

»Was ist los?«

»Ich denke, er hat mich nicht gesehen. Aber vielleicht hat er mich gehört … oder Freddy.«

»Kannst du vielleicht das Handy …?«

»Moment«, fuhr Jona dazwischen. »Es sieht so aus, als ob

er das Zimmer verlässt. Ja … er … kommt runter. Verdammt, ich brauch ein besseres Versteck.«

Granny überlegte fieberhaft, versuchte, sich ihren Garten ins Gedächtnis zu rufen. »Hinter dir muss irgendwo eine Lücke in der Ligusterhecke sein.«

Es raschelte, dann meldete sich Jona wieder. »Ja, aber da muss ich quer durch das Beet.«

Wie fürsorglich, schoss es Granny durch den Kopf, aber sie schob den Gedanken beiseite, denn eindeutig war ihr die Unversehrtheit der jungen Frau wichtiger als die ihres Kräuterbeetes, das sie ohnehin nie wieder würde bewirtschaften können. »Egal«, rief sie ihr daher ins Ohr. »Mach schnell, Liebes!«

Weiteres Rascheln und Knacken.

Und dann ein Geräusch, bei dem es Granny auch in ihrem Astralleib kalt den Rücken hinunterlief.

Freddy begann laut zu bellen. Jona gab einen unterdrückten Fluch von sich, dann erscholl die Stimme einer anderen Person. Es war ein Mann und Granny hatte das Gefühl, seine Stimme erst vor Kurzem gehört zu haben. Dann ein Krachen und ein überraschter Ruf. Freddys Gebell nahm eine neue Qualität an und bewegte sich in eine andere Richtung – weg von dem Ort, an dem Granny sich befand. Plötzlich erschollen ein lauter Schrei und ein Aufjaulen. Dann senkte sich Stille herab, nur unterbrochen von Jonas heftigen Atemzügen und einem entfernten Stöhnen.

GEISTESBLITZ

Granny

»Jona, Liebes. Was ist geschehen?«

Eine Weile, die Granny endlos vorkam, sagte die Reporterin nichts. Dann meldete sie sich in einem Tonfall zu Wort, der zwar verwirrt klang, aber Granny dennoch beruhigte.

»Ähm … so richtig verstehe ich das gerade auch nicht.«

»Kannst du bitte das Telefon wieder so weit aus der Tasche herausziehen, dass ich etwas sehe?«

»Oh, na klar. Sorry.«

Wackelnd kam ein Bild in Grannys Blickfeld. Es zeigte immer noch den Garten ihres Cottages, nur dass ihre Küchentür nun sperrangelweit offen stand und ein Stück davon entfernt jemand auf dem Boden saß und sich den Kopf hielt. Daneben saß Freddy und wirkte ziemlich zufrieden mit sich.

»Sam? Was machst du denn hier?«, erklang Jonas Stimme

und beantwortete damit eine von Grannys ungeäußerten Fragen.

Der Angesprochene stand langsam auf und murmelte etwas Unverständliches. Bevor die Reporterin bei ihm angekommen war, machte er eine abwinkende Geste und verabschiedete sich, bevor er auf die Gartenpforte zuging und dahinter in der Dunkelheit verschwand.

»Das soll mal einer verstehen«, murmelte Jona – vermutlich mehr zu sich selbst.

»Was verstehen?«, wollte Granny dennoch wissen.

»Wie? Ach so, du bist ja auch noch da. Entschuldige.«

»Keine Ursache. Aber wobei hast du nun Verständnisprobleme?«

Jona räusperte sich. »Können wir vielleicht erst mal zu dir in die Küche gehen? Mir ist es hier draußen nicht geheuer.«

»Natürlich«, antwortete Granny und beobachtete dann, wie Jona ihren Hund heranrief, das Cottage betrat und die Tür hinter sich schloss.

»So, jetzt können wir reden«, begann diese dann. »Also, ich war gerade dabei, mich in die Lücke in der Hecke zu quetschen, als Freddy sich losgerissen hat und in der Dunkelheit verschwunden ist. Bevor mir klar war, wohin er gerannt ist, kommt plötzlich eine Person aus den Schatten und wird von Freddy quer durch den Garten gejagt. Dann ist da mit einem Mal noch ein Typ und die beiden knallen zusammen. Einer bleibt auf dem Boden liegen, der andere rennt weiter und Freddy jetzt ihm hinterher. Aber der gibt ihm nen Tritt und verschwindet durchs Tor. Und dann stellt sich raus …«

»Wenn ich mich da mal einmischen dürfte?«, erklang in diesem Augenblick Alastairs Stimme in Grannys Kopf. »Ich hätte durchaus Erhellendes beizutragen, wenn du dich endlich bequemen würdest, meine Kommunikationsversuche zur Kenntnis zu nehmen.«

Astral oder nicht – Granny schwirrte der Kopf. Sie gab ein Stöhnen von sich und musste sich erst einmal sammeln, bevor sie sich an Jona wandte: »Einen Moment bitte, meine Liebe. Alastair hat Informationen für uns.« Ohne auf den fragenden Laut zu achten, den die Reporterin von sich gab, wendete Granny sich dem Mehrkater zu.

»Nun denn«, begann dieser seinen Bericht. »Ich hatte unsere Gruppe in dem Moment verlassen, als ich – wie auch Jonas Fellbündel – eine Person wahrnahm, die sich hinter einem Busch verborgen hatte.«

»Ah, das war dann …«, begann Granny, wurde aber direkt von ihrem Kater unterbrochen.

»Ich bevorzuge es, zu berichten, ohne dabei unterbrochen zu werden. Also: Anders als Freddy konnte ich sehen, dass es sich um den Menschen handelte, der Jona eben erst zu Hause besucht hatte. Daher wandte ich meine Aufmerksamkeit den Vorgängen in deinem Arbeitszimmer zu. Dazu kletterte ich auf das Dach und konnte eine dunkle Gestalt sehen, die dort etwas suchte. Nachdem ihr sie wohl durch euer Herumgetrampel im Garten aufgeschreckt hattet, ist sie aus dem Zimmer hinaus nach unten in die Küche gegangen, wo ich sie erneut suchen sehen konnte, als ich vom Dach gesprungen war. Sie hatte sich gerade auf einen Stuhl gestellt, als der gute Freddy seine animalischen Triebe nicht unter Kontrolle halten konnte und so nicht nur diesen Sam hinter dem Busch, sondern auch die Gestalt in der Küche aufschreckte. Beide liefen los und stießen mitten auf der Wiese zusammen. Der Unbekannte hat sich davon schneller erholt und ist fortgelaufen. Freddy hat zwar versucht – und hierfür komme ich nicht umhin, ihm Bewunderung zu zollen – ihn aufzuhalten, doch dieser finstere Geselle hat ihm einen Tritt versetzt und konnte fliehen.«

Granny bedankte sich bei Alastair und gab das eben Gehörte an Jona weiter.

»Das hat er dir alles so erzählt?«, fragte sie daraufhin mit großen Augen. Sie hockte neben ihrem Hund und tastete ihn auf Verletzungen ab.

»In der Tat.«

»Wahnsinn. Das erklärt auf jeden Fall schon mal grundsätzlich, wie da was abgelaufen ist.« Sie erhob sich und kam mit gedankenverlorenem Gesicht zum Tisch zurück. Dort lehnte sie ihr Handy gegen eine Metalldose. Dann setzte sich auf einen der Stühle und legte das, was sie in der Hand hielt, auf dem Tisch ab.

»Was ist das?«, wollte Granny wissen.

»Was?«

»Na, das, was du gerade auf den Tisch gelegt hast. Von hier aus kann ich es nicht sehen.«

»Ach so. Das ist einer deiner Handschuhe, die Freddy mir gebracht hat. Den muss er hier irgendwo …«

»Moment«, fuhr Granny dazwischen und hatte mit einem Mal das Gefühl, das Herz würde in ihrer Brust hämmern. »Ich trage niemals Handschuhe.«

Jonas Augen wurden wieder groß. Dann zuckte ihr Blick hinüber zu dem Handschuh. Sie griff danach und hielt ihn so, dass Granny ihn betrachten konnte.

Das Hämmern verstärkte sich.

»Der Finger«, presste sie hervor.

»Finger?«

»Schau dir den Ringfinger an. Er ist so lang wie der Mittelfinger.«

»Das ist ungewöhnlich«, bestätigte Jona und besah sich den Handschuh genauer. Sie befühlte ihn, drehte ihn hin und her und schaute auch in sein Inneres. »Definitiv eine Sonderanfertigung. Cognacfarbenes Kalbsleder – so weich, wie ich es noch selten erlebt habe. Und dazu die Sache mit dem Finger.«

»Und das ist noch nicht alles«, sagte Granny, die sich inzwischen wieder beruhigt hatte. Dann erzählte sie der Reporterin, was sie selbst bisher an Spuren in der Küche hatte entdecken können. Und dass der gefundene Handabdruck zu diesem Handschuh passte.

»Wow«, machte Jona und warf ihrem Hund einen Blick zu. »Das kann uns wirklich weiterbringen. Auch wenn mir immer noch schleierhaft ist, was ausgerechnet Sam bei dir im Garten zu suchen hatte.«

»Vielleicht ist er auf seinem Heimweg von dir zufällig vorbeigekommen und hat genau wie wir den Lichtschein bemerkt?«

Die Reporterin gab ein kurzes Schnauben von sich. »Klar, jedenfalls dann, wenn man nicht berücksichtigt, dass sein Zuhause in der anderen Richtung liegt und noch dazu viel weiter unten am Fluss.«

Im Hintergrund sah Granny ihre beiden Haustiere einträchtig nebeneinander auf dem Boden sitzen – zweifellos in angeregtem Gespräch. Da kam ihr eine Idee. »Warte bitte kurz. Vielleicht bringt uns Freddys Version der Situation weiter.«

Nun war es an Jona, sie mit einem Ausdruck auf dem Gesicht anzuschauen, als ob ihr der Kopf schwirren würde. »Aber der kann doch gar nicht …«

»Natürlich kann er weder mit dir noch mit mir sprechen. Aber Alastair kann ihn fragen.«

Jona lächelte erleichtert und nickte. Also wandte sich Granny ein weiteres Mal an den Mehrkater.

»Alastair? Wenn es gerade passt, dann würden wir uns

freuen, wenn du Freddy fragen könntest, ob ihm irgendetwas an den beiden Männern aufgefallen ist.«

»Das ist nicht notwendig.«

»Warum?«

»Weil er mir das alles schon mindestens fünfmal erzählt hat.«

»Fein«, freute sich Granny. »Erlaubt es deine Zeit dann, dein Wissen mit mir zu teilen?«

Alastair hob seinen Kopf und schaute Granny mit seinen Bernsteinaugen an, während er sich die Schnauze leckte. »Das tut sie. Er sagte, dass er noch vor dem Betreten des Gartens den Geruch von Angst wahrgenommen hat. Allerdings ist er dann im Garten zuerst von Jona und dann vom tanzenden Licht im Obergeschoss deines Cottages davon abgelenkt worden. Als ihr euch dann aber weiter in diese Richtung bewegt habt, wurde die Witterung wieder klarer und er hat beschlossen, euch zu verteidigen. Als der Angsthase aus dem Schatten lief, hat er ihn zwar als Sam erkannt, doch da kam auch schon der andere Mann mit dem Buch unter dem Arm aus dem Cottage gestürmt und prallte mit Sam zusammen. Freddy wollte daraufhin diesen stellen, aber der hat ihn in dem Moment, als Freddy nach dessen Hand geschnappt hat, mit einem Tritt erwischt, sodass er leider entkommen konnte.«

Grannys Kater erzählte noch von weiteren Gedanken des Hundes, doch sie bekam davon nichts mehr mit, denn in ihrem Kopf hallte ein Nebensatz wider: »Mit dem Buch unter dem Arm.«

»Verflixt!«, fuhr sie auf und sowohl Alastair als auch Jona zuckten zusammen und schauten sie mit großen Augen an. »Er hatte ein Buch unter dem Arm. Wir sind zu spät gekommen!«

»Moment«, warf die Reporterin ein. »Hattest du nicht erzählt, dass das Manuskript eine Loseblattsammlung ist?«

Der Kater bedachte sie daraufhin mit einem huldvollen Blick und etwas, das man durchaus als Nicken werten konnte. Doch Granny war nicht überzeugt.

»Jawohl. Eine Loseblattsammlung, die in einer als Buch getarnten Box steckte. Also …«

»Anstatt weiter herumzulamentieren, könntet ihr oben nachschauen«, warf Alastair ungerührt ein, während Jona ein Seufzen von sich gab und dabei die Augen schloss.

»Natürlich«, räumte Granny mit aufkeimender Hoffnung ein.

Jona sah sie fragend an.

»Ach je, entschuldige. Du kannst Alastair ja nicht hören. Das ist aber auch ein Kuddelmuddel. Egal, er sagte, dass wir am besten oben nachschauen.«

Mit einem Elan, den Granny der Reporterin in diesem Moment gar nicht mehr zugetraut hatte, sprang Jona auf. »Okay, das ist ja wohl kein Ding. Ich geh hoch. Wo die Bibliothek ist, weiß ich ja.« Damit verschwand sie durch die Küchentür.

Nach einer gefühlten Ewigkeit trat sie wieder in die Küche und trug dabei nicht nur einen triumphierenden Ausdruck auf ihrem Gesicht, sondern auch eine Box mit Papier in ihren Händen.

Doch da wurde Granny etwas wieder bewusst und sie war sich nicht mehr sicher, ob sie erleichtert oder entmutigt sein sollte.

ÜBERNÄCHTIGUNG

Jona

»KOMPENDIUM?« OBWOHL ICH DAS GEFÜHL HATTE, DIESEN Begriff vor Kurzem erst gehört zu haben, konnte ich nicht anders, als den Avatar in meinem Handy mit gerunzelter Stirn anzuschauen. Ich war langsam aber sicher geistig und körperlich total durch mit dem Tag.

»Die Kladde meiner Mutter«, brachte Granny es mir aber wieder ins Bewusstsein.

»Ach stimmt, das … ähm … Hexenbuch. Und was ist damit?«

»Das muss das Buch gewesen sein, dass dieser Finsterling sich unter den Arm geklemmt hatte. Es lag dort oben auf dem Vorratsschrank, aber nachdem ich es geschafft hatte, das Buch zu öffnen, konnte man es von hier unten bestimmt sehen.«

»Ach, deswegen war der auf nen Stuhl geklettert. Und

Freddy hat ihn dann so überrascht, dass er es einfach nur mitgenommen hat, ohne reinzuschauen.«

»Sinn macht das trotzdem keinen«, bemerkte Granny, ohne jedoch das Warum auszuführen.

Ich war gleichzeitig zu müde und zu aufgedreht, um nachzufragen, sondern unterdrückte eine Gähnen.

»Hier unten wurde er von Freddy überrascht, aber oben in der Bibliothek hätte er doch die Papiere finden müssen«, sprach Granny nachdenklich weiter – offenbar immun gegen meine fleischliche Schwäche. So schnell gewöhnte man sich offensichtlich an die Vorzüge der astralen Existenz.

Ich rief mir noch einmal ins Gedächtnis, wie ich selbst dort eben die Box gefunden hatte. Dann wurde es mir klar. »Betone, was du verstecken willst«, entschlüpfte es meinen Lippen – und gleich darauf ein erneutes Gähnen.

»Bitte?«

»Ach, das ist nur so ein Spruch, an den ich gerade denken musste. Wenn ich nicht gewusst hätte, dass du es bereits geschafft hattest, die Box mit dem Manuskript auf den Boden zu kippen, dann hätte ich mich im Regal dumm und dusselig gesucht.«

»Weil … du davon ausgegangen wärst, dass alles, was auf dem Boden liegt, schon vom armen Alfie überprüft worden wäre«, sagte sie mit beginnendem Verstehen. »Natürlich!«

»Genau. Der Typ ist auf dem Weg zum Regal sogar auf eins der Blätter draufgetreten und hat nen Schuhabdruck hinterlassen.«

»Das wird ja immer besser«, freute sich Granny. »Ein Handschuh und ein Fußabdruck. Das müssen wir der Polizei sagen.«

Spontan lief ein Schauer meinen Rücken hinunter. Lust darauf, mich noch einmal in die Fänge des unfähigen

Fumble zu begeben, hatte ich so gar nicht. »Nicht mehr diese Nacht«, sagte ich mit so viel Entschiedenheit, wie ich aufbringen konnte. »Mein schwacher Körper aus Fleisch und Blut braucht dringend Schlaf, sonst macht er schlapp.«

»Natürlich, Liebes«, bestätigte Granny und ich beschloss, die unüberhörbare Ungeduld in ihrer Stimme zu ignorieren.

»Haben wir hier alles?«

Außer dem Türschlüssel, der unter dem Topf einer Hortensie neben der Terrasse lag, fiel Granny im Augenblick ebenfalls nichts ein, was wir noch mitnehmen sollten. Also schnappte ich mir die Box und Freddys Leine. Dann gingen wir nach draußen, schlossen die Tür ab und machten uns auf den Weg in mein Häuschen. Dort bot ich Alastair großzügig sämtliche Hundebetten und das Sofa zu seiner Verfügung an und übersah großzügig Freddys schielenden Blick auf seinen leeren Napf. Die Vierbeiner hatten eindeutig genug gefuttert heute.

Dann stellte ich die Box mit dem Manuskript neben mein Bett und machte mich fürs Schlafen fertig. Endlich. Als ich mich unter der weichen Decke ausstreckte, wollte ich nach den Papieren greifen, doch im nächsten Moment ließ ich die Hand wieder sinken. Selbst meine beinahe schon pathologische Neugier kam an ihre natürlichen Grenzen. Ich musste ganz dringend aufladen – wie mein Handy, das ich noch rasch ans Ladegerät hängte, ehe ich mich ins Kissen warf und mir die Augen zufielen.

Nur, um sie ein paar Sekunden später wieder zu öffnen und mein Smartphone anzuschauen. War Granny dort immer noch drin? Und konnte sie mich vielleicht immer noch durch die Kamera beobachten? Aber die Ohrstöpsel lagen in der Küche, also könnte ich nicht mit ihr sprechen. Eine Weile lang stritt ich innerlich mit mir, ob ich aufstehen oder nach ihr rufen sollte. Schließlich fand ich einen

Kompromiss und stopfte das Telefon in die Schublade meines Nachtschranks.

Kaum berührte mein Kopf wieder das Kissen, schlief ich auch schon ein – und träumte von Hexen, die mit ihren Seiten flatternden Büchern um mein Bett flogen.

VERMEIDUNGSSTRATEGIE

Jona

Als ich erwachte, war es bereits hell. Ich fühlte mich erstaunlich ausgeruht und streckte mich genüsslich, ehe mein Blick auf den Wecker fiel. Schon kurz nach neun! Mist. Schlagartig schossen mir wieder all die haarsträubenden Erlebnisse des gestrigen Tages durch den Sinn. Es waren so viele, dass ich Angst vor einem synaptischen Overload hatte und beschloss, dass ich nun das Heft in die Hand nehmen würde. Ich wollte keine Getriebene der Ereignisse sein, sondern selbst bestimmen, was wann passierte. Bei diesem absurden Gedanken entfuhr mir ein leicht hysterisches Lachen, doch ich riss mich zusammen. Ich war schließlich eine halbwegs intelligente, erwachsene Frau und keine willenlose Marionette der äußeren Umstände. Jawoll!

Daher ließ ich mein Handy zunächst in seinem Nacht-tisch-Exil und linste, ehe ich mich ins Bad verzog, nur ganz kurz in Küche und Wohnzimmer. Doch erfreulicherweise schlummerten die beiden Tiere auch noch tief und fest – mit einem kleinen Sicherheitsabstand, aber nebeneinander auf dem Sofa. Leider konnte ich diesen herzerweichenden Anblick, mit dem ich beide Biester wohl bis ans Ende ihrer Tage erpressen könnte, nicht fotografisch festhalten, weil das Smartphone ja noch in der Verbannung lag. Nun ja, irgendeinen Tod musste man wohl immer sterben. Diesen komplett unangemessenen Vergleich brauste ich mir gleich drauf unter der Dusche ab. So manch flapsige Bemerkung hatte seit gestern einen schalen Beigeschmack bekommen.

Eine halbe Stunde später waren Hund und Katz kurz im Garten gewesen und vertilgten nun ihr Frühstück. Ich hatte mir zumindest einen Kaffee gekocht und fühlte mich langsam bereit dafür, den Tag nun ernsthaft zu starten. Also ging ich ins Schlafzimmer und schnappte mir neugierig die Manuskript-Box sowie etwas weniger enthusiastisch mein Telefon. Ich weckte das Gerät aus dem Flugmodus auf und rechnete fast damit, dass gleich zahllose Mails und Nachrichten auf mich einprasseln würden – schließlich war es nicht nur für mich gestern ziemlich ereignisreich –, doch es blieb verdächtig ruhig. Auch von Granny war nichts zu hören oder zu sehen. Mein Startbildschirm zeigte ganz unschuldig das putzige Welpenfoto von Freddy und ein paar Atemzüge erlaubte ich mir ein weiteres Mal den Luxus zu glauben, dass ich mir den gestrigen Irrsinn nur eingebildet hatte.

Die Erleichterung währte leider nur kurz, denn nun sprang Alastair mit einem eleganten Satz auf den Tisch und starrte mich mit einem seltsamen Blick an. Gleich darauf bellte Freddy und bohrte mir seine feuchte Schnauze gegen die Hüfte. Gestern hätte ich dieses Verhalten noch als Futterbettelei interpretiert, doch heute war ich mir ziemlich sicher, dass ein Kommunikationsversuch dahintersteckte. Die beiden wollten mir offensichtlich dringend etwas mitteilen.

Was genau, war nicht sonderlich schwer zu erraten. Bestimmt wollte Granny wieder mit mir sprechen. Seufzend stand ich wieder auf, warf zwei Scheiben Toast in den Toaster und schaltete den Bluetooth-Lautsprecher an. Und tatsächlich, im nächsten Moment ertönte die wohlbekannte Stimme meines nagelneuen Hausgeistes. Ähm, Handygeistes.

»Tu das nie wieder!«, rief Granny aufgeregt und schien heftig mit ihrer sonst so unbestechlichen Contenance zu ringen. So außer sich hatte ich sie noch nie erlebt. Wobei »erlebt« auch schon wieder eine etwas unscharfe Bezeichnung war. Außerdem hatte ich keine Ahnung, was genau ihr Problem war. Von dem Offensichtlichen mal abgesehen, dass ein fieser Mensch sie und Alfie umgebracht hatte. So betrachtet konnte man schon die Fassung verlieren.

»Was genau?«, erkundigte ich mich sachte, während ich Butter und Marmelade aus dem Kühlschrank holte. Immer noch wild dazu entschlossen, den heutigen Tag in meinem Tempo anzugehen.

»Dieses Grab!«, rief sie mit bebender Stimme und so laut, dass ich rasch die Lautstärke herunterregelte.

»Welches Grab?« Ich hatte keinen Schimmer, was sie meinte, doch ihre Angst war unüberhörbar.

»Du hast etwas mit deinem Telefon angestellt, ehe du dich schlafen gelegt hast.«

»Ich habe es ans Ladegerät gehängt, denn Geisteraktivitäten sind ganz mies für den Akku.«

»Danach. Das Laden war schön. Das hat sich irgendwie kribbelig angefühlt.« Granny entfuhr bei der Erinnerung daran ein kleines Kichern. »Aber dann war auf einmal alles dunkel und tot – nur das Kribbeln blieb noch ein Weilchen, bis es irgendwann auch aufgehört hat.«

»Da war dann der Akku vermutlich voll«, mutmaßte ich. »Ich habe das Handy in meinen Nachttisch gepackt, weil ich mich sonst … nun ja … beobachtet gefühlt hätte. Und ich habe es in den Flugmodus versetzt.«

»Du hast es fliegen lassen?«, kreischte sie nun. »Ich bin mein ganzes Leben nie geflogen. Ich habe nicht vor, damit nach meinem Tod zu beginnen.«

»Ich würde dir jetzt sehr gerne eine Tasse Tee zur Beruhigung anbieten, doch leider …« Ich ließ den Satz austrudeln und legte stattdessen die gerösteten Toastscheiben auf einen Teller und trug ihn mit der Butter und der Marmelade zurück zum Tisch. »Flugmodus bedeutet lediglich, dass das Telefon keine Daten mehr senden oder empfangen kann, sodass man es auch beim Starten und Landen in Flugzeugen … Ist ja auch egal. Ich mache das immer, wenn ich vermeiden will, dass mich jemand nachts anruft oder mich irgendwelche Benachrichtigungen aufwecken.«

»Keine Daten senden oder empfangen«, sagte Granny tonlos. »Ich verstehe von diesen technischen Dingen zwar nichts, aber das muss es gewesen sein, was mich daran gehindert hat, herauszugelangen. Es hat sich angefühlt, wie das kalte, dunkle Grab, das meinen leeren, toten Körper bald empfangen wird«, sprach sie weiter und bei ihren Worten fuhr mir ein Schauder über den Rücken.

Ob ich mich wohl auch um die Beisetzung kümmern musste? Oder gab es noch irgendwelche Angehörigen, die das übernehmen würden? Ich beschloss, diese Fragen zunächst zurückzustellen, denn vermutlich war Grannys Leiche noch in der Pathologie. Ein Gedanke, der mich frösteln ließ und mir den Appetit verdarb. Ich starrte auf die

Toastscheiben und konnte mir beim besten Willen nicht mehr vorstellen, sie zu essen.

»Das wusste ich nicht«, sagte ich schließlich. »Das tut mir sehr leid. Ich wollte dich nicht in eine … ähm … schwierige Situation bringen. Ich dachte, dass du vielleicht … ähm … auch schlafen wirst?« Ehrlich gesagt hatte ich an gar nichts gedacht außer an mein Unbehagen, von Granny nachts beobachtet zu werden.

Ein tiefer Seufzer drang aus dem Lautsprecher, dann sagte sie: »Ich glaube dir. Und ich bin dir natürlich auch nicht böse.« Granny klang beinahe wieder normal und ich fühlte mich lächerlich erleichtert. »Es wäre aber trotzdem freundlich von dir, wenn wir wieder von Angesicht zu Angesicht sprechen könnten. Gerade sehe ich nur eine ziemlich krümelige Arbeitsfläche.«

Ich stand also wieder auf, um mein Handy zu holen, als es gleich darauf hinter mir schepperte. Ich fuhr herum und sah noch, wie Kater und Hund mit jeweils einem Toast im Maul aus der Küche flitzten. Dreiste Biester. Ich unterdrückte den Impuls, mit ihnen zu schimpfen. Und lehnte stattdessen das Telefon an meine Kaffeetasse. Tatsächlich hatte wieder Grannys Avatar auf dem Startbildschirm Position bezogen – und irgendwie schien ihre graue Hochsteckfrisur über Nacht etwas in Unordnung geraten zu sein. War das möglich?

»So ist es besser«, befand sie und rieb sich die Hände. »Wir sollten jetzt umgehend zur Polizei gehen und unsere nächtlichen Beobachtungen in meinem Haus zu Protokoll geben.«

»Nein«, entgegnete ich schlicht, aber bestimmt.

»Nein?« Ihre Augen hinter der Brille wurden riesig und ich war wirklich fasziniert davon, wie unfassbar detailverliebt und realistisch die Animation war.

»Nein«, wiederholte ich. »Jedenfalls jetzt noch nicht.« Ich

wollte gerade zu meiner Erklärung ansetzen, doch sie unterbrach mich ungewöhnlich rüde.

»Natürlich jetzt!«, rief sie aufgebracht. »Wir haben doch ohnehin schon viel zu viel Zeit verloren durch deine sinnlose Zeit im Bett und meine im … Grab.«

»Die Zeit war nicht sinnlos«, entgegnete ich so ruhig wie möglich. »Ganz im Gegenteil. Mir sind im Schlaf ein paar Dinge klargeworden. Und ehe *ich* zur Polizei gehe, will ich vorher noch ein paar dieser Dinge klären. Selbst wenn ich nicht zu Fumble ginge, sondern nach St. Austell zu dieser netten Beamtin, die mich gestern Vormittag in deinem Cottage befragt hat, würde ich mich doch nur selbst verdächtig machen. Vor allem dann, wenn du mir ständig Anweisungen ins Ohr soufflierst und mich damit aus dem Konzept bringst.«

Dieses Szenario hatte ich vorhin unter der Dusche durchgespielt. Abgesehen davon, dass mich nach meinen gestrigen Erlebnissen mit der Exekutive nichts zu einer Wiederholung drängte, waren unsere scheinbar so großartigen Erkenntnisse auch gar nicht so stichhaltig. Jedenfalls dann nicht, wenn ich den Input von Grannys Geist und den Tieren außen vor ließ. Nein, ich brauchte erst einmal selbst ein paar Antworten. Vor allem und zuvorderst von Sam, denn der hatte einiges an Aufklärungsarbeit zu leisten.

Granny war ein paar Atemzüge still und ich fragte mich, ob sie womöglich meine Gedanken lesen konnte. Das war eine verstörende Vorstellung, aber andererseits auch praktisch, denn dann müsste ich nicht so viel erklären.

»Wie stellst du dir dann das weitere Vorgehen vor?«, fragte sie schließlich kühl. Das mit dem Gedankenlesen war wohl doch nur ein frommer Wunsch.

»Ich möchte gerne drei Dinge überprüfen«, begann ich. »Erstens will ich unbedingt mit Sam sprechen. Ich will wissen, was er wirklich in deinem Garten zu suchen hatte, denn dass er einfach nur ein besorgter Bürger ist, kann ich mir nicht vorstellen. Ich möchte herausfinden, ob und wie tief er in der Sache drinsteckt. Außerdem muss ich mich ohnehin in der Redaktion blicken lassen. Es ist schließlich ein ganz normaler Arbeitstag. Ehrlich gesagt wundere ich mich, dass sich bisher niemand nach mir erkundigt hat.«

»Das ergibt einen gewissen Sinn«, gab Granny zu. »Und die anderen Dinge?«

»Zweitens will ich in Erfahrung bringen, wem der Handschuh gehört«, sprach ich weiter.

»Wollen wir das nicht alle?« Sarkasmus hätte ich Granny gar nicht zugetraut.

»Doch natürlich.« Ich ließ mich nicht provozieren. »Ich will auch gar nicht behaupten, dass es mir gelingt, aber einen Versuch würde ich gerne unternehmen. Es gibt in Fowey einen kleinen Handschuhladen. Über das Betreiberpaar habe ich letztes Jahr einen Beitrag geschrieben. Sie haben mir endlos Vorträge über die große Kunst der Handschuhherstellung gehalten und sich darüber mokiert, dass sich die meisten Menschen mit billiger Industrieware zufrieden geben, statt mit passgenauen Schmuckstücken.« Ich rollte mit den Augen. »Schmuckstücke übrigens, die verdammt teuer sind. So teuer, dass ich mir schon damals nicht vorstellen konnte, dass es einen großen Markt hier in unserem Städtchen für diese Kunst gibt. Aber angeblich ist die Manufaktur gar nicht auf die minderbemittelte, lokale Laufkundschaft angewiesen, sondern sorgt für warme Pfötchen bei den Schönen, Reichen und Adeligen unseres Landes.« Ich winkte ab, weil ich uns allen mehr Details ersparen wollte. »Falls der Mörder seine Handschuhe also dort hat herstellen lassen, dann wären wir einen Schritt weiter.«

»Denkst du, sie würden dir so einfach seinen Namen verraten?« Granny klang nicht überzeugt.

»Unterschätz mich nicht«, erwiderte ich. »Ich bin nicht so schlecht in meinem Job.«

»Natürlich nicht, Liebes. Ein Versuch wäre es sicher wert, aber ich habe Angst, dass wir zu viel Zeit verlieren.«

»Ich denke, diese paar Stunden können wir uns schon nehmen.«

»Na schön. Und die dritte Sache?«

Ich räusperte mich, denn das war der haarigste Punkt und ich hatte auch keine rationale Erklärung, aber ein ganz starkes Bauchgefühl. »Deine Mutter war also eine echte Hexe«, begann ich.

»Was tut das denn zur Sache?« Granny klang ungeduldig – und womöglich ein kleines bisschen peinlich berührt. War sie sich am Ende selbst nicht so ganz sicher?

»Du warst ja letzte Nacht der Meinung, dass der unbekannte Täter die Kladde deiner Mutter geklaut hat«, sprach ich nachdenklich weiter.

»Laut deinem Hund hatte er jedenfalls ein Buch unterm Arm und er war erwiesenermaßen auf den Stuhl geklettert.«

Das war nicht von der Hand zu weisen. Trotzdem nagte eine kaum zu erklärende Gewissheit in mir. »Ich habe keine Ahnung von Hexen und so«, gab ich zu. »Aber wenn deine Mutter wirklich eine war und sie in der Kladde all ihre Geheimnisse, Erkenntnisse und was sonst noch notiert hat, dann …«

»Dann was?«, bohrte Granny nach.

»Dann hat sie das Notizbuch doch vielleicht auch vor unbefugtem Zugriff geschützt«, murmelte ich. »Also irgendwie magisch oder so. Vielleicht hat es sich auch für normale Menschen unsichtbar gemacht, sonst hätte ich es doch letzte Nacht auch noch sehen können.« Es klang vollkommen abwegig, aber …

»Da könntest du recht haben«, bestätigte Granny jedoch. »Genauer gesagt ist das ziemlich wahrscheinlich!« Nun klang sie regelrecht triumphierend. »Wir sind gestern so fest davon ausgegangen, dass der Mörder das Kompendium gestohlen hat, dass wir gar nicht nach anderen eventuell fehlenden Büchern gesucht haben. Das sollten wir sofort überprüfen.«

»Das sollten wir«, gab ich zu. »Dann stellt sich auch prompt die nächste Frage: Welches Buch hat er stattdessen mitgenommen? Und was hat es mit dem Manuskript in der Box auf sich, dass Mister Longfinger nicht vor einem Doppelmord zurückschreckt?«

»Wenn ich das so genau wüsste.« Granny seufzte.

»Was hältst du von einer sinnvollen Arbeitsteilung?«, wagte ich den nächsten Vorstoß. »Ich gehe jetzt erst in die Redaktion, um mir Sam vorzuknöpfen, dann statte ich dem Handschuhladen einen Besuch ab und gehe anschließend noch einmal in das Cottage, um hoffentlich doch noch das wahre Kompendium zu holen. Du bleibst in der Zwischenzeit mit Alastair und Freddy hier und … ähm … tauchst tief in das Manuskript ein.« Ich kratzte mich am Kinn. Das klang in meinen Ohren nach einem ziemlich schlauen Plan und ein paar Stunden ohne Granny im Ohr und meinen anstrengenden Hund an der Seite klangen verdammt verführerisch.

»Wenn du recht mit der These hast, dass meine Mutter ihr Kompendium magisch gegen den Zugriff Unbefugter geschützt hat, wirst du es auch nicht finden«, gab Granny jedoch zu bedenken.

»Da ist was dran, aber ich würde es einfach mal drauf ankommen lassen«, gab ich zurück. »Vielleicht erkennt mich die Kladde ja als befugt an? Und falls nicht, können wir ja später immer noch gemeinsam zurückkehren. Ich schätze, die anderen Infos sind erstmal wichtiger, oder?«

»Na schön, wenn es weg sein sollte, dann hilft auch keine Eile mehr. Aber nimm Freddy mit«, beharrte Granny. »Es kann doch gut sein, dass du inzwischen auch auf dem Radar des Mörders bist, und ich will nicht, dass dir irgendetwas geschieht.«

Schlagartig war das Unbehagen wieder zurück. Natürlich hatte Granny recht. Der Unbekannte war von Freddy gejagt worden. Womöglich war ihm dadurch klar, dass ich ihm auf der Spur war ... was er verhindern musste. Ich schluckte und versuchte mit aller Macht, die Angst in Schach zu halten. »Gut, dann nehme ich ihn mit«, stimmte ich zu. »Wenn du jetzt also so freundlich wärst, mein Handy zu verlassen?«

»Pass auf dich auf, Jona«, sagte sie noch einmal eindringlich, winkte mir vom Display aus zu und war im nächsten Moment verschwunden.

GEISTERKINO

Granny

»Verflixt, warum habe ich nicht mehr daran gedacht, sie noch zu fragen, bevor sie aufgebrochen ist?!«

Alastair erhob seinen Kopf vom Futternapf, aus dem er gerade die letzten Reste seines Frühstücks aufgeschleckt hatte. »Gefragt? Wonach?«

Granny ließ sich neben ihm auf den Küchenboden sinken. »Ach, wir haben doch vereinbart, dass ich mich um das Manuskript kümmere, während Jona ihre Feldstudien betreibt. Aber die Manuskript-Blätter sind ja wieder in Mutters Schuber.«

»Und das ist ein Problem, weil …?«

»Ich bin motorisch noch nicht so weit, dass ich sie auspacken kann und wie soll ich sie denn nun lesen?«

Der Kater leckte sich die Lefzen und gähnte dann ausgiebig. Danach richtete er seine Bernsteinaugen auf Granny und bemerkte: »Das ist doch offensichtlich. Du machst es, wie Jona angedeutet hat. Du tauchst hinein.«

»Oh, stimmt, ich vergaß …«

»Dann ist es ja gut, dass du mich hast.« Alastair wandte sich von Granny ab und stolzierte aus der Küche.

Kopfschüttelnd sah Granny ihm hinterher und wandte ihren Blick dann dem Schuber zu, der auf der Arbeitsfläche neben dem Brotkorb stand und erneut wie ein altertümliches Kochbuch wirkte. *Also eintauchen. Nun gut. Einen Versuch ist es wert.*

Sie erhob sich vom Boden und ließ sich auf der Arbeitsfläche nieder, direkt mit Blick auf den mit allerlei Abbildungen von Tieren und Getreide verzierten Einband. Sie sammelte sich kurz und drang dann hinein.

Nichts geschah.

Bis auf das Gefühl, sich in einem Kasten voller Papier zu befinden.

Granny rang die sofort aufkeimende Enttäuschung nieder und versuchte, sich mehr auf die Geschichte zu konzentrieren, die auf diesen knapp 600 schreibmaschinenbeschriebenen Seiten verfasst worden war.

Der Eindruck der Seiten verschwamm und wich einem diffusen grauen Wabern.

Manderley … ich will nach Manderley … ich …

Mit einem Mal war alles anders.

Sie stand auf einem Perserteppich inmitten der mit dunklem Holz getäfelten Eingangshalle eines Herrenhauses. Rechts von ihr führte eine Treppe entlang einer Reihe von Porträts ernst dreinblickender Männer zu einer Empore, hinter der fahles Sonnenlicht durch die Sprossen dreier bogenförmiger Fenster in die Halle fiel. Links von ihr stand an der dunkelgrün gestrichenen Wand ein Chesterfield-Sofa aus dunkelrotem Samt. Ein eleganter älterer Mann kam in diesem Augenblick die Treppe hinunter.

Granny wusste, dass sein Name Maxim war.

Und sie war sich ebenfalls einer Präsenz bewusst, die allumfassend im Raum zwischen ihnen schwebte. Die Präsenz einer Frau, die einmal dagewesen war.

Von da an lief alles wie ein Film ab.

Granny befand sich mittendrin, war aber unfähig, eigenständig zu agieren. Doch sie spürte. Den Nachklang einer Frau namens Rebecca, die Furcht vor der mysteriösen Haushälterin und die zunehmende Spannung, während sie selbst versuchte, ihren eigenen Platz zwischen ihnen zu finden. Dann den Schock, als sie Rebeccas wahre Natur begriff und die Erschütterung verbunden mit einer vagen Hoffnung, während sie schließlich vor den immer noch glimmenden Trümmern des Herrenhauses stand.

Dann war es vorbei.

Doch Granny tauchte nicht wieder auf. Stattdessen schien sie wieder im diffusen Grau zu schweben, das sie zu Anfang umfangen hatte.

Mit einem Mal tauchten Worte vor ihr auf, die in einer ausdrucksstarken Handschrift mit ausgeprägten Ober- und Unterlängen verfasst waren.

Meine liebe Gwen,

ich werde niemals unseren verzauberten Sommer damals in 27 vergessen. Und deinen Mut, mit dem du unsere Verbindung vor deinen Dienstherren verteidigt hast – leider letztendlich zu deinem Nachteil. Die Worte, mit denen du sie bei deinem Weggang verfluchtest, hallen immer noch in mir nach. Und ich kann dir versichern, dass sie dies auch beim Herrn des Anwesens tun. Verzeih mir, dass ich damals nicht in der Lage dazu war, meinen

»Jungen« aus der Kiste zu befreien. Ich hoffe, dass dir diese spezielle Version meines aktuellen Manuskripts gefällt. Wie du feststellen wirst, ist dort ein Hausmädchen enthalten, das der Protagonistin in nicht wenigen Situationen Beistand leistet. Bedauerlicherweise hat sich der Verleger gegen ein Verbleiben ebendieser in der Geschichte ausgesprochen. Und wer bin ich, es von ihm zu verlangen? Aus diesem Grund soll es auf ewig dir gehören.

Stets die Deine,
DdM
Fowey, am 8. Mai 1938

Der Text verblasste und entließ Granny langsam wieder in die Wirklichkeit. Sie schwebte aus dem Schuber heraus, blieb aber direkt daneben auf der Arbeitsfläche sitzen und musterte ihn verwundert.

Verzauberter Sommer … unsere Verbindung … stets die Deine … und wer ist diese …? Bei allen Göttinnen und Göttern, Mutter hieß Guinevere! Sie war im Jahr 1927 gerade 22 Jahre alt und hat als Dienstmädchen gearbeitet. Wo war das noch gleich? Lan … Lan … Lan …

In diesem Augenblick erscholl unter ihr eine laute Fanfare und ließ Granny hochschrecken. Ihr Körper schoss aufwärts und sie konnte es gerade noch verhindern, dass ihr Schwung sie direkt wieder in den über ihr befestigten Lautsprecher beförderte.

Mittlerweile war die Melodie verklungen und durch eine Kakofonie verschiedenster Laute ersetzt worden: Heulen, Quietschen und Rumsen in unterschiedlichen Ausprägungen.

Sie ließ sich zurück auf die Arbeitsfläche sinken, warf

einen vorsichtigen Blick über deren Kante auf den Küchenboden und traute ihren Augen nicht.

Dort fuhr ein rundes Ding durch die Küche, drehte sich hin und her und bewegte sich augenscheinlich ohne Sinn und Verstand. Wenn es auf ein Hindernis traf, stieß es dagegen, kehrte um und fuhr in irgendeine andere Richtung. Dabei vermittelte es den Eindruck eines Betrunkenen, der taumelnd mal hierhin, mal dorthin stolperte.

Zu Grannys Erstaunen übte es dabei eine geradezu spürbare Anziehung auf sie aus.

Bevor sie auch nur in der Lage dazu war, sich einen Reim auf all dies zu machen, erschien der Kater in der offenen Küchentür und gab ein Fauchen von sich.

»Alastair, was …?«, begann sie, doch in diesem Augenblick machte er einen mächtigen Satz und landete mitten auf diesem Ding, was es prompt zum Verstummen brachte.

Der Kater hob seinen Blick zu ihr und seine Augen leuchteten zufrieden auf. »Olé!«

»Was um Himmels Willen ist das?«, wollte Granny wissen – immer noch nicht sicher, ob sie es wagen konnte, ihren Aussichtspunkt zu verlassen.

»Unter euch Menschen wird dieses Katzenspielgerät als ›Staubsaugroboter‹ bezeichnet.«

»Katzenspielgerät?«

»Selbstverständlich. Neben der durchaus nicht uninteressanten Funktion, dass es in der Lage ist, durch einen Luftstrom kleine Dinge vom Boden aufzusaugen, eignet es sich durch sein oft erratisches Bewegungsmuster und die durchaus vorhandene Wendigkeit trefflich für Jagdspiele von Katzen, die es aus verschiedenen Gründen bevorzugen, in ihrer Behausung zu bleiben. Natürlich nur für diejenigen, die die mentale Stärke besitzen, um sich nicht durch die Geräuschentwicklung einschüchtern zu lassen.«

»Verstehe«, gab Granny zurück und begab sich nach unten, um den Saugroboter genauer in Augenschein zu nehmen. »Du weißt zwar nicht, was eine Computer-Maus und E-Mails sind, aber mit Staubsaugrobotern kennst du dich aus?«

Der Kater zog es vor, auf diese Spitze nicht zu reagieren. »Hast du demnach deinen Tauchgang beendet?«, kam es mit einiger Verzögerung von Alastair.

»Tauch … ? Oh, ja, in der Tat. Und es war recht aufschlussreich.«

»Wie wäre es dann, wenn du mich auf deinen Informationsstand bringst? Lange genug hat er ja gedauert.«

Granny warf ihrem Kater einen scheelen Blick zu, entschied sich dann jedoch für ein: »Sehr wohl, euer Hochgeboren.«

»Recht so«, gab er zurück. »Ich würde es bevorzugen, dass wir dies nicht in einem Funktionsraum mit Blick auf einen leeren Futternapf tun. Lass uns ins Wohnzimmer gehen.« Damit machte er einen Satz bis in den Flur und verschwand.

Kopfschüttelnd machte Granny sich daran, ihm zu folgen. Im Wohnzimmer angekommen fand sie den Kater auf dem Fensterbrett über der Heizung mit Blick auf den Garten hinter dem Haus vor.

»Ist dir die Handlung des Romans *Rebecca* vertraut?«, fragte sie ihn vorsichtshalber, da sie keine Lust darauf verspürte, sich womöglich noch ein weiteres Mal an diesem Tag der Herablassung ihres Katers auszusetzen.

Alastair gähnte. »Nein, meine Passion galt von jeher eher spannend-investigativem Stoff.«

»Oh, aber spannend ist diese Geschichte durchaus. Und sie erzählt letztendlich auch von Mord.«

»Aha. Dann erhelle mich bitte.«

Also begann Granny damit, die Handlung kurz darzustellen und auch eine örtliche und zeitliche Einordnung der Geschichte und ihrer Autorin vorzunehmen. Sie war gerade dabei, die von ihr vermutete Verflechtung mit ihrer eigenen Mutter zu erläutern, als ein Schatten über sie fiel.

REDEBEDARF

Jona

»Du würdest etwas sagen, wenn dir was seltsam vorkommt, oder?«, fragte ich Freddy, als ich die Haustür hinter uns geschlossen hatte, mich aber nicht sofort dazu entschließen konnte, loszugehen. Grannys Worte hatten mir zu denken gegeben und irgendwie wurde ich nun das Gefühl nicht los, eine Zielscheibe auf dem Rücken zu tragen. Was albern war, denn am helllichten Tag würde wohl selbst der hinterlistigste Mörder es nicht wagen, mir an den Kragen zu gehen. Jedenfalls nicht in der Öffentlichkeit, oder?

Freddy stupste mich aufmunternd an und warf mir einen unternehmungslustigen Blick zu. Ängstlich oder nervös wirkte er nicht, sondern bereit für die Abenteuer, die der Tag für ihn bereithielt. Also eigentlich wie immer. Ob der Kater ihm eingeschärft hatte, auf mich aufzupassen? Ich hatte das immer noch nicht ganz begriffen, dass Grannys Riesenkatze nicht nur mit ihr, sondern auch mit meinem Hund kommunizieren konnte. Aber andererseits war das im Vergleich der anderen Absurditäten, die mein Leben seit gestern bestimmten, fast noch die logischste und nachvollziehbarste Sache.

Unwillkürlich schüttelte ich mich und dachte dann an das markige Versprechen, das ich mir nach dem Aufwachen gegeben hatte. Der Tag sollte heute nach meinen Regeln ablaufen und ich war bereit für alles. »Komm, Freddy, jetzt gehen wir erstmal in die Redaktion.«

Ich schlug den kürzesten Weg ein, der über den Town Quay führte, auf dem heute der Wochenmarkt abgehalten wurde. Freddy schien es nicht eilig zu haben, denn plötzlich blieb er wie angenagelt stehen, um ausführlich an einem Blumenkübel mit einem kitschig blinkenden Weihnachtsbaum zu schnüffeln. Zweifellos hatten dort schon etliche Kollegen spannende Nachrichten hinterlassen. Immerhin bekam ich auf diese Weise am benachbarten Gemüsestand ein paar Gesprächsfetzen mit.

»... was für ein schrecklicher Unfall. Ich kann nicht glauben, dass Granny Smith nicht mehr lebt«, sagte eine Frauenstimme.

»In der Zeitung stand etwas von einem unglücklichen Freak Accident«, antwortete eine andere. »Da kam wohl ganz schön viel Pech zusammen.«

Pech? Freak Accident? Ich traute meinen Ohren nicht. Und wer bitte schön hatte einen Artikel über Grannys Tod geschrieben? Der Impuls, mich in das Gespräch der sensationsgierigen Gemüsekäuferinnen einzumischen, war groß, doch ich unterdrückte ihn und zerrte an der Leine. Zehn Minuten und einige Treppenstufen später hatte ich die Redaktion erreicht und marschierte noch in Mantel und Mütze zu Sams Büro. Er war mir nun noch eine Erklärung mehr schuldig. Doch der Raum war leer, sein Schreibtisch verwaist und ordentlich aufgeräumt. Es sah nicht so aus, als sei er nur mal kurz auf dem Klo oder bei einem Termin.

»Wo ist Sam?«, fragte ich seine Sekretärin Jenny.

»Krank«, entgegnete sie mit einem Schulterzucken.

»Krank?«, wiederholte ich blöde. »Gestern war er noch topfit.«

»Was weiß ich? Vorhin rief er an und hat sich krankgemeldet.« Jenny runzelte die Stirn.

»Und wie hat er dabei geklungen?«

»Darf ein Mann wie Sam sich nicht mal krankmelden?«, wich sie meiner eigentlichen Frage aus.

»Natürlich darf er, aber erstens meldet er sich nie krank und zweitens war er zumindest gestern noch nicht krank. Ich finde das ein bisschen mysteriös.«

Erneut zuckte sie nur mit den Schultern. Jenny war schon so lange hier im Job, dass sie nichts und niemanden mehr hinterfragte. War womöglich auch besser für die geistige Gesundheit. Dabei müsste sie doch ebenfalls Interesse an all den dubiosen Geschehnissen haben, schließlich waren nur wegen ihres Geburtstagsgeschenks die Ereignisse in Gang gekommen.

Da keine hilfreichen Hinweise zu erwarten waren, drehte ich mich abrupt um und ging zu meinem Schreibtisch. Auf dem Weg dorthin schnappte ich mir eine aktuelle Ausgabe der Zeitung. Auf Seite fünf fand ich schließlich eine kurze Notiz.

Tragischer Unfall

Faye Smith, die allseits beliebte Fudge-Königin von Fowey, wurde gestern in ihrer Küche tot aufgefunden. Offenbar hatte sich eine schwere gusseiserne Dekopfanne aus ihrer Halterung gelöst und die 76-Jährige erschlagen.

Die Polizei geht von einem tragischen Unfall aus. Fowey wird Granny Smith vermissen.

JG

Nicht nur war dieser Artikel in Form und Inhalt ein schlechter Witz, irgendjemand hatte unverschämterweise mein Kürzel dahinter gepackt, sodass es aussah, als hätte ich ihn geschrieben. Heiße Wut kochte in mir hoch und ich merkte, wie der Impuls, meine Finger um Sams faltigen Truthahnhals zu drücken, unwiderstehlich wurde. Er wusste wohl, warum er sich heute nicht unter die Leute traute …

Ich griff nach meinem Handy und wählte seine Nummer, doch landete ich sofort auf der Mailbox. Dieser Mistkerl. Ich kappte rasch die Verbindung, um mir selbst die Chance zu nehmen, darauf eine hitzige Schimpftirade zu hinterlassen.

»Ruhig Blut, Jona«, raunte ich mir leise selbst zu und hängte erst meinen Mantel weg und holte mir dann einen Kaffee aus der Küche. Aus dem Augenwinkel sah ich, wie Freddy mit den Jungs aus der Sportredaktion schäkerte – und entweder keine Gefahr für mich witterte oder auf einen kleinen Snack hoffte. Wie auch immer. Die Konfrontation mit Sam konnte noch ein bisschen warten, genau wie der Besuch im Handschuhladen. Jetzt würde ich erst mal tun, wofür ich bezahlt wurde: einen großen Aufmacherartikel über die ungeheuerlichen Geschehnisse des gestrigen Tages schreiben.

Davor las ich mir noch rasch die aktuellen Polizeimeldungen durch, die über den Agenturticker reingekommen waren. Alfies Tod wurde da mit einem dürren Zweizeiler abgefertigt: *Kleinkrimineller in seiner Wohnung erstochen. Alle Spuren deuten auf einen Täter im Drogenmilieu hin.*

Drogenmilieu, meine Fresse. Alfie hatte in seinem kurzen, traurigen Leben sicher einige Probleme gehabt, aber Drogen gehörten nicht dazu. Positiv musste ich wohl werten, dass ich nicht mehr zu den potenziellen Tätern gehörte – jedenfalls nicht offiziell. Vermutlich sollte ich dankbar für die kleinen Dinge sein.

Ich ließ meine Finger knacken und fing dann zu tippen an.

Doppelmord in Fowey, titelte ich und füllte die Spalten rasch mit einer süffigen Mischung aus Fakten, Augenzeugenberichten – schließlich war ich in beiden Fällen unmittelbar nach den Taten selbst vor Ort gewesen –, provokanten Fragen an die Exekutive und einigen Spekulationen darüber, wie diese beiden Fälle zusammenhingen und wer dahinterstecken könnte.

Mir war klar, dass ich mit diesem Artikel vielen Menschen auf den Schlips treten würde. Allen voran PC Fumble, dessen Inkompetenz so für sich sprach, dass ich nicht einmal übertreiben musste. Fumbles Kollegen dürften ebenfalls nicht glücklich sein und Sam würde zweifellos vor Wut schäumen. Aber das war sein Problem, wenn er es vorzog, heute blauzumachen. Meine geheime Hoffnung war jedoch, dass auch der wahre Mörder durch meine Zeilen aufgeschreckt werden könnte und er unvorsichtig wurde. Oder noch gefährlicher. Für mich.

Ich schluckte die aufkeimende Angst mit dem inzwischen kalt gewordenen Kaffee herunter. Ich würde mich nicht kleinkriegen lassen. Von niemandem! Rasch las ich mir meinen Text noch einmal durch und lud ihn ins System hoch. Ohne Sam am Steuerrad war die Wahrscheinlichkeit recht hoch, dass es der Artikel tatsächlich morgen auf die Titelseite und schon heute Abend in die Online-Ausgabe unserer kleinen Zeitung schaffen würde – und dann würde ich abwarten, wie sich der Shitstorm zusammenbraute.

Sicherheitshalber mailte ich den Beitrag noch an ein paar Kollegen in anderen Zeitungen und auch an ein paar überregionale Blätter. Irgendjemand würde die Geschichte schon bringen.

Inzwischen war es mittags und mein Magen knurrte. Kein Wunder, denn seit den paar Bissen Käsebrot von gestern Abend hatte ich nichts mehr gegessen.

»Freddy, komm!«, rief ich durch die Redaktion und gleich darauf kam mein Terrier angeflitzt. »Mittagessen«, sagte ich zu ihm, was ihn begeistert wedeln ließ.

»Ich hab noch ein paar Recherche-Termine«, kündigte ich vage meiner Kollegin Lisa an. »Weiß nicht, ob ich heute nochmal reinkomme. Wenn was ist, ruf mich an.«

Ohne eine Antwort von ihr abzuwarten, schnappte ich mir meinen Mantel und meine Handtasche und machte mich mit Freddy wieder auf den Weg nach draußen.

Auf dem Markt kaufte ich mir eine heiße Cornish Pasty und ignorierte die flehenden Hundeaugen. Stattdessen belauschte ich wieder einige andere Gespräche, doch die drehten sich lediglich um Fußball und geplante Fernreisen. Interessierten sich die Leute so wenig für die Belange ihrer Heimatstadt?

Mit ein paar Bekannten wechselte ich einige flüchtige Worte, doch niemand sprach mich auf Granny Smiths Tod an oder hatte sonst etwas Interessantes zu berichten. Ich sah auf die Uhr. Womöglich hatte der Handschuhladen noch Mittagspause, also beschloss ich, mir zuerst Sam vorzuknöpfen. Sein Handy war noch genauso tot wie vorhin, also schlug ich mit Freddy den Weg zu seinem Häuschen ein.

Auf dem kurzen Fußmarsch hinunter zu seinem Cottage

bereitete ich mich innerlich auf die verschiedenen Möglichkeiten vor. War er am Ende wirklich krank? Das hielt ich für die unwahrscheinlichste Option. Steckte er in den beiden Mordfällen mit dem Täter unter einer Decke? Auch das wollte ich nicht glauben, aber wer konnte schon wirklich in einen anderen Menschen hineinsehen? Am wahrscheinlichsten erschien mir die Variante, dass sein journalistischer Instinkt aus dem sehr tiefen Winterschlaf erwacht war und er nun selbst recherchierte. Doch warum tat er es dann heimlich? Warum wollte er nicht mit mir zusammenarbeiten? Wusste er am Ende von einem noch größeren Komplott? Oder stand er unter Beobachtung und wollte mich nicht in Gefahr bringen?

Ich schnaubte auf. Diese Möglichkeit konnte ich wohl streichen. Jedenfalls den Punkt mit der Gefahrenabwehr für mich. Dass er unter Beobachtung stehen könnte, war dagegen nicht ganz so abwegig. Nun ja, ich würde es hoffentlich gleich wissen.

Die dunkelgrün lackierte Tür sah aus, als würde sie sich dringend nach einem neuen Anstrich sehnen, doch immerhin prangte ein weihnachtlicher Kranz aus Tannengrün, Ilex und Misteln mit einer roten Schleife daran. Ich klingelte und gleich darauf öffnete mir Moira, Sams Ehefrau, die Tür und warf mir einen verwunderten Blick zu.

»Was tust du denn hier?«, fragte sie mich, und ich bildete mir ein, etwas Misstrauen in ihrer Stimme zu hören.

»Ich wollte mich nach Sam erkundigen«, entgegnete ich wahrheitsgemäß und drängte Freddy mit dem Knie zur Seite, denn Moira wich bei seinem Anblick zurück.

»Aber warum kommst du dann hierher?«

»Ähm? Er wohnt doch hier, oder?«

»Natürlich, wo sollte mein Mann sonst wohnen? Aber …«

Hier war etwas ganz gewaltig faul. »Er hat sich krankgemeldet und geht nicht an sein Handy, also wollte ich mich vergewissern, dass es ihm gut geht.«

»Oh.« Moira schien einen Moment lang vollkommen aus dem Konzept gebracht zu sein. Ich wettete, dass sie der Meinung war, er sei heute Morgen in die Redaktion gegangen. Doch erstaunlicherweise fing sie sich rasch wieder. »Ach, ja. Er musste nach St. Austell – wegen einer Zahngeschichte. Vermutlich darf er da das Handy nicht anhaben oder so.«

Ich glaubte ihr kein Wort. »Hm, davon hat er gestern gar nichts erwähnt. Oder ist es was Akutes?«

»Ja, ja, total akut. Er hatte mörderische Schmerzen, vermutlich eine vereiterte Wurzel oder so.« Sie verzog ziemlich beeindruckend das Gesicht.

Ich zögerte einen Moment, doch es hatte wohl keinen Sinn, bei ihr weiterzubohren. Sie würde mir nichts verraten. Mir gegenüber mochte sie ihn decken, aber ich war mir sicher, dass sie Sam bei nächster Gelegenheit eine ordentliche Szene machen würde. Geschah ihm ganz recht. »Das klingt wirklich unangenehm«, sagte ich schließlich. »Gute Besserung für ihn und falls ich etwas tun kann …«

»Dann wird er sich ganz sicher bei dir melden«, fiel sie mir ins Wort und schloss die Tür.

Freddy wuffte leise und gab mir auf seine unnachahmliche Art zu verstehen, dass es für uns erst mal nichts mehr zu tun gäbe. Früher hätte ich diese tierische Intervention als typische Terrier-Ungeduld interpretiert, doch seit gestern war ich mir nicht mehr so sicher. Ob er am Ende Gefahr witterte? Darüber wollte ich lieber nicht nachdenken, und da wir ja ohnehin noch andere Dinge zu tun hatten, liefen wir wieder ins Ortszentrum zurück. Womöglich war Sam nach einem Einlauf von seiner Frau empfänglicher für mich?

EINDRINGLINGSALARM

Granny

GRANNYS BLICK ZUCKTE HERUM UND SIE ENTDECKTE EINE dunkel gekleidete Gestalt, die sich in diesem Moment mit einem Brecheisen an der Tür zu Jonas Terrasse zu schaffen machte.

Schon verriet ein Knirschen, dass die Tür dabei war, nachzugeben.

Grannys erster Impuls war, sich so schnell wie möglich zu verbergen. Dann aber fiel ihr wieder ein, dass er sie gar nicht sehen konnte. Aber Alastair. »Versteck dich!«, rief sie ihm zu, doch das war nicht mehr notwendig.

Der Kater hatte sich bereits auf eine schwarze flauschige Decke gelegt, die auf dem Sessel vor dem Fenster lag, und war geradezu mit ihr verschmolzen.

Granny schwebte ein Stück weg von der Tür und

versuchte angestrengt, etwas an der Gestalt zu erkennen, die in diesem Augenblick mit einem Knarren die Tür öffnete und das Wohnzimmer betrat.

Es war eindeutig ein Mann. Um wen es sich handelte, ließ sich jedoch nicht feststellen, denn er trug eine schlichte schwarze Outdoor-Jacke mit ebensolcher Hose. Seinen Kopf bedeckte ein dunkles Basecap und er hatte sich zusätzlich eine schwarze Sturmhaube über das Gesicht gezogen, die nur die Partie um die Augen und einen Teil der Nase freiließ. Und mit diesen Augen sah er sich nun intensiv im Raum um, nachdem er die Tür mit seinen behandschuhten Händen wieder zugezogen hatte.

Während der Mann begann, das Wohnzimmer zu durchsuchen, widmete Granny ihre Aufmerksamkeit vollends diesen Handschuhen. Es waren keine solch feingliedrigen Gebilde wie derjenige, den Jona für ihre Recherchezwecke mitgenommen hatte.

Natürlich nicht. Er brauchte ja ein vollständiges Paar!

Das anthrazitfarbene Leder hatte eine deutlich erkennbare Narbung, wirkte aber doch hochwertig. Außerdem schaute ein Bündchen aus hellgrauer Wolle daraus hervor, das Granny so noch bei keinem anderen Handschuh bemerkt hatte.

Mit einem Mal wurde ihr bewusst, was die Spannung zu bedeuten hatte, die sich nach dem Abflauen des ersten Schrecks mehr und mehr in ihr bildete. *Das Manuskript! Wenn er mit dem Wohnzimmer fertig ist, dann wird er sich auch den anderen Zimmern widmen. Und selbst wenn er die Küche zuletzt betritt, wirkt Mutters Schuber in Jonas moderner Küche doch sofort wie ein Fremdkörper. Verflixt, wenn er das Manuskript mitnimmt, dann …*

»Kein Zweifel«, meldete sich Alastair, der Grannys

Gedanken offensichtlich gelesen hatte. »Wir müssen zusehen, dass wir diesen Mistkerl von der Küche fernhalten. Selbst wenn wir es nicht hinbekommen, dass er die Flucht ergreift, dann sollten wir ihn wenigstens aufhalten.«

Der Mann hatte mittlerweile die Untersuchung des Regals beendet, in dem Jona neben Büchern auch Magazine und Unterlagen gestapelt hatte.

Aufhalten bis was passiert?, fragte sich Granny fieberhaft. *Das kann doch nur Jona sein, die nach Hause kommt. Und was wird der Unhold dann tun?! Er hat ja bereits zwei Menschen umgebracht!*

»Aber nichts zu tun ist keine Option!«, rief der Kater nun ihrem Geist.

Der Mann wandte sich dem Sofa und Couchtisch zu, auf dem sich neben Jonas Laptop weitere Unterlagen befanden.

»Du hast natürlich recht«, rief Granny zurück. »Versuch du schon einmal dein Bestes. Ich habe eine Idee!« Damit wappnete sie sich und schoss los – durch die Wand des Wohnzimmers, quer durch das Bad und bis in die Küche, wo der Saugroboter immer noch abgeschaltet herumstand.

Auch wenn sich die Zeit in Jonas Smartphone bei eingeschaltetem Flugmodus angefühlt hatte, als würde sie um Mitternacht über einen Friedhof in den Karpaten streifen, hatte sie die Zeit doch dafür genutzt, in den installierten Apps zu stöbern. Und eine davon hatte eine Funktion, die ihnen nun hoffentlich nützlich sein würde.

Granny schlüpfte in das Gerät und erweckte es wieder zum Leben. Bevor sie es auf den Weg ins Wohnzimmer schickte, startete sie die Funktion, von der sie hoffte, dass sie die Rettung sein würde.

Laut heulend machte sich der Roboter, zu dem Granny vor ihrem geistigen Auge nun neben der Bezeichnung »Hamish« auch noch verschiedene andere Einstellungen angezeigt wurden, auf den Weg ins Wohnzimmer. Von dort konnte sie bereits Kampfgetöse vernehmen. Eine dieser Einstellungen war eine Liste der Fanfaren, die die Arbeit des Geräts begleiten konnten.

Granny entschied sich für Wagners »Ritt der Walküren«.

INVESTIGATIV-MODUS AN

Jona

Nach dem erfolglosen Besuch bei Sams Frau standen wir kurze Zeit später vor dem putzigen Handschuh-Laden namens *Gloves of Eden,* was ein hübsches Wortspiel mit dem Nachnamen des Betreiberpaares war, die jederzeit von ihren Produkten behaupten würden, sie seien im Paradies entstanden. Ich nahm Freddy kurz an die Leine, weil ich mich noch lebhaft an unseren letzten Besuch erinnern konnte, als er begeistert seine Vorderpfoten auf den Tresen gestemmt und Francesca Eden geküsst hatte. Die Zunge einmal übers Gesicht – warum auch immer. Kurz schoss es mir durch den Kopf, dass ich nachher Granny mal bitten könnte, Alastair zu fragen, was an Francesca Eden so unwiderstehlich auf meinen Hund wirkte, doch dann konzentrierte ich mich lieber wieder auf den eigentlichen Grund meines Besuchs.

Ich öffnete die Tür, ein altmodisches Klingeln erscholl

und aus dem Nebenraum ertönte die wohlklingende tiefe Stimme von Frederic Eden: »Herzlich willkommen bei *Gloves of Eden*!« Im nächsten Moment kam er in den Verkaufsraum geschwebt, doch sein Lächeln fiel wie ein Soufflé in sich zusammen, als er Freddy und mich sah. »Oh. Sie«, stellte er fest.

»Hallo Mr Eden«, grüßte ich ihn freundlich. »Keine Sorge, Freddy wird heute nicht übergriffig werden.« Ich schielte zu meinem Hund, der brav neben mir saß, aber ziemlich enthusiastisch mit dem Schwanz auf dem polierten Holzboden klopfte und einen leicht irren Blick hatte.

»Das höre ich gerne.« Er räusperte sich und beschloss wohl, dass ich womöglich eine Kundin sein könnte und etwas mehr Freundlichkeit verdient hatte. »Was kann ich für Sie tun, Ms Gold. Vielleicht ein Paar Handschuhe als Weihnachtsgeschenk?«

Wovon träumte er bei Nacht? Glaubte er wirklich, dass sich eine Lokalreporterin maßgeschneiderte Handschuhe leisten konnte?

»Vielleicht«, entgegnete ich jedoch mit meinem hoffentlich charmantesten Lächeln. »Ich habe mich ja unsterblich in ihre wundervollen Waren verliebt«, behauptete ich. Das war nicht mal gelogen. »Aber ich habe noch ein anderes Anliegen.« Ich kramte in meiner Handtasche nach dem einzelnen Handschuh, den ich gestern in Grannys Cottage gefunden hatte. »Der stammt doch sicherlich aus Ihrer Werkstatt, nicht wahr?«

Frederic setzte sich umständlich eine Brille auf und untersuchte das edle Stück mit einem Stirnrunzeln, doch er war ein schlechter Schauspieler und mir war umgehend klar, dass er diesen Handschuh kannte. »Ja, das kann sein, dass wir den angefertigt haben«, entgegnete er vage. »Warum wollen Sie das wissen.«

»Das ist eine etwas irre Geschichte«, begann ich und kicherte verlegen – ich war nämlich eine verdammt gute Schauspielerin, wenn es sein musste. »Ich habe diesen Handschuh gestern an einen Ort gefunden, der eine besondere Bedeutung für mich hat, und ich bin mir ziemlich sicher, dass es kein Zufall war, sondern eine Botschaft«, fabulierte ich weiter.

»Aha?«

»Nun ja, ich denke … ach, das ist jetzt ein bisschen peinlich«, druckste ich herum und wünschte mir inständig, dass ich auf Knopfdruck erröten könnte. Das würde noch authentischer wirken.

»Was kann denn an einem Handschuh peinlich sein?«, fragte Frederic halb verwundert, halb jovial.

»An dem Handschuh an sich nichts, aber ich denke, der Besitzer hat ihn absichtlich abgelegt, weil er möchte, dass ich ihn finde. So wie Aschenputtel ihren Schuh …«

»Wuff«, kam es sonor von Freddy. Hatte ich zu dick aufgetragen?

»Verstehe.« Frederic kratzte sich nachdenklich am Kinn und schien mit sich zu ringen.

»Ich weiß natürlich, dass Sie mir nicht einfach so den Namen Ihres Kunden nennen können, das wäre ja unethisch«, sprach ich schnell weiter, obwohl es genau das war, was ich wollte. Doch manchmal musste man einen kleinen Umweg machen. »Aber vielleicht könnten Sie mir einen kleinen Hinweis geben?« Ich probierte es mit einem treuherzigen Augenaufschlag, den ich mir von Freddy abgeguckt hatte und tatsächlich, stahl sich ein kleines Lächeln auf seine Lippen. Ich hatte ihn genau da, wo ich ihn haben wollte.

Doch dann donnerte der Walkürenritt in ohrenbetäubender Lautstärke aus meiner Handtasche. Was zur Hölle?

Frederic verzog sichtlich angewidert das Gesicht, Freddy jaulte auf und ich angelte mit dem Mut der Verzweiflung nach meinem Handy. Diesen Klingelton hatte ich ganz sicher nicht eingestellt. Und schon gar nicht auf diesem Pegel. Dem unbekannten Anrufer würde ich sowas von meine Meinung geigen!

Es war allerdings kein Anruf, sondern ein Alarm. Ein Alarm von Hamish, meinem treuen Saugroboter. Ich wusste gar nicht, dass er sich mit meinem Smartphone verbunden hatte, doch das war jetzt zweitrangig. Entscheidend war das Video auf meinem Display. Offensichtlich eine Live-Aufnahme aus meinem Wohnzimmer. Ich erkannte eine schwarze Hose, sah schwarz behandschuhte Hände, die nach Alastair griffen. Und dann poppte plötzlich auch noch Text in dicken roten Buchstaben auf: *Eindringlingsalarm!! Komm schnell. Er hat's auf das Manuskript abgesehen.*

WALKÜRENRITT

Granny

Attacke!!!, rief Granny in Gedanken, während Hamish – langsamer als ihr lieb war – den Weg ins Wohnzimmer einschlug. In diesem Moment wurde ihr der Fehler in ihrem Plan bewusst.

Solange sie sich in Jonas Saugroboter befand, konnte sie durch sein infernalisches Getöse nichts von dem hören, was sich um sie herum abspielte, und auch nur das sehen, was seine Kamera ihr an Bildern lieferte. Und das war erschreckend wenig, denn es deckte nur den Bereich von etwa zwei Metern vor dessen Saugöffnung und bis zu einer Höhe von 50 Zentimetern über dem Boden ab. Also konnte sie nur ein Paar von schwarzem Stoff bedeckte Beine in Outdoor-Stiefeln erkennen. Allerdings standen diese relativ still am anderen Ende des Raums vor dem Sessel, auf dem sich Alastair versteckt hatte.

Alastair, mein Schatz. Bist du in Sicherheit?

Keine Antwort.

Wehe diesem Unhold, wenn er ihm etwas angetan hat!

Granny trieb Hamish zur Eile an und knallte kurz darauf gegen einen der Stiefel, der sofort zurückzuckte. Dann hob er sich, doch Granny reagierte instinktiv. Sie ließ den Roboter eine Vierteldrehung vollführen und mit Höchstgeschwindigkeit aus der Gefahrenzone fahren, wo sie ihn zurückdrehte, um wieder etwas erkennen zu können.

Die Stiefel waren beide auf sie ausgerichtet und einer davon setzte an, einen Schritt zu tun.

Doch in diesem Augenblick schoss ein schwarzer Schatten um sie herum und machte auf der Rückseite einen Satz nach oben.

Die Beine begannen zu zucken, als wäre dem Schuft nach einem spontanen Tänzchen zumute.

Aber Granny war klar, dass Alastair die Ablenkung genutzt hatte, um den Bösewicht anzuspringen. Und sie konnte sich noch gut daran erinnern, wie unangenehm es sich selbst vollkommen bekleidet anfühlte, wenn eine Katze sich mit ihren ausgefahrenen Krallen an einem hochzog.

Nimm das, du Schurke, dachte sie und ließ Hamish ein weiteres Mal gegen dessen Beine knallen, ergriff diesmal aber sofort danach die Flucht in eine andere Richtung.

Minuten, die sich für Granny wie Stunden anfühlten, vergingen, während sie einander kreuz und quer durch den Raum jagten. Mal konnte Granny sich und Hamish gerade noch vor den mit Wucht niederfahrenden Stiefeln retten, indem sie sich unter das Sofa flüchtete. Ein anderes Mal gelang es ihr fast, den Schwarzgekleideten zu Fall zu bringen, als er den Rand des flüchtenden Saugers mit der Fußspitze erwischte.

Aber dieser finstere Mann blieb erschreckend hartnäckig.

Wie lange hält eigentlich die Batterie in so einem Gerät?!, schoss es ihr mit einem Mal durch die Gedanken. *Und was geschieht, wenn sie leer ist, bevor wir den Unhold in die Flucht geschlagen haben?*

»Verflucht sollst du sein!«, dachte sie verzweifelt. Oder hatte sie laut gesprochen? Sie musste es wohl getan haben. Denn das, was der Lautsprecher des Saugroboters daraus machte, hatte eine durchschlagende Wirkung.

Der eben noch zu einem Tritt erhobene Fuß des Fieslings fiel herunter, als hätte er zu einer Marionette gehört, deren Fäden durchtrennt worden waren. Dann aber kam erneut Leben in ihn. Und auch in den anderen Fuß. Doch diese Bewegungen waren nicht mehr gegen sie oder Alastair gerichtet, sondern trugen den Einbrecher zur Terrassentür und hindurch, bis er aus Grannys Blickfeld vollends verschwand.

Haben wir es geschafft, Alastair? Alastair? »Alastair?!«

»Ah, endlich kann ich dich wieder hören«, kam es von ihrem Kater und Granny meinte, in seinem Tonfall tatsächlich so etwas wie Erleichterung zu vernehmen.

»Hast du eine Idee, warum du meine Gedanken nicht wahrgenommen hast? Sonst hat das doch funktioniert?«

»Vielleicht hatte es damit zu tun, dass ich von diesem widerlichen Katzenfeind abgelenkt ...«

In diesem Moment krachte es hinter ihnen laut und beide fuhren herum.

Die Vordertür war aufgesprungen und durch sie kam bedrohlich knurrend Freddy hereingestürmt, dicht gefolgt von Jona mit einem Knüppel in den hoch erhobenen Händen und brodelnder Entschlossenheit im Blick: »Okay, was auch immer du hier drin tust. Lass es s ... oh.«

»Gut, dass du da bist, Liebes. Aber wir konnten den

Missetäter bereits mit vereinten Kräften in die Flucht schlagen.«

Jona ließ den Knüppel sinken und atmete erleichtert durch. Dann stahl sich ein Schmunzeln auf ihre Lippen. »Du bist wirklich da drin, Granny? Na, da wäre ich an seiner Stelle auch getürmt.«

Eine halbe Stunde später hatte Jona das Chaos halbwegs beseitigt, das die Kampfhandlungen in ihrem Wohnzimmer hinterlassen hatten, und beide Türen fest geschlossen. Währenddessen hatten sie sich gegenseitig grob auf einen gemeinsamen Wissensstand gebracht. Nun saß die Reporterin in ihrer Küche und hatte eine dampfende Tasse Tee vor sich abgestellt – direkt neben ihr Handy, das sie wieder im Kamera-Modus an eine Box gelehnt hatte, aus der sie sich in diesem Moment ein Stück Shortbread nahm.

»Du warst tatsächlich in Manderley?«, fragte sie kauend.

»Oh ja, das war eine wirklich außergewöhnliche Erfahrung. Und ganz anders, als ich es mir beim Lesen früher immer vorgestellt hatte.«

»Wahnsinn. Aber bringt uns das weiter?«

»Das vielleicht nicht, aber ich bin mir sicher, dass uns die Widmung auf die richtige Spur bringt.«

»Und wie genau?«, wollte Jona wissen und trank einen Schluck Tee.

»Mir ist gerade aufgefallen, dass es einen Umstand gibt, der diese Widmung mit dem Unhold verbinden könnte, der für all das verantwortlich ist, was passiert ist.«

»Okay? Was denn?«

»Ein Fluch. Daphne du Maurier hat in der Widmung etwas von einem Fluch geschrieben. Und als ich vorhin befürchtete, in dem Kampf nicht die Oberhand bekommen zu können, habe ich laut geflucht. Genau in diesem Moment hat der Finsterling die Flucht ergriffen.«

»Oha, da könnte echt was dran sein. Und wie geht der Fluch?«

»Wie meinst du das?«

»Na, hast du mitbekommen, wie dieses Dienstmädchen den Fluch ausgesprochen hat, als du in die Geschichte getaucht bist?«

»Tatsächlich … nein«, gab Granny überrascht zurück. *Warum eigentlich?*

»Warum nicht?«, nahm die Reporterin ihren Gedanken auf.

»Ich habe keine Ahnung. Aber doch habe ich das Gefühl, dass wir uns damit unbedingt weiter beschäftigen sollten.«

Jona nahm noch einen Bissen vom Shortbread und tippte mit den Fingern ihrer Linken gegen die Tasse, die sie in der Rechten hielt. »Aber wie?«

»Nun … wir könnten noch einmal zusammen das Manuskript durchgehen.« Granny bemerkte, dass Jona etwas sagen wollte, redete aber einfach weiter. »Dieser Film, in den ich geraten bin, war … nun ja, ein Film. Da war kein Text. Erst zum Schluss habe ich die Widmung als Text wahrgenommen – wahrscheinlich, weil er eben nicht zur eigentlichen Geschichte gehörte.«

»Hm, klingt plausibel. Na, dann mal los.« Sie stand auf und holte den Schuber von der Arbeitsplatte. Einen Moment lang stand sie unschlüssig im Raum herum, dann schnappte sie sich auch das Handy und ging ins Wohnzimmer. Dort räumte sie den Couchtisch frei, holte die Blätter hervor und breitete sie darauf aus. »Ich steck dich hier in die Brusttasche meiner Bluse. Dann kannst du sehen, was ich auch sehe, wenn ich die Seiten durchblättere.«

»So machen wir das«, freute sich Granny.

Jona nahm sich die erste Seite und überflog sie. »Hier ist schon mal nix.«

»Ich denke, dass du nicht jede Seite für mich kommentieren musst. Wir schauen einfach gemeinsam drauf und wenn eine von uns etwas bemerkt, dann meldet sie sich.«

»Alles klar«, bestätigte die Reporterin und nahm sich die nächste Seite.

Minutenlang herrschte Schweigen zwischen ihnen, während Jona mit zunehmender Geschwindigkeit blätterte.

»Da!«, rief Granny – etwas lauter als eigentlich beabsichtigt und eindeutig elektrisiert.

Jona zuckte zusammen und ließ die Seite, die sie in der Hand hielt, fallen. Doch sie kümmerte sich nicht weiter darum, denn nun hatte anscheinend auch sie erspäht, was Granny sah.

Mitten auf der Seite war ein großer Teil mit Bleistift durchgestrichen und seitlich mit einem handschriftlichen Kommentar versehen. Trotzdem war der Text deutlich zu erkennen.

Während Jona einige der Zeilen las, sprach sie sie halblaut aus – anscheinend ohne es selbst zu merken:

»Gar mächtig sei der Fluch von mir.
Kein männlich Spross gegeben dir,
des Same stark,
des Stamm viril,
des Sinn wär rein,
noch hehr sein Ziel.
Wird komm'n die Zeit und du sollst sehn:
Dein Name wird zu Staub vergehn!«

Ein Husten schreckte Granny auf. Dann wackelte das Bild, das sie sah, heftig.

Jonas Stimme war bei den letzten Worten, die sie sprach, immer heiserer geworden. Nun war sie offensichtlich aufgesprungen und lief in die Küche, wo sie sich heftig atmend ein großes Glas mit Wasser vollaufen ließ und es sofort danach in großen Schlucken austrank. Danach ließ sie sich mit einem Keuchen auf den Küchenstuhl fallen und stellte ihr Handy wieder so, dass Granny sie sehen konnte.

Und was sie sah, jagte ihr einen ordentlichen Schreck ein. Die junge Frau war kreidebleich und es wirkte sogar so, dass ihr die Haare regelrecht zu Berge standen.

»Kind, was ist denn los?«, rief sie.

»Ich … das …«, stammelte Jona. Sie schluckte heftig und fuhr sich mit den Händen über ihre Oberarme. »Hast du das auch gespürt? Ach, vergiss es. Ich … egal.«

»Und was hast du gespürt, Liebes?«

»Die Worte. Sie wirkten wie mit Energie aufgeladen. Ich … hab am ganzen Körper Gänsehaut.«

»Dann haben wir den Fluch wohl gefunden.«

»Das kannst du laut sagen. Und was machen wir jetzt daraus?«

»Hm, ich denke, wir sollten den Text auf Hinweise untersuchen, an wen sie in Wirklichkeit gerichtet waren.«

»Was?! Nein! Das … lese ich nicht nochmal!«

»Aber ich bin mir sicher, dass sie eine Spur darstellen und …«

»Du hast leicht reden«, wurde sie von der Reporterin unterbrochen. »Du musst die Wirkung ja auch nicht am eigenen Leib spüren.«

»Und das musst auch du nicht. Lass es uns versuchen, die Worte nicht laut zu lesen. Vielleicht hilft das.«

Jona gab einen Laut von sich – halb Stöhnen, halb

Schnauben. Doch dann erhob sie sich langsam. »Okay, aber dafür brauch ich was Stärkeres als Tee. Und immerhin ist es irgendwo auf der Welt bestimmt schon nach siebzehn Uhr.« Sie stand auf, schlurfte wieder ins Wohnzimmer und nahm sich ein Glas, in das sie sich einen ordentlichen Schluck Brandy einschenkte, bevor sie sich zurück an den Couchtisch setzte.

»So, dann lass uns mal sehen«, begann Granny in geschäftsmäßigem Ton, mit dem sie der Reporterin eine Ruhe vermitteln wollte, die sie selbst nicht empfand. »Die erste Zeile ist klar.«

»Stimmt.«

»Dann jetzt also die nächsten. Zeile zwei bis fünf gehören zusammen und bedeuten …«

»Auf jeden Fall was mit Impotenz«, warf Jona ein.

»Tatsächlich?«, fragte Granny, als ob sie dies nicht bereits selbst geahnt hatte. Immerhin schienen Jonas Lebensgeister wieder geweckt zu sein.

»Natürlich«, gab die Reporterin mit einem Anflug ihres typischen Schwungs zurück. »Ein unfruchtbarer Samen, ein nicht mehr viriler Stamm.« Jona gluckste. »Bei dem kommt nur heiße Luft und ein Entschuldigungszettel.«

»Du bedienst dich einer blumenreichen Sprache. Aber nichtsdestoweniger stimmt es auffallend. Und dieser bedauernswerte Tropf ist nicht nur irgendwer, sondern ein … nein sogar jeder Spross einer Familie.«

»Männlich.«

»Oh, ja. Und weißt du, was das bedeutet?«

»Ähm, nein?«, gab Jona in überrumpelt klingendem Tonfall zurück.

»Dass sich daraus folgerichtig die letzten beiden Zeilen ergeben.«

»Na klar!«, sagte die Reporterin nach einer kurzen Weile

des Überlegens. »Wenn in einer Familie alle männlichen Kinder impotent sind, dann können sich die weiblichen Nachkommen zwar fortpflanzen, aber sie nehmen der Tradition nach immer den Namen ihres Ehegatten an.«

»Und der Familienname vergeht zu Staub.«

»Krass! Auf diese Art und Weise muss der Stammvater dieser Familie über Jahre sogar mitansehen, wie dies geschieht. Was für ein Fluch.« Jona gab einen leisen Pfiff von sich.

In diesem Moment bewegte sich ein Puzzleteilchen in Grannys Kopf an einen anderen Platz und sie rief: »Lanpelyn!«

»Was?«

»Lanpelyn. Natürlich Lanpelyn. Lan ...«

»Granny, hast du nen Schlaganfall?!«, rief nun Jona und schaute sie mit aufgerissenen Augen an.

STRUKTURIERTES CHAOS

Jona

»Nein, mir ist nur eingefallen, mit wem wir es zu tun haben. Ich habe als Kind zusammen mit meiner Mutter Lanpelyn Manor besucht. Das liegt zwischen Lanreath und Pelynt, vielleicht hast du es schon mal gesehen«, sagte Granny.

»Keine Ahnung. Wahrscheinlich. Aber was hat das jetzt mit dem Fluch zu tun?«

»Alles natürlich.« Granny klang ein wenig ungeduldig und so, als sei die Sache sonnenklar.

»Ich fürchte, ich brauche etwas mehr Kontext.« Der Brandy hatte meine Nerven angenehm beruhigt, aber auch dafür gesorgt, dass mein Denkvermögen gerade nicht ganz auf der Höhe der Zeit war. Vielleicht lag's aber auch an den Ereignissen der letzten Stunden und den ständigen Adrenalinschüben. Gesund konnte das nicht sein.

»Lanpelyn Manor ist der Landsitz der de Montforts«, fuhr Granny also im Lehrerinnentonfall fort. »Daphne du Maurier war dort häufiger zu Gast. Jedenfalls mindestens einen Sommer lang. Da hat sie wohl meine Mutter kennengelernt, die dort eine Weile als Hausmädchen tätig war. Nach allem, was ich mir zusammenreimen konnte, hatten die beiden eine Liebesbeziehung. Womöglich haben das die de Montforts herausgefunden und … nun ja, die Zeiten waren damals ganz andere.«

»Die Zeiten sind immer noch mies für manche«, warf ich ein. »Aber angenommen, du hast recht damit und die Montforts haben nach dem Auffliegen der Affäre deine Mutter und Daphne vom Hof gejagt, wie kann es dann sein, dass du mit deiner Mum Jahre später zu Gast im Herrenhaus warst?« Ich war sehr froh, dass langsam aber sicher mein Denkvermögen zurückkam. Und was wir jetzt gar nicht brauchen konnten, waren Widersprüche und falsche Fährten.

»Hm. Das ist eine interessante Frage«, gab Granny zu. »Ich bin jedoch sicher, dass meine Mutter es war, die die Familie de Montfort verflucht hat. Womöglich war es so, dass nur Daphne den ganzen Groll abbekommen hat und meine Mutter verschont wurde?« Sie klang selbst nicht besonders überzeugt von dieser These.

»Nie im Leben!«, sagte ich im Brustton der Überzeugung. »Du hast mir doch die Widmung gezeigt. Die scheint mir eindeutig zu sein. Aber stellen wir das mal hinten an. Vielleicht hat man die Beziehung gar nicht aufgedeckt und sie ist aus anderen Gründen zu Bruch gegangen. Du weißt also sicher, dass du mit deiner Mutter in diesem Herrenhaus zu Besuch warst, aber inwieweit ist das jetzt überhaupt relevant?«

»Das wollte ich doch die ganze Zeit erklären, ehe du

mich mit deiner Verwirrtaktik aus dem Konzept gebracht hast«, tadelte mich Granny. »Der Handschuh!«

»Ja?«

»Der Handschuh mit dem übermäßig langen Ringfinger, den Freddy dem Einbrecher in meinem Cottage abgenommen hat.«

»Jaha. Wegen dieses Handschuhs war ich vorhin bei *Gloves of Eden*, und hatte Frederic Eden fast so weit, mir den Namen zu zwitschern, ehe der Walkürenritt in meiner Handtasche losdonnerte und Freddy und ich zur Rettung kommen mussten.« Ich kraulte den Lockenkopf meines Hundes.

»Nun, dieser Ausflug war unnötig, denn ich kenne den Namen.«

»Du kennst den Namen?«

»Ja. Der Handschuh gehört Ronald de Montfort.«

»Warum sagst du das denn nicht gleich?« Ich hatte Mühe, mich zu beherrschen. Außerdem klingelte bei diesem Namen einiges bei mir im Kopf.

»Wollte ich ja, aber du hast mich ständig unterbrochen. Als ich damals mit meiner Mutter im Manor war, habe ich Ronald getroffen. Er ist ein paar Jahre jünger als ich und war schon als Kind ein ziemlich dünkelhafter Schnösel, der nichts mit mir zu tun haben wollte. Immerhin war ich ja nur die Tochter der Frau, die seine Familie als szenische Dekoration für ihren Samhain-Salon eingeladen hatte. Aber mir sind damals seine ungewöhnlichen Finger aufgefallen.«

»Du hättest wirklich erst mit dem Namen anfangen können und den Rest der Story …« Ich winkte ab, weil es ja ohnehin keine Rolle spielte. »Ronald de Montfort also«, sprach ich weiter und kratzte mich nachdenklich am Kinn. »Wenn ich es richtig im Kopf habe, ist das einer aus Sams Männerclub. Ein ziemlich unangenehmer Typ, der sich immer an viel zu junge Frauen ranmacht.« Ich schüttelte mich, als ich an ein Ereignis vor ein paar Jahren zurückdachte, als ich das Objekt seiner Begierde war. Kurzzeitig jedenfalls – ich war ihm nämlich eindeutig nicht willfährig und anschmiegsam genug gewesen.

»Der Fluch passt. Ronald ist der letzte Träger des Namens de Montfort. Er hat keine Kinder. Er hat nicht einmal eine Frau.«

»Wundert mich kein bisschen«, murmelte ich. »Aber trotzdem passt das nicht zusammen. Ich meine, hast du ihn in letzter Zeit mal gesehen? Er wiegt mindestens hundertfünfzig Kilo und ist entsprechend schlecht zu Fuß. Unmöglich, dass er die Einbrüche und Morde selbst begangen hat.«

»Oh.« Grannys Avatar ließ niedergeschlagen die Schultern fallen. »Daran habe ich nicht gedacht. Aber wir haben doch seinen Handschuh.«

»Vielleicht ist es nicht sein Handschuh. Vielleicht gehört dieser Handschuh einem Komplizen. Einem anderen Familienmitglied mit der gleichen Handform?«

»Hm. Seine Schwester Reinette hat einen Sohn namens Roderick, der ungefähr in deinem Alter sein dürfte. Ebenfalls kinderlos, obwohl er gar nicht mehr de Montfort heißt, sondern Trelawne, weil seine Mutter …«

»Zu viele Informationen«, unterbrach ich Grannys Redefluss. »Roderick ist also mutmaßlich ebenfalls impotent und zudem der letzte Nachkomme der Montforts – auch wenn er nicht mehr so heißt. Die Familie scheint von dem Fluch zu wissen, sonst wäre der Eindringling vorhin nicht so panisch geflohen. Wir können also mit einiger Sicherheit davon ausgehen, dass sie auf der Suche nach einem Gegenfluch sind, wenn es so etwas überhaupt gibt.«

»Davon ist auszugehen«, sagte Granny. »Fragt sich nur, wo dieser Zauber versteckt ist.«

»Ich wette im Kompendium deiner Mutter, das hoffentlich nach wie vor in deinem Cottage liegt«, schloss ich haarscharf. »Womöglich sollten wir das jetzt endlich mal holen?«

»Sollten wir.«

Pause.

»Jona?«

»Ja?«

»Denkst du, dass Roderick mich und Alfie auf dem Gewissen hat?«

»Man kann wohl mit einiger Sicherheit davon ausgehen, dass er an beiden Tatorten war. Ob er es tatsächlich war, ob es aus eigenem Antrieb oder auf Anstiftung von seinem Onkel geschehen ist, weiß ich nicht. Es könnte auch noch einen weiteren Komplizen geben.« Ich schluckte, weil mir Sam nicht aus dem Kopf ging. Sam, der sich verdammt verdächtig benommen hatte. Zumindest nach Alfies Mord. Von Grannys Tod war er aufrichtig überrascht gewesen – hatte ich jedenfalls gedacht. Aber dann war er ja gestern Nacht ja auch in ihrem Cottage gewesen. Das gefiel mir nicht. Das gefiel mir ganz und gar nicht. Auch nicht die Tatsache, dass er heute die ganze Zeit auf Tauchstation war.

»Ach, Jona«, sagte Granny, die meine düstere Stimmung zu ahnen schien. »Das ist eine ganz schön vertrackte Situation, nicht wahr?«

»Allerdings.«

»Und gefährlich.«

»Nicht mehr für dich«, gab ich zu bedenken und versuchte es mit einem schiefen Grinsen.

»Das meine ich ja. Es ist für dich gefährlich. Ich weiß nicht, ob ich es verantworten kann, dich weiter in die Sache mit hineinzuziehen.«

Ich lachte freudlos auf. »Dieser Zug ist längst abgefahren.« Ich seufzte und erzählte ihr von dem Artikel, den ich vorhin geschrieben hatte und der vermutlich in ungefähr einer Stunde online zu lesen sein durfte.

»Womöglich sollten wir langsam doch die Polizei hinzuziehen?«, schlug Granny vor.

»Denkst du wirklich, die würden irgendwas von unseren Schlussfolgerungen glauben? Der Fluch, der Handschuh, dein Zusammentreffen in der Kindheit mit Ronald? Sein Neffe Roderick als mutmaßlicher Exekutor?« Ich schüttelte den Kopf.

Das klang alles verdammt abenteuerlich. Selbst für mich, die ich inzwischen beinahe daran gewöhnt war, mit dem Geist einer toten Frau über mein Handy zu kommunizieren – oder über meinen Saugroboter. Von den Gesprächen der Tiere mal ganz zu schweigen. Um der Polizei schlüssig eine mutmaßliche Täterschaft von Roderick zu beweisen, müsste ich reichlich Überzeugungsarbeit leisten. Und mir dabei die unangenehmen Fragen gefallen lassen müssen, woher ich das alles wusste. Nein, das machte keinen Sinn.

»Vermutlich hast du recht«, bestätigte Granny bedauernd. »Aber trotzdem brauchen wir einen Plan. Wir können ja schlecht darauf warten, dass Roderick oder ein anderer Scherge erneut zuschlägt und dabei womöglich …« Sie sprach den Satz nicht zu Ende. Mir war ohnehin klar, was sie meinte.

Diesen Gedanken verdrängte ich sogleich wieder. Für Todesangst war jetzt nicht der richtige Zeitpunkt. Ich war eine Frau der Tat und würde diesen Fall notfalls im Alleingang aufklären. Zumindest aus der Perspektive Außenstehender wäre ich alleine, denn die wussten nichts von Granny in meinem Telefon und der schlagkräftigen Acht-Pfoten-Armee an meiner Seite.

»Was hältst du davon, wenn wir als Erstes das Kompendium deiner Mutter holen und dann abwarten, was geschieht, wenn mein Artikel erscheint. Ich wette, der wird für Aufsehen sorgen. Ich werde ihn auch flächendeckend auf Social-Media teilen. Das könnte einerseits Sam aus der Versenkung locken und andererseits womöglich selbst die Polizei aufschrecken. Etwas kompetentere Beamte als Lucius Fumble ziehen dann vielleicht selbst ein paar gute Schlüsse.« Es war nicht gerade die ausgeklügeltste Strategie, aber es war ein Plan.

»Hm.« Granny klang skeptisch. »Das ist es ja gerade. Wenn der Schuft es nun vielleicht doch mitgenommen hat – und sei es nur zufällig – dann … ich weiß eigentlich gar nicht, was dann wäre.«

»Wenn man's genau nimmt, dann könnte damit die akute Gefahr aufhören«, sinnierte ich. »Vorausgesetzt, dass der Gegenfluch dort enthalten ist, könnten sie sich vielleicht von der Wirkung befreien und …« Meine Stimme verklang. Wem wollte ich damit etwas vormachen? Wahrscheinlich nur mir selbst in der Hoffnung, dass ich damit nicht mehr im Fadenkreuz des Mörders wäre. Aber Grannys nächste Worte riefen mir etwas wieder ins Gedächtnis und machten diese Hoffnung zunichte.

»Das halte ich nicht für wahrscheinlich. Ich bin mehr und mehr der Überzeugung, dass sie es nicht lesen könnten. Eher noch wären sie gar nicht in der Lage, es als das zu erkennen, was es ist.«

Ich gab ein Seufzen von mir. »Na gut. Aber wir werden es nur herausfinden, wenn wir das Kompendium finden … oder eben auch nicht.«

»Du sagst es«, bemerkte Granny und seufzte nun ebenfalls. »Lasst uns rasch nach dem guten Stück sehen. Aber mit dem Rest bin ich nicht glücklich.«

Zuerst fragte ich mich, was Granny mit »Rest« meinte. Dann aber fiel mir meine halbgare Strategie wieder ein und ich hob mit einem verdrießlichen Brummen die Schultern. »Ich bin offen für Gegenvorschläge.«

»Wuff«, grollte Freddy nun plötzlich und Alastair, der dekorativ auf dem Tisch lag, sträubte mit einem Mal spektakulär das Fell.

»Oh nein«, hörte ich noch Granny entsetzt ausrufen – und das Display wurde schwarz.

Dann klopfte es herrisch an meiner Haustür.

MENSCHEN-DINGE

Freddy

»Laaaangweilig«, murrte Freddy und gähnte während Jona und Granny über irgendwelche Möglichkeiten oder Unmöglichkeiten sprachen. Eine Weile lang war es um Abstammung gegangen und damit kannte er sich aus. *Immerhin hab ich ja einen eigenen Stammbaum, der meine Abstammung bis … irgendwann bestätigt. Eigentlich komisch, dass so ein Stück Papier genauso heißt wie die dritte Eiche links von der Bank drüben im Park, an der ich meine Markierungen immer am liebsten hinterlasse.*

»Erbärmlich«, kam es von dem Kater, der ein Stück neben ihm auf dem Couchtisch lag.

»Erbärmlich? Was denn?«

»Deine Gedanken kreisen ständig nur ums Fressen oder … das Gegenteil. Dabei ist die in deinen Augen langweilige Konversation von Jona und Granny durchaus aufschlussreich.«

»Aha. Warum?«

»Wenn du zugehört hättest, anstatt deinen Pipi-Kaka-Gedanken nachzuhängen, dann wüsstest du, dass jetzt klar ist, mit welchem Katzen-, Hunde- und Menschenfeind wir es zu tun haben.«

»Na hör mal, solche Gedanken sind wichtig und … Moment mal.«

»Was ist denn jetzt schon wieder?«

»Da kommt …«

In diesem Augenblick klopfte es an der Vordertür. Jona fuhr keuchend hoch, blickte dann wieder zurück zu ihrem Sprech-Dings auf dem Tisch und gab ein Stöhnen von sich.

»Nein-nein-nein«, murmelte sie und tippte es ein paarmal an. »Nicht ausgerechnet jetzt, wo ich deinen Rat brauche, Granny. Kann ich mich trauen zu öffnen? Oder ist der Typ vielleicht wieder zurück?!«

»Quatsch«, bemerkte Freddy.

Alastair wandte ihm seinen Kopf zu. »Inwiefern?«

»Na, das ist Jonas Rudelführer da draußen. Ich kann sein O riechen.«

»Sein was?«

»Na, ist doch klar. Sein O, sein … Toiletten-O.«

Der Mehrkater betrachtete Freddy mit einem unnötig mitleidigen Blick, während hinter ihm Jona immer noch mit einem Gesichtsausdruck auf der Couch hockte, der genauso zwischen Furcht und Entschlossenheit hin und her schwankte wie ihr Geruch.

»Eau de Toilette«, gab Alastair stöhnend zurück. »Junger Freund, wir müssen wirklich mal an deiner Recht …«

Doch Freddy hatte keine Lust mehr, dem ständigen Genörgel dieses Katers zuzuhören, denn er konnte das

Dilemma seines Lieblingsmenschen nicht mehr ertragen. Mit einem lauten Begrüßungs-Bellen sprang er auf und lief mit wedelnder Rute in Richtung Haustür. Im Vorbeispringen konnte er den alarmierten Ausdruck erkennen, den Jonas Gesicht bei seinem Gebell angenommen hatte. Er wunderte sich, dass sie nicht erleichtert war. Sie müsste doch erkennen, dass er bereits wusste, wer vor der Tür stand. Aber diese Menschen waren wohl einfach etwas langsamer darin, solche Feinheiten zu erkennen, als er.

Mit einem Seufzen erhob sie sich nun aber doch vom Sofa und folgte ihm. »Bist du dir sicher, dass es ungefährlich ist?«, murmelte sie und warf ihm einen zweifelnden Blick zu.

Klar doch, Jona. Du kannst mir vertrauen.

Als könnte sie tatsächlich endlich auch seine Gedanken lesen, griff sie nach der Türklinke und öffnete.

Draußen stand natürlich dieser Sam und verströmte neben seinem O-Duft auch den Geruch von Sorge … und Schuld.

»Ah, du kommst mir ja gerade richtig«, schnappte Jona, bevor Sam etwas sagen konnte. »Komm rein. Dann kannst du mir endlich erzählen, was du mit dieser ganzen Sache zu tun hast!«

Der Angesprochene verzog sein Gesicht zu einer seltsamen Grimasse, die Freddy nicht wirklich interpretieren konnte, obwohl er doch sonst voll der Menschenversteher war. Hatte Sam Hunger? Bauchweh?

Sam zögerte, dann trat er an Jona vorbei, tätschelte Freddy den Kopf und blieb unschlüssig in der Diele stehen.

»Geh durch nach hinten«, wies Jona ihn an. »Ich hab mir gerade einen eingeschenkt und fürchte, dass ich den brauchen werde, für das, was du mir gleich erzählen wirst.«

Sam wirkte erleichtert.

Natürlich. Wenn sie ernsthaft böse auf ihn wäre, dann hätte sie sich mit ihm nur in die Küche gesetzt.

»Du lagst also richtig«, begrüßte Alastair ihn, als sie im Wohnzimmer eintrafen.

»Hast du da dran ernsthaft gezweifelt?« Freddy konnte es nicht verhindern, dass ein leichtes Knurren seine Worte begleitete.

»Hey, ruhig Freddy«, kommentierte Jona dies vollkommen falsch. »Du hast doch gesehen, dass es Sam ist.«

»Huch, wie kommt eine Katze hier rein?«, warf Sam in diesem Moment mit einem Blick auf Alastair ein. »Hat Freddy vielleicht wegen ihr …?«

O-Oh.

Und natürlich kam es, wie es kommen musste.

»Wen nennst du hier ›eine Katze‹, du haarloser Affe?!«, fuhr Alastair mit gesträubtem Fell auf.

»Mann, jetzt bleib doch mal ruhig, Alter«, versuchte Freddy mit einem leichten Winseln einzulenken. Doch da hatte er anscheinend den falschen Ton angeschlagen. *Oder nicht?*

Alastair gab ein Fauchen von sich, das in ein drohendes Knurren überging. Sein buschiger Schweif schoss hin und her.

Warum freut der sich plötzlich?, dachte Freddy, als er dies sah. Verwirrt tappte er noch ein paar Schritte näher.

Und Alastair explodierte. Mit erneutem Fauchen sprang er vom Tisch und hieb mit einer Pfote nach dem Airedale, der gerade noch rechtzeitig zurückweichen konnte. Nun meldeten sich allerdings auch Freddys fehlgeleitete Instinkte und ließen ihn kläffend vor Sam und Jona Stellung beziehen.

»Jetzt reicht's!«, rief Jona aufgebracht. »Wenn ihr euch unbedingt beharken wollt, dann macht das gefälligst draußen!« Damit stiefelte sie zur Terrassentür, öffnete sie und scheuchte Alastair und ihn hinaus.

DAUMENSCHRAUBEN

Jona

»IDIOTISCHE BIESTER«, ENTFUHR ES MIR GENERVT.

»Seit wann hast du eine Katze?«, erkundigte sich Sam, als gäbe es keine wichtigeren Dinge, die er mit mir besprechen sollte.

»Das ist Grannys Kater Alastair. Irgendjemand muss sich ja um den armen Kerl kümmern«, brummte ich, wobei die Bezeichnung »armer Kerl« das majestätische Tier vermutlich als Beleidigung auffassen würde. Aber der saß ja momentan auf der Terrasse, weshalb ich auf seine Befindlichkeiten gerade keine Rücksicht nehmen musste.

Aus den Augenwinkeln nahm ich wahr, wie Freddy wild kläffend durch den Garten sprang und mir vermutlich gleich empörte Nachbarn auf den Hals hetzen würde.

»Was hast du gesagt?«, wandte ich mich dann wieder an

meinen Besucher, der irgendetwas vor sich hingemurmelt hatte.

»Ich sagte, dass Freddy wohl nicht so begeistert über den neuen Mitbewohner sein dürfte.« Sam lachte jovial.

Bei den Worten »begeistert« und »Mitbewohner« fiel mir wieder meine eigene geisterhafte Mitbewohnerin im Handy ein, der vorhin der Saft ausgegangen war.

»Magst du etwas trinken?«, erkundigte ich mich – höflicher als mir eigentlich zumute war – bei Sam.

»Vielleicht auch einen Brandy?« Er schielte zu meinem halbgefüllten Glas auf dem Wohnzimmertisch und der noch gut gefüllten Flasche daneben. »Ein Wasser tut es aber auch«, beeilte er sich hinzuzufügen.

Ich schnappte mir mein totes Handy und ging in die Küche, wo ich es rasch ans Ladegerät hängte und ein Glas aus dem Schrank holte. Zurück im Wohnzimmer goss ich meinem Besucher eine großzügige Portion ein und bedeutete ihm, Platz zu nehmen.

»Jona ...«, begann er, doch offensichtlich hatte er keine Ahnung, wie er weitersprechen sollte. Also nahm er das Glas und trank einen Schluck. »Feiner Tropfen«, lobte er genießerisch.

Ich verschränkte die Arme und fixierte Sam mit meinem durchdringendsten Reporterblick. »So, jetzt raus mit der Sprache. Was hast du mit dieser ganzen Sache zu tun?«

Sam seufzte und ließ sich tiefer in meine Kissen sinken. »Es ist kompliziert.«

»Ernsthaft?«, blaffte ich ihn an. »Gestern wurden zwei Menschen umgebracht und du willst mich mit der idiotischsten Floskel der Menschheitsgeschichte abspeisen? Obwohl du mehr als nur knöcheltief in der Sache drinsteckst?«

»Das Gleiche könnte man auch von dir behaupten«, spielte er den Ball zurück.

»Nur mit dem Unterschied, dass es mir um Aufklärung geht, während du ...« Nun ließ ich den Satz austrudeln, um ihn aus der Reserve zu locken.

»Aufklärung?« Er lachte bitter. »Du sprichst von deinem reißerischen Artikel. Bist du eigentlich zu retten, solche Dinge zu behaupten? Das diskreditiert nicht nur einige Menschen in unserer Stadt, sondern bringt auch dich in Gefahr.«

»Wärst du in der Redaktion gewesen, hätten wir darüber sprechen können«, erwiderte ich kühl. »Was macht eigentlich dein Zahn?«

»Mein Zahn?« Er sah mich vollkommen irritiert an.

»Ja, die entsetzlichen Schmerzen, weshalb du heute zu einem stundenlangen Notfall-Termin nach St. Austell fahren musstest.« Mein Lächeln war genauso falsch wie die Schote, die mir Sams Frau vorhin aufgebunden hatte. »Moira war ja so besorgt.«

»Oh ... Scheiße.« Er fuhr sich durch sein schütteres Haar.

»Dann weißt du es also nicht von deiner Frau, dass ich dich gesucht habe?«, bohrte ich weiter und tippte mir dann auf die Unterlippe. »Wer könnte es sonst sein? Irgendein gemeinsamer Bekannter? Jemand aus deinem Herren-Verein vielleicht?«

»Frederic hat mich angerufen«, gab er tonlos zu. »Und Jenny. Sie hat mich auch auf deinen Artikel aufmerksam gemacht.«

»Deine Sekretärin hat wirklich mehr verdient als eine Tüte Fudge«, murmelte ich, während im Hinterstübchen schon die Zahnräder ratterten. Frederic konnte wohl kaum jemand anderer sein als der Handschuh-Mann. Und dass der von meinem Besuch in seinem Laden aufgeschreckt war, konnte ich ihm nicht einmal verübeln.

»Ja, Jenny ist die Beste.«

»Zurück zum eigentlichen Thema. Dem Komplizierten«, erinnerte ich ihn. »Ich glaube nicht, dass du ein Mörder bist, Sam. Aber ich bin mir sicher, du steckst verdammt tief im Schlamassel mit drin. Also raus mit der Sprache!« Kurz schoss mir durch den Kopf, dass er versuchen könnte, auch mich mundtot zu machen, doch ich war mir wirklich sicher, dass Sam nicht gewalttätig war. Allerdings wäre mir jetzt doch wohler, wenn die Tiere wieder hier wären. Ich sah in den Garten, dort war von den beiden nichts mehr zu sehen.

»Es tut mir leid, Jona. Ich schulde dir vielleicht wirklich eine Erklärung«, sagte Sam schließlich und trank noch einen Schluck.

»Ja, das tust du.« Ich fixierte ihn aufmerksam. »Also, ich höre?«

»Es fing alles vor ein paar Wochen an, bei einem Treffen unseres Gentlemen's Clubs«, begann Sam zögernd. »Ronald de Montfort, Frederic Eden und ich hatten schon einige Brandys intus, als das Gespräch irgendwie auf das Hexenwesen in Cornwall kam.«

Ich hob eine Augenbraue. »Interessantes Thema für einen Herrenclub.«

Sam zuckte mit den Schultern. »Ronald erzählte von einem ›Phantastischen Salon‹, den seine Eltern mal veranstaltet hatten. Eine echte ›wicce‹ war wohl eingeladen. Ich hatte gerade für mein Buch über ›cornish wicces‹ recherchiert und erwähnte, dass Grannys Mutter das gewesen sein könnte. Ronald fragte nach, so als ob er noch nie etwas von Guineveres und letztendlich Grannys Fudge-Manufaktur gehört hätte. Kannst du dir das vorstellen? Ich mein, er wohnt hier in der Gegend seit seiner Geburt und hat noch nie …«

»Sam!«, unterbrach ich ihn. »Zum Thema.«

»Ja … natürlich. Ich … es …«

»Fang jetzt nicht wieder mit ›kompliziert‹ an.«

Sam ließ den Kopf hängen und murmelte: »Und ich hab's ihm erklärt … also, dass Guinevere Smith vor ihrer Heirat Byrne hieß. Da hat Frederic Ronald gefragt, ob nicht in früheren Zeiten mal eine Gwen Byrne bei seiner Familie als Dienstmädchen gearbeitet hatte und wegen ›dieser haarsträubenden Geschichte‹ rausgeflogen war. Ronald hat nur genickt, dabei aber ein Glänzen in den Augen gehabt, wie ein Kind, das erfahren hat, dass Weihnachten nun jeden Monat stattfindet.« Sam stöhnte und leerte sein Glas.

Ich wusste nicht, was ich bemerkenswerter fand: dass durch Sams Adern offensichtlich doch noch journalistische Neugier pulsierte oder dass er ein Buch über kornische Hexen schrieb. Doch diese Überlegungen hatten Zeit für später. Außerdem merkte ich, wie sich die Puzzleteile in meinem Kopf zusammenfügten. »Du hast also unbewusst die Verbindung zwischen diesem bewussten Dienstmädchen und Granny Smith hergestellt. Und wenn ich den Begriff ›haarsträubende Geschichte‹ richtig interpretiere, dann also auch zu dem Fluch, unter dem Ronalds Familie zu leiden hat.«

Sams Kopf fuhr hoch. »Du weißt davon? Aber das … er hat doch nie …«

»Lenk jetzt nicht ab!«, fuhr ich dazwischen. Ich hatte keine Lust, ihm die Umstände zu erklären, unter denen ich von diesem Fluch erfahren hatte. Ganz zu schweigen davon, dass ich tatsächlich wusste, wie er lautete.

Sam nickte betreten. »Ich hatte keine Ahnung, was ich

damit auslösen würde. Als Granny dann starb … Ich fürchtete, indirekt dafür verantwortlich zu sein.«

»*Starb* ist vielleicht ein wenig harmlos formuliert für einen hinterhältigen Mord.« Ich funkelte ihn an. »Aber dein schlechtes Gewissen – übrigens sehr berechtigt, wenn ich mir die Bemerkung erlauben darf –, erklärt trotzdem nicht vollständig dein seltsames Verhalten«, murmelte ich. »Warum warst du letzte Nacht in Grannys Cottage?«

Sam schloss mit einem gequälten Gesichtsausdruck die Augen. »Ich hatte die Befürchtung, dass Ronald jemanden schickt, der …« Nun schlug er beide Hände vors Gesicht.

»Der nach einem Gegenfluch Ausschau hält?«, half ich ihm auf die Sprünge.

Sam nickte. »Und so war's ja auch.«

»Du bist doch mit diesem Jemand zusammengestoßen«, hakte ich nach. »Weißt du auch, wer es war?«

Nun schüttelte er langsam den Kopf. »Es war dunkel und ging viel zu schnell.«

»Ich glaub dir kein Wort.«

»Du musst mir glauben!«, beharrte er. »Diese Leute sind zu allem bereit und es könnte sein, dass er Ro …, dass jemand … oh Jona, du musst unbedingt vorsichtig sein! Ich habe Angst, dass du dich weiter in Gefahr bringst.«

Ich schnaubte. »Lass das mal meine Sache sein.«

»Wenn du irgendwas über den Fluch herausgefunden hast, dann …« Sein Blick fiel auf die Manuskriptblätter auf dem Couchtisch. Blöd war er ja nicht, der gute Sam. Also beschloss ich, ihm zumindest einen kleinen Informationsbrocken hinzuwerfen. Man konnte ja nie wissen.

»Bisher habe ich erst den Fluch gefunden, aber nicht das Gegenmittel«, sagte ich rasch und schob die Papiere zusammen.

»Falls du den Gegenfluch findest«, sagte er langsam und schien nachzudenken. »Dann kannst du mich gerne als Mittelsmann nutzen. Dann wird dir nichts geschehen.« Er sah mich eindringlich an und schien es sogar ernsthaft zu glauben.

Hatte er sie noch alle? Er war es, der Granny ins Visier dieser grässlichen Familie geschoben hatte. Ob absichtlich oder nicht, war es seine Information gewesen, die zum Tod zweier Menschen geführt hatte. Und jetzt bot er sich quasi als rettender Held für mich an? Vordergründig, um mich zu schützen, aber letztendlich, damit die de Montforts bekamen, was sie wollten. Unfassbar!

»Ich glaube, du solltest jetzt ganz dringend gehen«, entgegnete ich eisig. »Deine Frau ist bestimmt schon krank vor Sorge.«

»Jona …«

»Falls ich einen Gegenfluch finde, werde ich mir überlegen, was ich damit anstelle. Aber ganz sicher werde ich nicht mithelfen, dadurch die Aufklärung zweier Morde zu vertuschen!« Ich stand auf und sah meinen Chef auffordernd an.

»So habe ich das auch nicht gemeint, es ist nur …«

»Ich glaube, du hast schon eindeutig zu viel gesagt, getan und gemeint. Tu uns beiden einen Gefallen und lass mich jetzt in Ruhe.«

Es dauerte ein paar Sekunden, dann stand auch Sam auf und verließ mit schwerfälligen Schritten wie ein geprügelter Hund mein Haus. Als die Tür hinter ihm ins Schloss fiel, hastete ich in die Küche und schaltete mein Handy wieder ein. Ich musste jetzt ganz dringend dieses Kompendium an mich bringen und dafür brauchte ich Granny und idealerweise auch tierischen Beistand.

MAGIE!

Freddy

Für Freddy war das alles ein lustiges Spiel und er tobte wie aufgezogen durch den Garten. Es dauerte ein wenig, bis ihm klar wurde, dass erstens Alastair nicht mitspielte und zweitens Jona sie allen Ernstes ausgesperrt hatte. Schlagartig verrauchte die Hitze in ihm und er warf einen fragenden Blick auf den Kater, der jedoch völlig konsterniert dreinblickte.

»Die haben …«, begann Freddy knurrend.

»Nichts verstanden«, ergänzte Alastair und begann hektisch, sich zu putzen.

»Oh, cool. Wir beenden schon gegenseitig unsere Sätze«, freute sich der Airedale. »Das wird …«

»Wage es nicht, diese Idee weiterzuverfolgen«, zischte der Mehrkater. »Auch wenn die Menschen wieder einmal keine Ahnung davon haben, was gerade geschehen ist, so hat dies doch zu der wenig wünschenswerten Tatsache geführt, dass wir nicht mehr ihrem Gespräch lauschen können.«

»Wäre bestimmt eh langweilig«, murrte Freddy.

»Und aus irgendeinem Grund bekomme ich im Moment auch keinen Kontakt zu Granny. Wahrscheinlich ist erneut dieses Telefon von Jona daran schuld.«

»Und was machen wir jetzt?«

Alastair warf Freddy einen abschätzigen Blick zu. »Hier weiter herumzusitzen, wäre sicherlich langweilig, um ausnahmsweise einmal deine Worte zu zitieren.«

»Hm, wie wäre es dann, wenn wir wieder zu Grannys Haus gehen und nachsehen, was mit diesem Kom …Dings ihrer Mutter ist?«

Der Mehrkater nieste. »Das ist … ausnahmsweise einmal gar keine so schlechte Idee.«

Freddy erhob sich grinsend und machte sich auf den Weg – gefolgt von Alastair.

Als sie am Cottage angekommen waren, bedeutete der Kater ihm, an der Terrassentür zu warten. Dann kletterte er flink an einem der Bäume daneben hoch und verschwand aus Freddys Sichtfeld. Kurze Zeit später konnte er ihn durch die Glaseinsätze der Tür in der Küche ausmachen, wie er Anlauf nahm und sie mit einem – durchaus gekonnten – Sprung öffnete, um Freddy hereinzulassen.

»Cooler Stunt, Al …astair.«

Der Kater nickte Freddy huldvoll zu. »In der Tat. Und damit du nun auch in den Genuss kommst, Gwens Kompendium anzuschauen, werde ich noch einen weiteren folgen lassen.« Alastair wandte sich um, sprang zuerst auf einen Stuhl, von dort auf den Tisch und hinüber zum Küchenschrank. Dort kletterte er behände empor, bis er in der Lücke zwischen Schrank und Zimmerdecke verschwand, wo die Ecke eines dunklen Gegenstands ein Stück herausragte.

Eine Weile lang konnte Freddy nur schabende Geräusche und das Knurren des Katers hören, während der Gegenstand sich hin und her bewegte. Dann kippte er mit einem Mal über die Kante des Schranks und verfehlte den interessiert nähergetretenen Airedale nur knapp, als er klatschend auf den Küchenfliesen landete.

»Voilà«, bemerkte Alastair und sprang direkt daneben zu Boden.

»Toll. Und jetzt?« Freddy blickte vom Kater wieder zurück zu dem Buch, das mit der Titelseite nach oben zu seinen Füßen lag.

»Jetzt, mein junger Freund, werde ich dich in ein Mysterium einführen, das bisher vermutlich keinem deiner Artgenossen zuteilwurde. Magie.«

Freddy legte seinen Kopf schräg. »Wasndas?«

»Achte genau auf dieses Buch.«

»Ja.«

»Und jetzt sieh, was geschieht, wenn ich dies hier tue.« Der Mehrkater legte seine rechte Pfote auf den Einband und schon änderte sie sich vollkommen. Statt rot war das Buch nun blau und mit goldenen Sternen verziert.

»Ja.«

»Wie, ja?«

»Ein rotes Buch mit Menschenzeichen, die ich nicht lesen kann, hat sich in ein blaues Buch mit Menschenzeichen, die ich nicht lesen kann, verwandelt. Aber die Sterne sind hübsch.«

Ein Greinen entfuhr dem Kater. »Ignorant. Immerhin habe ich soeben für dich den Schutzzauber gebrochen, durch den dieses Buch für jedes nichtmagische Wesen einfach nur wie ein altes Kochbuch wirkt, weil ich es in deiner Gegenwart berührt habe.«

»Hm, aber für mich bringt das leider nix. Kannst du die Zeichen denn lesen?«

»Das ist doch gar nicht der Punkt.«

»Also kannst du es auch nicht.«

Anstatt eine Antwort zu geben, begann Alastair damit, sich intensiv das Fell an der von Freddy abgewandten Flanke zu putzen.

»Hab ich's mir doch gedacht«, erscholl hinter ihnen eine Stimme, die sie zusammenzucken ließ.

Dort stand Jona mit einem zufrieden wirkenden Lächeln. »Und ihr beide habt also die Zeit genutzt, um das Kompendium zu sichern. Gut gemacht.« Sie griff nach dem Buch, doch schon während sie es tat, bildeten sich Falten auf ihrer Stirn. »Doch nur ein Kochbuch?«

»Nein, das ist ein Zauberbuch«, bemerkte Freddy schwanzwedelnd. »Das kann ich sehen, weil … ach ja, du verstehst mich ja gar nicht.« Er gab ein ernüchtertes Wuffen von sich und ließ sich auf den Küchenboden sinken.

PLANUNGSKOMMISSION

Granny

»Nein, Liebes«, warf Granny ein. Sie wirkte noch ein wenig verwirrt nach der abrupten Zeit im digitalen Grab, der dann ebenso plötzlich wieder hektisches Durcheinander gefolgt war. Sie hatte wohl einiges verpasst, aber es war klar, dass Jona mit ihr ins Cottage geeilt war, wo sie die Tiere vermutet hatte. »Es ist magisch geschützt. Du musst dabei zusehen, wie Alastair es für dich durch eine Berührung mit seiner Pfote entzaubert.«

Die Stirn der Reporterin glättete sich wieder. Sie hockte sich zu Freddy und kraulte ihn hinter den Ohren. »Ach, verstehe. Alastair, wärst du so freundlich, deines Amtes als magische Kreatur zu walten?«

Huldvoll legte der Mehrkater seine Pfote auf den Einband des Buches, das Jona ihm hinhielt. Als er das tat, sog sie scharf die Luft ein, ließ diese dann aber mit einem leicht unsicheren Kichern wieder ausströmen. »Wahnsinn.«

»Nein, Magie, meine Liebe. Jetzt solltest du in der Lage sein, auch den gesamten Inhalt zu lesen. Damit könntest du mir vielleicht auch Möglichkeiten aufzeigen, die mein Dasein als Astralkörper etwas leichter gestalten. Aber dazu gehen wir besser wieder zurück zu dir.«

Jona nickte und erhob sich mit dem Buch in der Hand. »Okay, das ist mir ganz recht. Muss ich das Buch für alle Fälle verstecken oder sieht jeder außer uns darin immer noch ein Kochbuch?«

»Ich sehe, du beginnst die Wege der magischen Welt zu verstehen«, gab Granny mit einem zufriedenen Seufzen zurück. »Ja, in der Tat sieht jeder andere Mensch nur das alte Kochbuch.«

»Na gut. Dann hauen wir ab.« Jona griff in ihre Jackentasche und warf Freddy und Alastair jeweils ein Leckerli zu. Nachdem sie sogar herausgefunden hatten, dass Grannys Kassenbuch der Bridge-Runden nicht mehr in der Küche lag und so vermuten konnten, dass der Einbrecher dieses unter dem Arm gehabt hatte, verließ Jona zusammen mit den Tieren Grannys Cottage und schloss die Tür, bevor sie alle zurück in ihr eigenes Häuschen gingen.

»So«, befand Granny, als sie wieder in Jonas Küche waren, wo die Reporterin zuerst den beiden Tieren eine Kleinigkeit hinstellte und sich dann selbst ein Brot schmierte. »Jetzt, wo wir wieder unter uns sind, kannst du mir endlich erzählen, was passiert ist, während ich … wie sagt ihr jungen Leute noch … ach ja, offline war.«

»Also nicht mehr im Grab?« Jona hob eine Braue. »Sorry, aber deine Anwesenheit bringt meinen Akku viel schneller als sonst an seine Grenzen.« Sie biss von ihrem Käsebrot ab und legte das Telefon wieder so hin, dass sie sich gegenseitig sehen konnten. »Na ja«, bemerkte sie kauend. »Was hast du noch mitbekommen? Das Klopfen an der Tür?«

»Doch. Das war exakt das Letzte, was ich mitbekommen habe.«

»Gut. Also das war Sam. Und er hat mir … ein paar Sachen erzählt, bevor ich ihn wieder hinauskomplimentiert habe.«

»Was hat er denn gesagt?«

»Zuerst hat er mich für verrückt erklärt, dass ich diesen Artikel veröffentlicht habe. Er befürchtet, dass ich damit den Täter unnötig reizen könnte.«

»Ha, dass ich nicht lache! Das ist doch schon längst geschehen.«

Jona gab ein Brummen von sich. »Ja, aber das wollte ich nicht so vertiefen. Ich wollte wissen, warum er sich so verdächtig verhält.«

»Hatte er eine Erklärung dafür?«

»Das kann man wohl sagen.« Jona kaute am nächsten Bissen und Granny merkte, wie sie ungeduldig wurde.

»Hat das nicht ein bisschen Zeit, Liebes?«

»Was?«

»Dein Abendessen. Es geht hier um … Leben und Tod!«

»Ja, um mein Leben, konkret«, schmatzte Jona und schluckte dann runter. »Du hast ja deines schon hinter dir.«

»Kein Grund, schnippisch zu werden«, tadelte Granny.

»Ich bin nicht schnippisch, nur hungrig. Aber schön. Er hat mir einiges erzählt.« Sie schob den Teller weg und atmete tief durch, ehe sie fortfuhr: »Er ist tatsächlich in so einem Gentleman's Club zusammen mit Frederic Eden und Ronald de Monfort. Und irgendwann vor ein paar Wochen ist ihr Gespräch wohl zu vorgerückter Stunde und mit genügend

Brandy intus auf das Hexenwesen in Cornwall gekommen. Da hat Ronald die Veranstaltung erwähnt, bei der eine echte ›wicce‹ geladen war. Sam, der erstaunlicherweise gerade an einem Buch über das Hexenwesen in Cornwall schreibt, ist dabei auf deine Mutter gekommen. Irgendwie hat der alte Fuchs nämlich herausgefunden, dass deine Mutter Guinevere bis zu ihrer Heirat mit Gerald Smith den Namen Byrne trug und sogar in ihrer Jugend einmal auf Lanpelyn beschäftigt gewesen war. Und Frederic hat auch noch etwas ergänzt, das zeigt, dass Ronald seinem engsten Kreis gegenüber den Fluch erwähnt hat.«

Bei den Worten der Reporterin hatte Granny – selbst als astrale Existenz und obwohl sie sich innerhalb von Jonas Handy befand – das Gefühl, ein Kübel Eiswasser wäre über ihr ausgeschüttet worden. Unwillkürlich gab sie ein Keuchen von sich.

»Ich sehe, dass du die gleichen Schlüsse daraus ziehst wie auch ich«, sagte Jona.

Granny antwortete mit dünner Stimme: »Dann hat Sam also unbewusst für Ronald die Verbindung zwischen dem Fluch, der ihn heimsucht, und meiner Mutter hergestellt. Und damit auch zu mir.«

»Genau. Und dafür gibt er sich auch die Schuld. Trotzdem verstehe ich eine Sache immer noch nicht«, sinnierte die Reporterin.

»Was denn?«

»Na, warum Ronalds Eltern nicht schon damals bei diesem Salon aufgefallen ist, wer diese ›wicce‹, die sie eingeladen hatten, war?«

»Hmmm.« Granny überlegte hin und her, ging in Gedanken durch, was sie über ihre Mutter und den Abend damals noch in ihre Erinnerung rufen konnte. Plötzlich stand ihr alles glasklar vor dem inneren Auge. »Natürlich«, rief sie unvermittelt und ließ Jona zusammenzucken. »Als Kind und sicher auch noch als junge Frau hatte sie ihren Namen Guinevere nie leiden können. Der klang ihr zu sehr nach König Arthur. Also war sie Gwen. Gwen Byrne. Und auf alten Fotos hatte sie auch noch nichts von der formidablen Ausstrahlung, die sie entwickelte, als sie meinen Vater kennenlernte. Vielleicht war er es sogar, der in ihr das alte keltische Erbe erkannte und sie letztendlich tiefer in die magischen Kreise einführte? Ich hab ihn leider nie richtig gekannt – er starb, als ich noch klein war.«

»Also neben dem anderen Namen auch ein verändertes Aussehen«, sinnierte Jona. »Das kann gereicht haben.«

»Und vergiss nicht, dass zwischen dem Rauswurf meiner Mutter aus Lanpelyn und ihrer Rückkehr als geladener Gast etliche Jahre gelegen haben.« Granny lachte auf. »Ach ja, wie gut ich mir vorstellen kann, mit welcher Genugtuung Mutter diese Einladung angenommen haben wird.«

Jona konnte es nicht verhindern, dass sich ein Grinsen auf ihrem Gesicht ausbreitete. »Absolut. Und was machen wir jetzt daraus?«

»Wir schauen ins Kompendium, denn ich habe einen Plan.«

SCHLÜSSELLOCHOPERATION

Jona

Ich blätterte fieberhaft durch das Kompendium, während Granny mir aus dem Handy Anweisungen gab. Freddy und Alastair lagen einträchtig nebeneinander im Küchenhundebett und beobachteten uns aufmerksam. Zumindest Alastair, von Freddy war bereits leises Schnarchen zu hören.

»Dort! Das muss es sein!«, rief Granny plötzlich.

Ich hielt inne und betrachtete die aufgeschlagene Seite. In verschnörkelter Handschrift stand dort »Grimoire der Byrne-Frauen«. Darunter folgten mehrere Seiten mit Zaubersprüchen und Flüchen. Ich schluckte, denn das war nach dem ganzen Irrsinn der letzten Stunden irgendwie noch einmal eine Eskalationsstufe mehr. Das war echte und wahrhaftige Magie, etwas, das ich vor nicht einmal achtundvierzig Stunden für vollkommen abwegig gehalten hätte.

»Such nach einem Eintrag über einen Familienfluch«, wies Granny mich an.

Ich überflog die Seiten, bis ich fündig wurde. »Hier steht etwas von einem ›Fluch der unfruchtbaren Linie‹«, sagte ich.

»Das muss er sein! Vergleich ihn mit dem Text im Manuskript, aber lies ihn nicht laut – wir wissen ja, was dabei vorhin passiert ist.«

Ich holte das Manuskript aus dem Wohnzimmer und wunderte mich fast, dass Sam meine kurze Abwesenheit nicht für einen Einbruch genutzt hatte, um es an sich zu bringen. Wem würde letztlich seine Loyalität gehören – mir oder seinen verfluchten Männerfreunden?

Ich verglich die Stellen – sie waren identisch:

Gar mächtig sei der Fluch von mir.
Kein männlich Spross gegeben dir,
des Same stark,
des Stamm viril,
des Sinn wär rein,
noch hehr sein Ziel.
Wird komm'n die Zeit und du sollst sehn:
Dein Name wird zu Staub vergehn!

Wie schon am Nachmittag lief mir ein kalter Schauer über den Rücken. »Gruselig«, murmelte ich.

»Ich weiß, aber es ist ein gutes Zeichen, dass die Worte identisch sind. Jetzt sieh nach, ob es auch einen Spruch zur Aufhebung gibt«, drängte Granny.

Ich blätterte weiter und wurde tatsächlich fündig. »Hier

ist etwas … aber es sieht aus wie der gleiche Text, nur rückwärts?«

»Natürlich!«, rief Granny aufgeregt. »Die Umkehrung des Fluches. Schreib ihn exakt so ab, wie er dort steht. Jede Abweichung könnte fatale Folgen haben.«

Gerade als ich zu schreiben begann, klingelte mein Handy. Ich zuckte zusammen und sah auf das Display. »PC Williams«, sagte ich zu Granny.

»Geh ran, aber sei vorsichtig, was du sagst«, riet sie mir.

Ich nahm das Gespräch an. »Hallo?«

»Ms Gold? Hier spricht PC Kate Williams. Ich hätte ein paar Fragen zu Ihrem Artikel …«

Die nächsten Minuten versuchte die Polizistin, mir Informationen über meine Quellen und Beweggründe zu entlocken. Ich blieb vage, wohl wissend, dass ich ihr kaum etwas von meinen tatsächlichen Ermittlungen erzählen konnte, ohne für verrückt gehalten zu werden.

»Tut mir leid, aber ich kann meine Quellen nicht preisgeben«, sagte ich schließlich. »Journalistisches Privileg, Sie verstehen.«

PC Williams seufzte. »In Ordnung. Aber seien Sie vorsichtig, Ms Gold. Diese Sache könnte gefährlicher sein, als Sie denken.«

»Sag mir was Neues«, murmelte ich, nachdem ich aufgelegt hatte, und wandte mich wieder dem Kompendium zu. »So, wo waren wir?«

»Der Umkehrzauber«, erinnerte mich Granny.

Ich schrieb den Text sorgfältig ab:

»Vergehn Staub zu wird Name dein
Sehn sollst du und Zeit die komm'n wird
Ziel sein hehr noch

rein wär Sinn des
viril Stamm des
stark Same des
dir gegeben Spross männlich kein
Mir von Fluch der sei mächtig gar«

»Perfekt«, lobte Granny. »Damit haben wir den Schlüssel.«

Ich lehnte mich zurück und rieb mir die Augen. »Und was machen wir jetzt damit?«

»Wir nutzen es als Köder«, erklärte Granny. »Um den Täter zu einem Geständnis zu bewegen.«

»Aber wie?« In meinem Kopf ratterte es. Wie konnte ich Roderick Trelawne ködern? Diese unangenehme Witzfigur von einem Mann? Schon als Kind und Jugendliche hatte ich tunlichst großen Abstand zu ihm gehalten, weil er zu hinterhältigem Verhalten und plötzlichen Wutausbrüchen neigte.

»Wir lassen durchsickern, dass wir den Gegenfluch gefunden haben. Er wird nicht widerstehen können.«

Ein Plan formte sich in meinem Kopf. »Ich könnte ein anonymes Treffen vorschlagen. An einem öffentlichen Ort, wo ich mich sicher fühle.«

»Gute Idee«, stimmte Granny zu. »Aber sei vorsichtig. Er ist zu allem fähig.«

»Das hätten wir ja wohl längst geklärt«, entgegnete ich sarkastisch. »Ich werde das Gespräch aufzeichnen«, sagte ich. »Und drohen, den Fluch zu zerstören, falls er etwas versucht.«

Granny schwieg einen Moment. »Es könnte funktionieren. Aber wir brauchen einen Notfallplan.«

Ich dachte nach. »Ich könnte PC Williams Nummer als Kurzwahl speichern. Für den Fall, dass etwas schief geht.«

»Clever«, lobte Granny. »Jetzt müssen wir nur noch den Köder auslegen. Für morgen Nachmittag, damit wir noch ein bisschen mehr Zeit zum Planen haben.«

Ich griff nach meinem Laptop und öffnete mein anonymes E-Mail-Konto. Dann suchte ich im Netz nach seiner Mailadresse und konnte nicht anders als angewidert den Kopf zu schütteln, als ich sie fand. Mit pochendem Herzen tippte ich schließlich:

An long.rod@super-f.uk: Ich weiß von dem Fluch. Und ich habe den Schlüssel zu seiner Aufhebung gefunden. Treffen Sie mich morgen um 15 Uhr am Town Quay. Kommen Sie allein. Eine Freundin

Mein Finger schwebte über der Senden-Taste.

»Tu es«, ermutigte mich Granny. Doch ich zögerte.

»Ich weiß nicht. Bis morgen Nachmittag ist noch verdammt viel Zeit. Was, wenn Sam seinem Buddy Ronald einen Tipp gibt, dass ich mehr wissen könnte? Was, wenn der seinen Neffen noch heute Nacht auf mich hetzt? Und überhaupt ist das zu viel Zeit für den Feind, sich vorzubereiten. Mal abgesehen davon, dass morgen Nachmittag auch zu viele Leute an der Anlegestelle sein werden. Wenn Roderick durchdreht, geraten am Ende noch mehr Menschen in Gefahr.« Ich schüttelte den Kopf, plötzlich gar nicht mehr überzeugt von unserem Plan. Ich wollte nicht noch länger warten. Wollte, dass der Horrortrip möglichst bald ein Ende hatte.

»Das sind Argumente, die nicht von der Hand zu weisen sind«, gab Granny zu. »Allerdings möchte ich auch zu bedenken geben, dass Tageslicht und mehr Menschen auch einen gewissen Schutz bieten könnten.«

»Nein, das ist mir zu riskant. Ich will das heute noch erledigen!«

»Aber …«

Ich ignorierte Grannys Einwand und änderte meine Mail folgendermaßen ab:

> An long.rod@super-f.uk: Ich weiß von dem Fluch. Und ich habe den Schlüssel zu seiner Aufhebung gefunden. Treffen Sie mich heute Abend um 21 Uhr am Leuchtturm. Kommen Sie allein. Eine Freundin

Ich atmete tief durch und klickte auf Senden. Die Nachricht verschwand im digitalen Äther.

»Und jetzt?«, fragte ich und fragte mich dabei selbst, warum ich das fragte. Immerhin war es ja meine eigene Idee gewesen, mich mit einem vermutlichen mehrfachen Mörder an einem Ort zu treffen, der um diese Zeit ziemlich einsam sein würde. Und dunkel.

»Jetzt warten wir«, antwortete Granny. »Und bereiten uns vor.«

Ich nickte. In nicht einmal drei Stunden würde sich alles entscheiden.

ALL-IN

Jona

Mit klopfendem Herzen näherte ich mich dem Treffpunkt. Es war bereits stockdunkel und ein kühler Wind pfiff vom Fluss herein. Ich zog meinen Mantel enger um mich und tastete nach dem Zettel mit dem abgeschriebenen Gegenfluch in meiner Tasche.

»Sei vorsichtig«, mahnte mich Grannys Stimme in meinen Kopfhörern.

Ich biss die Zähne aufeinander. Erstens klapperten sie vor Nervosität und Kälte, zweitens musste ich mir mit aller Macht einen schnippischen Kommentar verkneifen. Was ich jetzt nämlich wirklich gar nicht mehr brauchen konnte, war die x-te Warnung.

Vorhin hatte ich noch Kate Williams zurückgerufen und sehr kryptische Andeutungen gemacht. Ich hatte ihr keine Details geben können und wollen – wie auch? –, doch ich hoffte, dass sie nun besorgt oder neugierig genug war, um für diskrete Polizeipräsenz zu sorgen, die notfalls eingreifen konnte.

Wenn ich mich hier allerdings umschaute, dann kamen mir arge Zweifel daran, dass dies überhaupt möglich war. Warum hatte ich mich ausgerechnet für einen Ort entschieden, der nur über eine gut einsehbare schmale Straße erreichbar war, die recht steil von der Esplanade hinunter zum Wasser führte?

Freddy lief mit erhobener Rute und witternder Schnauze neben mir her, während Alastair uns in einigem Abstand folgte. Granny und ich hatten kurz darüber diskutiert, ob wir sie zu Hause lassen sollten, uns dann aber dagegen entschieden, auch wenn Freddy jederzeit zu unberechenbaren Manövern in die eine oder die andere Richtung fähig war. Trotzdem war ich froh, die beiden an meiner Seite zu wissen. Irgendwie fühlte ich mich mit ihnen ein bisschen sicherer.

Am Leuchtturm angekommen – einer eher unspektakulär aussehenden roten Metalltonne, die auf einer stählernen Säule montiert war – sah ich mich um und bemerkte einen weiteren Fehler in meiner Wahl des Treffpunkts. Es gab hier gefühlt Hunderte an Möglichkeiten, sich zu verstecken, um mich zu überraschen. Nach links ging es Stufen hinunter zum steinernen Pier der Fähre nach Mevagissey, der nur von ein paar funzeligen Lämpchen mehr schlecht als recht beleuchtet wurde. Rechts führte ein in die Klippe gehauener Weg zu einem Aussichtshäuschen aus alten Zeiten, das mich mit seinen leeren Fensterhöhlen anzustarren schien und mir weitere Schauer über den Rücken jagte.

In diesem Augenblick trat eine Gestalt aus den Schatten ebendiesen Häuschens und ich griff nach meinem Handy, um die Aufnahmefunktion zu aktivieren. Als ich genauer hinschaute, erkannte ich tatsächlich Roderick im schwachen Licht, das die erleuchteten Fenster des Harbour-Hotels weiter oben in die Nacht warfen. Ich kannte ihn nicht besonders gut, war ihm aber schon mehrmals auf irgendwelchen Veranstaltungen begegnet.

»Sieh an, sieh an – die Reporterin. Dachte ich mir doch, dass Sie dahinterstecken«, sagte er blasiert.

»Natürlich, sonst hätten Sie mir heute Nachmittag ja wohl kaum einen Besuch abgestattet. Hatten Sie Angst vor Hamish?«, entgegnete ich mit einem süßlichen Lächeln, obwohl ich so nervös war, dass ich ihm am liebsten vor die Füße gekotzt hätte.

»Vor der Mieze?« Er lachte verächtlich und deutete auf Alastair, der bereits wieder sein Fell sträubte.

»Nein, der Kater heiß Alastair. Ich meinte meinen fluchenden Saugroboter, der übrigens ganz wunderbare Filmaufnahmen macht«, flunkerte ich, denn natürlich war nicht wirklich viel von ihm zu erkennen gewesen. Doch das musste er ja nicht wissen.

Er verzog sein Gesicht und schien einen Moment zu brauchen, um sich wieder zu sammeln. »Sie haben also den Gegenfluch?«, fragte er, ohne auf meine implizite Drohung einzugehen, doch ich sah, wie seine Kiefer mahlten. Ganz so cool war also auch er nicht.

Ich nickte. »Und Sie geben zu, dass Sie Granny und Alfie umgebracht haben?«

Ein humorloses Lächeln huschte über sein Gesicht und er kam langsam näher. »Seien Sie nicht albern und geben mir den Fluch.«

»Erst will ich die Wahrheit wissen«, entgegnete ich. »Warum Granny und Alfie?«

Roderick seufzte entnervt. Es war sonnenklar, dass es

nicht so lief, wie er es sich vorgestellt hatte. »Es war nicht persönlich. Sie standen einfach im Weg.«

Hatte er soeben tatsächlich zwei Morde gestanden? Und reichte diese Aussage vor Gericht? Ich hoffte, dass ich die Aufnahmefunktion wirklich aktiviert hatte, traute mich aber nicht, mein Handy anzuschauen und es zu überprüfen. Ich brauchte jetzt dringend eine klare Aussage von ihm.

»Im Weg wovon?«, hakte ich also nach.

»Der Erlösung unserer Familie natürlich!« Seine Stimme wurde lauter. »Jahrzehntelang haben wir unter diesem Fluch gelitten. Keine Kinder, kein Erbe. Und dann erfahren wir zufällig, dass die Tochter der Hexe, die uns das angetan hat, hier lebt!«

Ich konnte kaum fassen, dass er das alles so bereitwillig zugab, brauchte aber noch konkretere Stellungnahmen von ihm, denn die Sache mit dem Fluch klang auch in meinen Ohren immer noch sehr abenteuerlich. »Also haben Sie Granny umgebracht, in der Hoffnung, den Gegenfluch zu finden?«

Er verzog das Gesicht zu einer missvergnügten Grimasse, nickte dann allerdings grimmig.

Aber das hatte ja nur ich sehen können. Also musste ich ihn weiter bearbeiten. »Ist das nicht schrecklich dumm gewesen? Ich meine, Sie hätten sie ja auch einfach danach fragen können. Granny hatte womöglich keine Ahnung, was ihre Mutter Ihrer Familie angetan hat, und hätte Ihnen vielleicht gerne geholfen.« Ich fand das total schlüssig, wunderte mich aber ein bisschen, dass sie selbst gar nichts dazu sagte. Sonst war sie doch auch nicht so schweigsam. Vielleicht konnte sie nicht mit mir sprechen, wenn die Aufnahmefunktion lief?

»Ich wollte sie ja nicht umbringen, ich …« Er zögerte. »Wir wollten das Manuskript finden. In jüngster Vergangenheit kam meinem Onkel die Einsicht, dass der Fluch samt Gegenfluch in einem früheren Manuskript von Rebecca stehen muss. Und dass sich dieses Manuskript im Besitz von Faye Smith befindet.«

»Und wegen eines wilden Gerüchts wurden Sie zum Mörder?« Ich konnte es wirklich nicht fassen. Dieser Mann war entweder dämlicher als angenommen – oder sehr, sehr verzweifelt. Oder beides. Eine ziemlich üble Kombination.

»Ich glaube nicht, dass ich Ihnen Rechenschaft schuldig bin«, knurrte er mich an und kam einen Schritt näher auf mich zu.

»Nun, vielleicht nicht mir, aber irgendjemandem bestimmt.« Ich räusperte mich und hoffte, dass die Polizei in der Nähe war. Langsam aber sicher würde ich mich sogar über Lucius Fumble freuen.

»Wer sein Leben lang unter einem bösartigen Fluch gelitten hat, sorgt sich nicht um jenseitige Vorhaltungen«, knurrte er.

»Oh? Ach, Sie meinen das jüngste Gericht? Nun ja, wenn man daran glaubt. Aber das meinte ich nicht mit Rechenschaft. Ich meinte eher ein irdisches Gericht, vor dem Sie sich wegen Doppelmordes verantworten müssen.« Ich lachte nervös. »Aber egal, Sie haben natürlich recht damit, dass mich persönlich das gar nichts angeht«, improvisierte ich weiter, obwohl ich der Meinung war, dass ich sehr wohl das Recht erworben hatte, alles zu erfahren. »Trotzdem müssen Sie zugeben, dass es ziemlich unglaubwürdig klingt, dass Sie auf Basis eines Gerüchts bei Granny einbrechen und dann nach einem Manuskript suchen, von dem erstens niemand weiß, ob es überhaupt existiert, und zweitens, ob es in Grannys Besitz sein könnte.«

»Es war mehr als nur ein Gerücht. Meine Familie war

sich absolut sicher«, behauptete Roderick und trat noch einen Schritt näher, bis Freddy drohend knurrte.

»Wie kann sich Ihre Familie sicher sein, wenn sie erst kürzlich von Sam Shepherd erfahren hat, dass Granny die Nachfahrin der vermeintlichen Hexe war?« Manchmal wünschte ich mir, dass jeder Mensch das kleine Einmaleins der Recherche lernte, ehe er auf die Allgemeinheit losgelassen wurde. Doch das war natürlich ziemlich naiv.

»Hat Ihnen schon mal jemand gesagt, dass Sie eine verdammte Nervensäge sind?«, fauchte Roderick.

»Ein-, zweimal vielleicht.« Ich grinste. »Das ist vermutlich mein persönlicher Fluch. Er heißt journalistische Neugier und ich fürchte, dagegen gibt es keine Kur.«

»Da wäre ich mir nicht so sicher.« Plötzlich ließ er ein Messer aufblitzen.

Ich schluckte. Jemand, der zwei Menschen auf dem Gewissen hatte, würde auch vor einem dritten Mord nicht zurückschrecken, so viel war klar. Doch ich tat alles dafür, weiterhin gelassen zu wirken. »Lassen Sie uns ein Geschäft machen«, schlug ich also vor. »Sie wollen den Gegenfluch, ich die Wahrheit.«

Er schien darüber nachzudenken. »Wer garantiert mir, dass Sie den Fluch haben?«

»Wer garantiert mir, dass Sie die Wahrheit erzählen?«, konterte ich und fügte hinzu: »Ich will es Ihnen leicht machen und beginne damit, was ich bisher schon herausgefunden habe. Sie können dann die offenen Stellen ergänzen. Deal?« Ehrlich, ich musste mich insgeheim selbst bewundern, dass ich so nervenstark war und hoffte, dass Granny wenigstens alles hören könnte.

»Was soll das bringen?«, spie er verächtlich.

»Das ist meine persönliche Lebensversicherung«, sagte ich

so ruhig wie möglich. »Alles, was ich bisher herausgefunden habe, habe ich in ein Dossier geschrieben und in einer Cloud gesichert, zu der genau zehn Menschen morgen Mittag automatisch Zugriff erhalten werden, wenn ich nicht vorher die Automation stoppe – was ich nicht kann, wenn Sie mich umbringen.« Ich hatte tatsächlich alles zusammengeschrieben und in mein eigenes Postfach auf den Redaktionsserver gelegt. Womöglich würde da irgendwann mal jemand nachsehen, aber diese Version klang natürlich viel besser. »Redaktionskollegen, andere Zeitungen und natürlich die Polizei«, führte ich aus.

Er grunzte genervt, aber ich sah es hinter seiner Stirn regelrecht rattern. Glaubte er mir? Würde er einen Angriff riskieren? Ich beschloss, aufs Ganze zu gehen.

»Nach allem, was die Spurenlage und Alfies Aussage hergegeben haben, stelle ich mir den Ablauf folgendermaßen vor«, begann ich. »Alfie und Sie sind gestern früh in Grannys Haus eingedrungen. Alfie hatte es in die Bibliothek hoch geschafft, Sie dagegen haben Granny in ihrer Küche überrascht. Und als sie Sie dort bemerkt hat, haben Sie sie mit der schweren Eisenpfanne erschlagen und dann versucht, es wie ein Unfall aussehen zu lassen.«

»Es war ein Unfall!«, presste er zwischen seinen Zähnen hervor. »Sie hätte gar nichts davon merken sollen. Ich hatte extra mehreren Leuten Geld gegeben, damit die vorn an der Ladentür irgendwelche Dinge machen, um sie abzulenken. Und es hat auch geklappt. Alfie ist bis in die Bibliothek gekommen, aber dann …«

Ich sparte mir meine ungläubige Nachfrage, sonst wäre dann am Ende ein Proseminar Recherche für Anfänger herausgekommen. Ein Augenrollen konnte ich mir jedoch nicht verkneifen. »Und statt den Dialog zu suchen, war Erschlagen einfacher? Verstehe.« Tat ich nicht, aber das war auch egal.

»Sie hätte nicht mit mir gesprochen«, behauptete er.

Das wagte ich ganz entschieden zu bezweifeln, denn Granny war niemand, der einen dauerhaften Groll gegen andere Menschen hegte. Bis vor ein paar Stunden hatte sie nicht die geringste Ahnung gehabt, dass ihre Mutter Rodericks Familie verflucht hatte und … egal, dafür war jetzt nicht die Zeit. Trotzdem würde ich wahnsinnig gerne ihren Kommentar dazu hören.

»Nehmen wir das mal so hin«, sprach ich weiter. »Aber warum musste dann Alfie sterben?«

Roderick sah mich an, als wäre ich begriffsstutzig. »Aber das ist doch offensichtlich«, behauptete er. »Erstens war er völlig nutzlos, zweitens hatte er ein schlechtes Gewissen und drittens hatte er nichts Besseres zu tun, als Ihnen alles zu erzählen.«

Das stimmte zwar nicht, aber ich nickte trotzdem. »Mord aus Vertuschungsabsicht«, stellte ich also fest. »Ja, macht aus Ihrer Perspektive irgendwie Sinn.« Ich wunderte mich wirklich, dass ich so nonchalant klang, obwohl sich mir der Magen schier in Dauerrotation umdrehte und ich am liebsten nur »Sie sind ein Monster!« brüllen würde.

Es war hier rund um den Leuchtturm immer noch keine Menschenseele zu sehen. Falls PC Williams auf mein wirres Gestammel angesprungen war und Polizei herbeordert hatte, dann waren diese Leute verdammt gut im Verstecken. Und falls nicht?

Plötzlich schien auch Roderick zu dämmern, dass er seinen Teil der Abmachung geliefert hatte und nun ich am Zuge war. »Genug geredet. Geben Sie mir endlich den Gegenfluch!«

Er machte einen weiteren Schritt mit seinem fiesen Messer auf mich zu und Freddys Knurren wurde lauter.

»Keinen Schritt weiter!«, rief ich, zog den Zettel aus der

Jackentasche und hielt ihn hoch in die Luft. »Oder ich werfe ihn ins Wasser!«

Roderick erstarrte. »Das würden Sie nicht wagen.«

»Wollen Sie es darauf ankommen lassen?«

In diesem Moment geschah alles auf einmal. Eine Windbö erfasste das Stück Papier und es flatterte davon. Roderick stürzte hektisch hinterher und ich griff nach meinem Handy, um den Notruf zu wählen. Doch es glitt mir aus den schweißnassen Fingern, knallte auf den Steinboden und schlitterte auf dem glitschig-feuchten Untergrund irgendwo in die Dunkelheit.

Scheiße.

DAPHNE LÄSST GRÜSSEN

Granny

Verflixt und zugenäht! Granny schrie auf, als das Telefon zu Boden fiel. Das war nach der vollkommenen Agonie der letzten Minuten aber fast schon eine Erleichterung. Hilflos hatte sie mitanhören müssen, was Jona und Roderick sprachen, konnte aber nicht eingreifen.

Schlagartig hatte sie auch einen erheblich besseren Überblick über die Lage. *Moment? Ich schwebe ja. Bin ich etwa durch den Sturz aus dem Telefon katapultiert worden?*

Sie vertagte weitere diesbezügliche Überlegungen, sondern beobachtete lieber das Geschehen. Roderick hatte den Zettel erwischt und rappelte sich auf, um zu fliehen. Doch Freddy war schneller. Mit einem Satz sprang er den Bösewicht an und riss ihn wieder zu Boden.

»Halte durch, tapferer Kämpe, die Verstärkung naht!«, hörte Granny ihren Kater rufen, der nun ebenfalls herangeschossen kam und mit ausgefahrenen Krallen an Roderick hochsprang.

»Lasst ihn am Leben, bitte«, ermahnte sie ihn.

»Er hätte es verdient«, stieß Alastair zwischen seinen Kampfeslauten hervor. »Wir rächen dich und Alfie und beschützen Jona.«

»Das ist sehr ritterlich von euch, aber es wäre besser, wenn wir ihn lebend der Polizei übergeben könnten … oh …« Plötzlich bemerkte sie, wie eine weitere heftige Windbö sie erfasste und sie in die Lüfte über das Wasser trieb. *Verdammt. Das ist jetzt wirklich ungünstig.*

Granny hörte, wie Roderick vor Schmerzen schrie und sah, dass er den Zettel fallen ließ und verzweifelt versuchte, die Tiere abzuschütteln. Jona kam herbeigerannt und griff nun ihrerseits nach dem Stück Papier, doch Roderick war trotz der tierischen Attacke schneller. Er packte den Zettel mit dem Gegenfluch, nahm dann Jona in den Schwitzkasten und zerrte sie in Richtung Wasserkante.

Plötzlich bemerkte Granny einen Schatten, der auf sie zukam. Dann wurde ihr schwarz vor den Augen.

»Willkommen an Bord. Mein Name ist Kimberly. Was kann ich für dich tun?«, weckte sie eine erstaunlich sanfte Stimme aus dem Blackout.

»Wo bin ich …? Was ist das …? Warum …«, stammelte Granny und versuchte, sich einen Reim auf die neue Situation zu machen. Sie befand sich eindeutig wieder in Materie, aber nicht in Jonas Handy oder einem Buch, sondern in lebender Materie. In einem Organismus. Einem Körper namens Kimberly, dem die astrale Intervention allerdings nichts auszumachen schien. »Wer bist du?«

»Ich bin Kimberly, deine Rettungsmöwe«, kam es amüsiert.

»Meine was?« Granny war sicher, sich verhört zu haben. *Waren Möwen überhaupt in der Dunkelheit aktiv? Und wieso …*

»Deine Rettungsmöwe«, erklärte die sanfte Stimme geduldig. »Das astrale Netzwerk hat einen Notfall gemeldet, ich war in der Nähe und voilà, ich habe dich gefunden.«

Das ist gerade alles ein bisschen viel. Und diese Möwe spricht sogar Französisch …

Granny schob energisch diese wenig hilfreichen Gedankengänge beiseite. »Und wo sind wir gerade?«

»Verzeih bitte, ich habe dir ja noch gar keinen Zugriff auf meine Außenwahrnehmung gegeben«, sagte Kimberly entschuldigend. »Bitte nicht erschrecken, das könnte sich gleich ein bisschen seltsam für dich anfühlen.«

»Meine Güte!«, kreischte Granny erschrocken auf. Seltsam war eine charmante Untertreibung, denn plötzlich sah, hörte und fühlte sie alles, was auch die Möwe empfand. Den Wind im Gefieder, die leiser werdende Schreierei am Hafen … »Wir müssen zurück. Dort unten ist ein Mörder. Meine Freundin ist in Gefahr!«

»Mit dem größten Vergnügen! Auf geht's, Mädels«, rief Kimberly unternehmungslustig und stieß dabei den so typischen durchdringenden Schrei aus, der wie ein Lachen klang. Dann schoss sie in atemberaubender Geschwindigkeit nach unten in Richtung Mole. Da bemerkte Granny, wie sich von überallher schattenhafte Gestalten um sie scharten. Ein ganzer Schwarm Möwen war mit ihnen unterwegs.

Doch Granny konzentrierte sich gleich wieder ganz auf die Rangelei an der Pierkante.

»Wenn ich untergehe, kommen Sie mit!«, hörte sie Roderick brüllen, der nach wie vor Jona festhielt und sich gegen die Angriffe von Freddy und Alastair wehrte.

Verzweifelt rief Granny: »Wir müssen etwas tun!«

VORBEI

Jona

Mit abseitiger Faszination starrte ich auf das Wasser unter uns. Zwar hatte die Flut eingesetzt, sodass der Pegel recht hoch stand. Aber bis zur Wasseroberfläche waren es immer noch ein paar Meter. Und da waren auch noch die schartigen Klippen, die daraus hervorragten. Aber ich war nicht in der Lage, mich aus dem Griff des rasenden Roderick zu befreien, der offensichtlich gerade dabei war, das Land der Logik vollkommen zu verlassen.

Plötzlich gab es einen Ruck und der Griff lockerte sich. Genug für mich, um meinen Kopf aus der Umklammerung zu befreien und Roderick von mir wegzustoßen.

Keuchend hockte ich auf dem feuchten Stein und schaute zu ihm nach oben. Mit einem Mal hatte ich das Gefühl, das Blut würde mir in den Adern gefrieren.

Roderick war eben noch dabei, eine riesige Möwe abzuwehren. Nun flog sie mit einem Schrei hoch in die Lüfte, der wirkte, als würde sie ihn auslachen. Er blickte ihr hinterher und konnte so auch nicht sehen, was ich sah.

Sie waren überall. Ringsherum, auf dem Geländer des Uferwegs, dem Häuschen, ja sogar auf dem Leuchtturm saßen sie. Möwen in allen Formen und Größen. Und es kamen immer noch welche dazu. Still schienen sie das Schauspiel, das sich zu ihren Füßen darbot, zu beobachten.

Bei dem Schrei ihrer Artgenossin war es mit dieser Ruhe aber vorbei.

Laut kreischend erhoben sie sich alle in die Luft und bildeten einen Wirbel aus Federn, Krallen und Schnäbeln. Dann stürzten sie sich auf uns.

Nein, nicht auf uns. Sie konzentrierten ihren Angriff auf Roderick.

Er rannte schreiend an mir vorbei, während Flügel auf ihn einschlugen, Schnäbel nach ihm hackten und krallenbewehrte Füße ihn traktierten.

Plötzlich ließen sie von ihm ab und stoben auseinander, als mit einem ohrenbetäubenden Kreischen ein riesiger Schatten auf ihn herniederfuhr. Zwar drehte die gewaltige Möwe kurz vor ihm ab, doch in dieser Bewegung tat sie etwas, das ich zum Glück bisher nur bei anderen beobachtet hatte.

Der Möwendreck traf Roderick mitten ins Gesicht. Mit einem überraschten Quieken trat er einen Schritt rückwärts. Kurz danach konnte ich ein Platschen hören.

In diesem Moment heulten oben an der Esplanade auch endlich die Polizeisirenen auf.

Ich wusste nicht, was ich denken oder fühlen sollte. Aus den Augenwinkeln nahm ich wahr, wie Polizisten aus ihren Wagen sprangen. PC Williams war als Erste an meiner Seite.

»Ms. Gold! Sind Sie in Ordnung?«, rief sie. »O Mann, das sah ja eben aus wie in einem Hitchcock-Film!«

Ich nickte benommen. »Er … er ist ins Wasser gefallen.«

Sofort wurden Suchscheinwerfer angeworfen und Rettungsboote alarmiert. Die Möwen, die vorhin wie aus dem Nichts gekommen waren, hatten sich bis auf die Riesige wieder verzogen. Dieser einzelne Vogel saß nun mit einigem Abstand bei Alastair und Freddy und schien das Geschehen genauso interessiert zu beobachten wie Hund und Kater. Ich fragte mich, wo Granny abgeblieben war. Ob sie noch in meinem Telefon steckte? Wo das war, wusste ich allerdings auch nicht und den einen Ohrstöpsel hatte ich im Gerangel mit Roderick ebenfalls verloren. Hoffentlich ging es ihr …

»Sind Sie sicher, dass es Ihnen gutgeht?«, erkundigte sich PC Williams, die gerade wieder neben mir auftauchte. »Sie zittern am ganzen Körper.«

»Das war alles ein bisschen viel«, gab ich zu und ließ mich von ihr zu einer Bank führen, die ein paar Meter entfernt stand. Dort legte sie mir fürsorglich eine Rettungsfolie um die Schultern, die tatsächlich etwas Wärme spendete.

»Roderick Trelawne hat Faye Smith und Alfie Harrison ermordet«, sprach ich weiter, als meine Zähne langsam zu klappern aufhörten. »Ich habe sein Geständnis mit dem Handy aufgenommen, allerdings weiß ich gerade nicht, wo es ist.« Ich seufzte. »Sie halten mich bestimmt für vollkommen verrückt, aber ich bin froh, dass Sie trotzdem gekommen sind.«

»Ehrlich gesagt war es der Anruf von Sam Shepherd, der den Ausschlag dafür gegeben hat, hierherzukommen, nicht Ihre sehr kryptischen Hinweise«, gab sie mit einem leichten Lächeln zu. »Allerdings war auch die Geschichte von Mr. Shepherd ähnlich abenteuerlich. Doch er hat ein umfassendes Geständnis abgelegt, das seine indirekte Beteiligung an dem Fall erklärt und gleichzeitig schwer Ronald de Montfort und dessen Neffen Roderick Trelawne belastet«, sprach sie weiter.

Sam hatte sich selbst angezeigt? Wow, damit hatte ich nicht gerechnet, aber offenbar steckte in meinem Chef doch mehr Loyalität und Ehrlichkeit, als ich erwartet hatte. Ob er als indirekter Mitwisser nun Ärger bekommen würde? Das war ein Problem für einen anderen Tag, beschloss ich.

»Es war alles Ronalds Idee …«, hörte ich plötzlich Rodericks beinahe weinerliche Stimme. Sie hatten ihn aus dem Wasser gefischt und führten ihn nun tropfnass an uns vorbei. »Er hat mich zu allem gezwungen. Ohne ihn hätte ich niemals …«

»Wessen Idee es genau war, werden wir noch herausfinden«, rief PC Williams ihm hinterher, während Roderick in ein Polizeiauto verbracht wurde. »Jedenfalls haben wir auch schon Ihren Onkel Ronald de Montfort festgenommen.«

»Sehr gut«, murmelte ich und merkte, wie sich neben grenzenloser Erleichterung nun auch tiefe Erschöpfung in mir breitmachte.

»Sehen Sie doch, ist das Ihr Telefon?« Kate Williams deutete auf Freddy, der mit meinem Handy im Maul und einem höchst zufriedenen Gesichtsausdruck herbeigetrottet kam und mir das Gerät auf den Schoß legte.

»Guter Junge«, lobte ich ihn und kraulte ihm die Ohren. Das Telefon sah äußerlich unversehrt aus, war aber wieder mausetot. Der Akku hatte den Sturz und die Doppelbelastung durch Granny und die Aufnahme offensichtlich nicht gut vertragen. »Das ist meins«, bestätigte ich. »Aber ich fürchte, es braucht erst wieder Strom. Ich würde Ihnen die Aufnahme dann schicken.«

»Vermutlich brauchen wir sie gar nicht, aber es schadet

sicherlich nichts. Können wir Sie nach Hause bringen?« PC Williams legte mir ihre Hand auf die Schulter und stand auf.

»Danke, das schaffe ich schon.« Dessen war ich mir zwar nicht so sicher, aber ich hoffte, dass die kühle Nachtluft bei einem Fußmarsch mit Alastair und Freddy zurück zu meinem Cottage mir helfen würden, wieder halbwegs zur Ruhe zu kommen.

»Okay, dann gehen Sie heim und seien Sie stolz auf sich. Sie haben den Fall fast im Alleingang gelöst. Alles Gute.«

Ich nickte nur und sah ihr nach, wie sie sich zu ihren Kollegen gesellte.

Freddy schmiegte sich an mein Bein, während Alastair auf meinen Schoß sprang und seinen mächtigen Katerkopf gegen mein Kinn rieb. Die einzelne Möwe hatte sich in die Luft erhoben.

»Danke«, flüsterte ich. »Euch allen.«

Irgendwo in der Ferne meinte ich Grannys zufriedenes Lachen zu hören.

GRANNYS NEUE WELT

Es war ein strahlender Frühlingstag in Fowey. Die Sonne glitzerte auf dem Wasser des Hafens, und der Duft von Hoffnung, Zuversicht, frischem Fisch und knusprigen Backwaren lag in der Luft. Granny schwebte unsichtbar durch die Straßen ihrer geliebten Heimatstadt und beobachtete das geschäftige Treiben.

Fünf Monate waren seit jener schicksalhaften Nacht am Pier vergangen. Fünf Monate, in denen sie zunächst begriffen hatte, dass ihre astrale Existenz nicht an die Aufklärung ihres Mordes gebunden war. Sie hatte verstanden, dass es ihre eigene Entscheidung war, ob sie bleiben oder ganz vergehen wollte. Sie hatte sich für den Moment fürs Bleiben entschieden und war also immer noch hier. Ein guter Geist zwischen den Welten, weder ganz im Diesseits noch im Jenseits.

Vor ihrem alten Cottage stoppte sie. Ein frisch gestrichenes Schild prangte über der Tür: »Granny Smiths Fudge-Museum – Eine süße Reise durch die Geschichte«. Ein

Lächeln huschte über ihr Gesicht. Jona hatte Wort gehalten und ihr das größte Geschenk überhaupt gemacht.

Nach einigem Hin und Her hatten sie eine Lösung gefunden, die allen diente. Grannys Laden war in ein kleines Museum umgewandelt worden, das ihre Geschichte und die Tradition des Fudge-Machens in Cornwall bewahrte. Gleichzeitig war es der perfekte Rückzugsort für Granny, denn dort konnte sie bleiben, ohne Jona ständig auf die Nerven zu gehen.

Durch die Scheibe beobachtete sie Sam, der gerade einer Gruppe Touristen die Feinheiten der Fudge-Herstellung erklärte. Er hatte sich nach dem ganzen Schlamassel dazu entschieden, seine journalistische Karriere an den Nagel zu hängen und sich stattdessen der Bewahrung lokaler Traditionen zu widmen. Eine weise Entscheidung, wie Granny fand.

Jona hatte seinen Posten als Chefredakteurin übernommen, nahm sich aber immer noch regelmäßig Zeit für Granny, der sie, immer in Begleitung von Freddy und Alastair, häufig Besuche abstattete und ihr dabei Zugang zu ihrem Handy gewährte. Die beiden Tiere hatten sich zu einem fast unzertrennlichen Duo entwickelt, was womöglich die größte Überraschung überhaupt war.

Granny genoss den Kontakt zur Journalistin und plauderte mit ihr über alles Mögliche – Alltagsdinge genauso wie metaphysische Erkenntnisse. Von denen gab es reichlich, denn ihre astrale Existenz eröffnete Granny Möglichkeiten, von denen sie niemals zu träumen gewagt hätte. So konnte sie mit allen anderen magischen Wesen kommunizieren – Kimberly, die Rettungsmöwe, war nur eines davon und immer dann zur Stelle, wenn Granny buchstäblich einen Perspektivwechsel brauchte. *Eine ganz neue Welt hat sich mir erschlossen, voller Wunder und Geheimnisse.*

Dazu gehörte auch das Kompendium ihrer Mutter. Jona hatte es sicher verwahrt und studierte es heimlich. Granny half ihr dabei, die alten Zaubersprüche und Weisheiten zu entschlüsseln. Wer wusste es schon, vielleicht würde die Journalistin irgendwann in Grannys Fußstapfen treten?

Granny kicherte leise, als die Sonne langsam unterging und sie für heute endgültig zurück in ihr altes Cottage schwebte. Sie war eindeutig ein tagaktives Gespenst – und das war eine ebenso überraschende Erkenntnis wie die Rückkehr ihrer Lebensfreude. *Kann man das eigentlich so nennen?*

Morgen würde ein neuer Tag anbrechen, mit neuen Besuchern und vielleicht neuen Abenteuern. Denn eines hatte sie in den letzten Monaten gelernt: Auch als Geist war das Leben – oder besser gesagt, die Existenz – voller Überraschungen.

Sie dachte an Jona, an Freddy und Alastair, an all die Menschen und Kreaturen in Fowey, die sie kannte und liebte. Sie mochte zwar tot sein, aber sie war noch lange nicht am Ende. Nein, für Granny Smith begann gerade ein ganz neues Kapitel. Und vielleicht würde sie ja eines Tages herausfinden, wie man auch als Astralkörper Fudge machte. *Das wäre doch was!*

Mit diesem Gedanken ließ sie sich in ihrem alten Schaukelstuhl nieder und lächelte, als Alastair durch die frisch installierte Katzenklappe hereinkam, um ihr, wie fast jede Nacht, Gesellschaft zu leisten. Eines war sicher: Langweilig würde es in ihrem neuen Leben als Granny-Geist ganz bestimmt nicht werden.

ENDE

ÜBER C.C. RAVENMILLER

Hattest du Spaß mit dieser Geschichte? Das hoffen wir sehr. Vielleicht gehörst du ja zu jenen Menschen, die uns und »Appletree Murders« schon seit aus unserem Podcast »Der literarische Saloon« kennt? Falls nicht, fragst du dich bestimmt, wer zur Hölle »wir« sind.

Wir, das sind mit bürgerlichen Namen und als Podcast-Gastgebende Carin Müller und Christian Raabe. Als Autor:innen kennt man uns jedoch hauptsächlich als Charlotte McGregor und C.A. Raaven. Für dieses Gemeinschaftsprojekt haben wir uns für ein gemeinschaftliches Pseudonym entschieden: C.C. Ravenmiller.

Wenn du mehr über uns und unsere Bücher erfahren willst, dann solltest du unbedingt unsere Newsletter abonnieren.

. . .

Dienstags-Update von Carin/Charlotte

Dienstags-Update

Nachrichten aus der Zukunft von Christian/C.A.:

Nachrichten aus der Zukunft

Und vielleicht interessiert dich ja auch unser Podcast? Du findest sämtliche Folgen von »Der literarische Saloon« überall da, wo es Podcasts gibt oder direkt auf unserer Webseite:

Literarischer Saloon

DANKE

Unser erster Dank gilt dir, liebe Leserin, lieber Leser! Du hast diese Geschichte nicht nur gekauft, sondern hast bei unserem Gemeinschaftsexperiment auch bis hierhin durchgehalten. Das ist keine Selbstverständlichkeit und wir danken dir von Herzen. Hoffentlich hattest du auch ein bisschen Spaß bei der Lektüre.

Als wir Anfang 2022 in unserem Podcast mit dem Roman angefangen haben, baten wir unsere Interviewpartner*innen, uns Stichworte zu nennen, die wir in die Geschichte einarbeiten sollen. Daher danken wir nun Mary Cronos für den Hexenfluch und Vera Nentwich für den Saugroboter. Beide »Prompts« haben sich für den Plot als entscheidend herausgestellt. Alle anderen Phrasen und Gegenstände haben es leider nicht in die finale Fassung geschafft. Wir haben uns über natürlich trotzdem sehr über die Kreativität unserer Gäst*innen gefreut.

Eine von ihnen – es war Tamara Leonhard – hat eine Taube vorgeschlagen. Da haben wir uns die kreative Freiheit genommen und sie zu Rettungsmöwe Kimberley verwandelt. Auch dafür vielen Dank.

Apropos kreative Freiheit: Die hatte im gesamten Schreibprozess das Sagen. Daher darf man uns auch nicht auf eine korrekte Darstellung der britischen Polizeiarbeit festlegen und auch das Städtchen Fowey wird nicht ganz authentisch dargestellt – obwohl Christian nach seiner Recherche vor Ort noch ein paar Änderungen eingefügt hat. Man möge uns diese Unschärfen nachsehen.

Danke auch an Claus, der uns in der frühen Phase auf einige Widersprüche bei den Geisterkonventionen hingewiesen hat. Vermutlich sind nicht alle ausgebügelt, aber hey – siehe kreative Freiheit.

Völlig ohne kreative Freiheit, Über- oder Untertreibungen kam dagegen die Darstellung von Freddy aus. Für ihn steht Carins Airedale Terrier Scotty Pate, dem wir natürlich ebenfalls danken. Auch für seine »Kommentare« während unserer Podcast-Aufnahmen …

Wir danken all unseren Hörerinnen und Hörern, die uns angefeuert haben, den Roman auch wirklich zu Ende zu bringen – es sah nicht immer danach aus …

Tausend Dank an unsere wunderbare Cover-Designerin Sabine, die der irren Geschichte so ein hübsches Outfit verpasst hat.

Der Lektoratsprozess war schmerzhaft – auch weil dieses Mal vor allem Laien am Werk waren. In erster Linie wir selbst, aber auch Christians Partnerin Simone, die nach einem sehr kritischen Blick auf unser Elaborat wichtige Hinweise gegeben hat. Vielen, vielen Dank dafür.

Dass dieser Text trotz allem weitgehend fehlerfrei ist, haben wir Textshine zu verdanken. Herzlichen Dank Alexander, der uns diese ausgefuchste Korrektursoftware zum Testen kostenlos zur Verfügung gestellt hat.

Und natürlich danken wir jenen Menschen, die ebenfalls einen Dank verdient hätten, aber aufgrund unserer löchrigen Erinnerung und unvollständigen Dokumentation hier keine Erwähnung gefunden haben. In unseren Herzen haben wir euch nicht vergessen!

Genauso wenig wie unsere Herzensmenschen (und - tiere). Ihr seid die Besten.

LESEPROBE AUS »HIGHLAND CRIME – DER TOTE GOLFER«

Charlotte McGregors Herz schlägt für Schottland – und ganz besonders für das beschauliche, wenn auch frei erfundene Dorf Kirkby. Dort hat sie nicht nur ihre Liebesromanreihen »Highland Hope« und »Highland Happiness« angesiedelt, sondern auch bislang zwei Krimis, die zwar ebenfalls sehr cosy (uns lustig!) sind, konsequenterweise aber »Highland Crime« heißen.

Und darum geht's in »Highland Crime – Der tote Golfer«:

Er will Kirkby ruinieren – dann ist er tot!

Der amerikanische Großinvestor Ronald Trumpleton weiß, was er will: Aus dem beschaulichen Highland-Dörfchen Kirkby soll ein luxuriöses Golfresort für die Schönen und Reichen dieser Welt werden. Die Einheimischen stören dabei nur. Ganz Kirkby geht auf die Barrikaden und schmiedet Pläne, wie dieses Schicksal abzuwenden ist. Nicht alle davon sind friedlich. Dann finden Fanny König und ihr

Dackel Rudi eines Morgens die Leiche des Investors im Wald. Ein Alibi für den Tatzeitraum hat Fanny nicht, genauso wenig wie die meisten anderen Dorfbewohner.

Wer hat den Eindringling auf dem Gewissen? Fanny, Rudi und ihr Nachbar George King entwickeln ganz eigene Theorien ...

Löst das unfreiwillige Ermittler-Duo King & König auch diesen Fall?

KAPITEL 1: KATERSTIMMUNG IM WALD

FANNY:

»Hab einen schönen Tag«, rief mir Brodie zum Abschied hinterher.

»Hm«, brummte ich nur. Zu mehr Konversation fühlte ich mich gerade nicht in der Lage. Das Wochenende war anstrengend gewesen – um es vorsichtig zu formulieren –, und ich hatte keine Ahnung, wie unser Dorfzahnarzt nach den ausgiebigen Eröffnungsfeierlichkeiten für Kirkbys Sportzentrum schon wieder so aktiv, frisch und ausgeschlafen sein konnte.

Wobei, doch. Ich wusste es. Er trank ja nichts.

Schlauer Move. Sehr, sehr schlau. Ich würde auch nie wieder etwas trinken! Niemals. Und schon gar nicht dieses Teufelszeug von Gin aus der lokalen Destillerie. Gestern und vorgestern hatte ich ihn köstlich gefunden, gerade wollte ich nur weinen – wenn das den dumpf-stechenden Kopfschmerz nicht noch schlimmer machen würde. Das klang zwar wie ein Widerspruch in sich, doch genau so fühlte es sich an. Dumpf und stechend.

Rudi kläffte Brodies Whippets noch ein paar Unflätigkeiten hinterher, und die Frequenz zwang mich fast in die Knie.

»Klappe«, stöhnte ich frustriert, aber mein Dackel ignorierte mein Leid geflissentlich und grummelte auf seine übliche grantige Art noch ein bisschen weiter. Miese Laune war seine Werkseinstellung, und er fand in praktisch allem einen Anlass, sie auszuleben. Egal, ob es die eleganten Windhunde des Zahnarztes waren, die wir jeden Morgen trafen und für die er sich immer noch nicht erwärmen konnte, oder der feine Nieselregen, der den späten Mai wie Anfang Februar erscheinen ließ. Wir lebten jetzt seit gut acht Monaten hier in Kirkby, doch Rudi trauerte immer noch seinen Münchner Routinen hinterher. In unserer bayerischen Heimat hatte garantiert schon die Biergarten-Saison begonnen.

Langsam bereute ich meine Entscheidung, zu Fuß zum Herrenhaus zu laufen, aber vorhin war mir die Idee, meinen Kater zu lüften und meine schmerzenden Muskeln zu lockern, ziemlich clever vorgekommen. Vor mir lag ein anstrengender Arbeitstag in der Weberei, denn wegen der ganzen Aufregung in den letzten Wochen und der ständigen »superwichtigen« Ad-hoc-Aufträge war ich mit meinen normalen Schneideraufträgen gerade ziemlich hinterher. Diesen Rückstau musste ich jetzt dringend angehen.

In der Tasche meiner blauen Barbour-Jacke schepperte die Titelmusik vom *Tatort*, und ich konnte ein Aufstöhnen nicht verhindern. Doch den Anruf zu ignorieren war auch keine Option, weil sich Poldi dann wieder Sorgen machen würde. Sorgenmachen war das erklärte Lieblingshobby meines Ex-Manns – und er war ausgesprochen gut darin.

»Einen wunderschönen guten Morgen«, flötete ich also betont munter, als ich das Gespräch annahm. Es hörte sich nicht nur in meinen Ohren falsch an. Rudi warf mir einen irritierten Blick zu, und Poldi witterte sofort, dass etwas nicht in Ordnung war.

»Was ist los bei dir?«, wollte er prompt wissen.

»Nichts«, log ich. Wobei das eigentlich keine Lüge war. Es war ja nichts los. »Was kann ich für dich tun?« Schön den Ball zurückspielen.

»Du klingst nicht gut. Irgendwie angestrengt. Bist du krank?«

»Nein. Ich laufe durch den Wald zu meinem Arbeitsplatz, und der Weg geht bergauf.« Tatsächlich kam mir der sanfte Hügel gerade vor wie die Eiger-Nordwand oder irgendwas im Himalaja, und ich konnte ein Keuchen nicht unterdrücken. Ich musste dringend an meiner Kondition arbeiten, das war ja erbärmlich.

»Ist Rudi bei dir?«

»Natürlich. Wo soll er denn auch sonst sein?« Mein genervtes Augenrollen brach ich sofort wieder ab, denn auch das tat weh.

»Ich finde es nur nicht gut, wenn du am frühen Morgen allein durch einen Wald läufst.«

»So früh ist es auch wieder nicht«, brummte ich. »Und ich bin auch nicht in der Wildnis, sondern in einem kleinen Waldstück in Kirkby. Das Aufregendste, was hier passieren kann, ist, dass Rudi in einen Fuchsbau kriecht.«

»Das sollte er besser sein lassen.«

»Ich werde es ihm ausrichten.« Ich seufzte. »Gibt's was Dringendes? Ich bin gerade nicht so in Plauderlaune.« Das war die Untertreibung des Jahrhunderts.

Beredtes Schweigen am anderen Ende der Leitung.

Schweigen.

Ärgerliches Grunzen.

Schweigen.

Räuspern.

Noch mal Räuspern. »Ich ...«, begann er schließlich, nur um gleich wieder zu verstummen.

»Ja?«

»Ich ...«

»Poldi«, sagte ich warnend. »Ich habe die Kunst des Gedankenlesens immer noch nicht gelernt, also entweder verrätst du mir jetzt auf der Stelle, was du willst, oder wir vertagen dieses seltsame Gespräch. Ich habe einen doppelten Kater. Einen im Kopf vom Gin und einen in den Knochen vom Zumba.«

Irritiertes Schweigen.

»Warum hast du an einem Montagmorgen einen Kater?«, kam es schließlich anklagend von ihm.

»Warum haben Menschen einen Kater?«, fragte ich zurück. »Weil ich am Wochenende ein bisschen zu viel gefeiert habe. Das ist meines Wissens kein Verbrechen.« *Nur eines gegen mich selbst,* fügte ich in Gedanken hinzu. Ich würde nie wieder einen dieser absurden Gin-Cocktails trinken. Zumindest nicht mehr als einen. Definitiv!

»Und was gab's so exzessiv zu feiern?«, bohrte er misstrauisch nach.

»Die Einweihung des örtlichen Sportzentrums. Die ging von Samstagnachmittag bis gestern Abend.«

»Und du hast die ganze Zeit gesoffen?« Poldi hatte die Frechheit, empört zu klingen.

»Nicht, dass dich das auch nur im Entferntesten etwas anginge, aber ich kann dich beruhigen: Zwischendurch habe ich sogar eine Probestunde Zumba gemacht. Nüchtern.« Ich ärgerte mich, dass ich mich dafür rechtfertigte, aber Leopold »Poldi« Hofreiter war nicht nur mein Ex-Mann, sondern auch noch Kripo-Beamter und nebenberuflicher Kontrolletti, dem das Wohl seiner Lieben ernsthaft am Herzen lag. Das war ebenso zauberhaft wie ärgerlich, denn wir waren ja schon lange getrennt und nur noch Freunde. »Zufrieden?«, schob ich noch hinterher, als er mal wieder mit einer Reaktion geizte.

»Ehrlich gesagt nicht.« Er seufzte melodramatisch. »Ernsthaft, Fanny, wann wird deine Midlife-Krise endlich überwunden sein? Du hattest doch jetzt monatelang deinen Spaß in Schottland. Denkst du nicht, dass du langsam mal zurückkommen solltest?«

Der Dackel bellte.

»Rudi sieht es genauso!«, triumphierte Poldi.

»Rudi hat kein Wort von dir gehört, außerdem habe ich keine Midlife-Krise.« Ich schnaubte genervt. Wie oft hatten wir dieses Gespräch schon geführt?

»Dann halt Wechseljahre oder so.«

»Ganz dünnes Eis«, warnte ich.

»Ich mein ja nur.«

»Ich auch! Mal abgesehen davon, dass Wechseljahre nicht umsonst so heißen. Es war Zeit für einen Tapetenwechsel, und hier gefällt es mir ausgesprochen gut. Ich habe nicht vor, so schnell wieder zurückzukommen. Wenn überhaupt.«

»Liegt es an diesem Kerl?«

»An welchem Kerl?«, stellte ich mich dumm.

»Na, diesem schottischen Schnösel. Lord Seidentüchlein oder wie du ihn getauft hast.«

»George ist mein Vermieter«, sagte ich, obwohl Poldi das natürlich alles wusste. Vermutlich hatte er bereits vor Monaten Informationen über alle Menschen in Kirkby eingeholt, mit denen ich Kontakt hatte. Er war nicht nur ein

Kontrolletti, sondern ein eindeutig paranoider Kontrolletti, der nicht damit fertigwurde, dass ich so weit weg von ihm lebte.

»Wie auch immer. Läuft etwas zwischen euch? Ist das der Grund, warum du nicht zurückkommst?«

»Auch das geht dich nichts an«, erinnerte ich ihn. Die Sache mit George war ... komplex. Und ganz sicher nichts, worüber ich mit meinem Ex reden wollte.

»Louis ist überzeugt davon, dass ihr ein Paar seid«, verschoss Poldi seine goldene Patrone. Dass er nach wie vor engsten Kontakt mit meinem Sohn pflegte, war süß. Und befremdlich.

Ich lachte, was wieder ziemlich wehtat, also ließ ich es sein. »Und Louis weiß das so genau, weil?«, erkundigte ich mich. Mein Junior machte sich hier ebenso rar wie mein Ex-Mann, und das, obwohl er in Edinburgh studierte und jederzeit übers Wochenende vorbeischauen könnte. Aber außer zu einem Kurzbesuch an Weihnachten hatte er sich noch nicht in die Highlands gewagt. Genauso wenig wie Poldi, der meine Einladung auch immer ausschlug.

»Es ist jedenfalls die einzig logische Erklärung«, behauptete Poldi grummelnd.

Rudi bellte erneut. Ich hatte ihn aus den Augen verloren, doch das irritierte mich nicht weiter. Er machte gerne mal kleine Extratouren, blieb aber eigentlich immer in der Nähe – weil er mich kontrollierte, wie es Poldi gerne tun würde. Ob mein Ex dem Hund einen Überwachungschip eingepflanzt hatte? Gab es so etwas überhaupt? Zutrauen würde ich es ihm jederzeit ...

»Du leugnest es also nicht?«, kam es seltsam resigniert aus dem Telefon.

»Was leugne ich nicht?« Ich hatte dank meiner kruden Gedankengänge über Rudi völlig den Faden verloren.

»Dass es die einzig logische Erklärung für dein seltsames Verhalten ist!«

»Scheiße!«, entfuhr es mir, und ich merkte, wie mir die Knie weich wurden.

»Ich wusste es!«, rief Poldi so laut, dass ich das Handy vom Ohr nahm.

Ich war im Wald um eine scharfe Kurve gebogen und hatte meinen kläffenden Dackel erreicht. Der verbellte nicht etwa einen Fuchs oder Dachs oder ein paar Pilze. Nein, er teilte mir mit seiner liebreizenden Stimme mit, dass hier ein Mann im Heidelbeergebüsch lag, der offensichtlich kein Nickerchen machte. Höchstens ein sehr finales ...

Das war nicht gut. Das war sogar ganz und gar nicht gut. Ich kannte den Mann und schluckte. »Scheiße«, sagte ich noch einmal.

»Du musst nicht fluchen, du kannst es auch einfach zugeben«, hörte ich Poldis Stimme.

»Ich habe gerade eine Leiche gefunden«, brachte ich mit zitternder Stimme hervor und drückte dann das Gespräch weg. Polizei war jetzt sicher eine gute Idee, aber ganz bestimmt kein übermotivierter Beamter aus München.

LESEPROBE AUS »CONNNECT«

Nein, uns ist hier nicht etwa ein Schreibfehler bei diesem Titel unterlaufen. Dieser umfangreich mit dem Buchstaben »n« ausgestattete Titel gehört zu einer Science-Fiction-Trilogie von C.A. Raaven, deren weitere Titel »Offf« und »Splittt« die Nutzung eigentlich überschüssiger Buchstaben bereits vorgemacht haben. Tatsächlich hat diese sogar eine echte Bewandtnis, denn in »Offf« bedeutet das dritte »f« den Unterschied zwischen Leben und … aber das ist eine andere Geschichte.

Und darum geht es in »Connnect«:

And he's buying a stairway to Heaven

Als endlich alles gut war, erschütterte die verheerende Explosion einer Sphäre nicht nur den Glauben an eine friedliche Koexistenz zwischen Digitalen und Analogen. Die Katastrophe kostete Hunderttausende das Leben und droht nun, den mühsam errungenen Frieden zu zerstören.

Inmitten von Chaos und gegenseitigen Anschuldigungen entdecken Mju und Arnaud die Wahrheit hinter der Tragödie. Die Spur führt zu Claude, der sie erst kürzlich in einen tödlichen Kampf gegeneinander gezwungen hatte. Sie sind sich sicher, dass er der Drahtzieher hinter der Explosion ist.

Während die Angriffe auf die Sphären zunehmen, begeben sich die beiden auf eine gefährliche Reise zu einem unbekannten Kontinent, den noch nie ein Digitaler betreten hat. Doch sie stellen schockiert fest, dass die Bedrohung nicht von der Erde kommt.

Ein Wettlauf gegen die Zeit beginnt, um das Geheimnis zu lüften und den endgültigen Untergang zu verhindern.

Im explosiven Finale der Spherope-Trilogie stellt C.A. Raaven die Welt für seine Leser:innen ein weiteres Mal auf den Kopf und spinnt ein fesselndes Netz aus Intrigen, Überlebenskampf und der Suche nach einer harmonischen Existenz. Ein atemberaubendes Abenteuer, das die Vorstellung von Zukunft und Menschlichkeit herausfordert.

ORKUS:

Analoge Welt, Primäre Sphäre, Broadcast-Zentrum der FUA
Zeitindex 09062121_2145 – 09062121_2150

Oh verdammt, jetzt sind wir im Arsch!

Der Dominus der Sphären schaut vom Bild der verheerten östlichen Sphäre auf und blickt verstohlen in die Runde, ob noch eine der auf ihn gerichteten Kameras durch eine rote Leuchte anzeigt, dass sie ihn aufnimmt.

Fast sämtliche der Leuchten brennen.

Doch selbst wenn im Moment wahrscheinlich niemand auf sein Gesicht achtet, kann er es sich nicht erlauben, seine sonst so kontrollierte Miene entgleisen zu lassen. Also verwendet er einen großen Teil seiner Kraft darauf, in den Streams weiterhin ein Pokerface zu zeigen.

Dann blendet das Holo, das neben dem Teleprompting auch noch die Funktion hat, ihn mit Informationen zu versorgen, ebendiese auf.

Iurii muss sich zusammennehmen, um bei den Daten, die er sieht, nicht einmal kurz zusammenzuzucken.

Fast zehn Millionen Menschen ausgelöscht! Nach der letzten Auswertung der Persona-Daten – von denen, die es geschafft haben, sich illegal in den Randbereichen anzusiedeln, mal abgesehen. Und so, wie das Feuer sich unter der Kuppel ausgebreitet hat, bevor sie explodiert ist, würde es mich wundern, wenn das mehr als ein Prozent überlebt hat.

Unwillkürlich flutet bei der Erkenntnis, dass zu den Opfern wahrscheinlich auch engste Freunde seiner Familie und deren Angehörige gehören, Gänsehaut seinen gesamten Oberkörper.

Ich habe so viel von dem alten Kerl dort in Lwiw gelernt. Und wie viele Sommer habe mit seinen Söhnen in den Camps verbracht …

Iurii unterdrückt den Drang, sofort einen Call zu starten, um vielleicht doch die Bestätigung zu erhalten, dass sie nicht alle tot sind. Denn selbst wenn er den Anruf auf der internen Leitung und direkt über seine Retina aufrufen würde, könnte es einer der Streaming-Bots registrieren, die ihn beobachten, und das Beobachtete live in alle Sphären streamen.

Zumindest in die, die nicht explodiert sind.

Eine Bewegung hinter dem Holo in einiger Entfernung beendet die unliebsamen Gedanken und lenkt die Aufmerksamkeit des Dominus auf sich. Es ist ein Mann in der Menge derer, die den exklusiven Zugang zum Townhall-Broadcast in der FUA ergattern konnten. Er springt auf einen Tisch und schreit etwas Unverständliches, während er ein Holo-Banner aufflammen lässt.

Sofort wenden sich alle Kameras von Iurii ab und ihm zu. Während der Typ von der Security überwältigt und abtransportiert wird, verfolgen die Drohnen sämtliche seiner Bewegungen.

Das ist auch gut so, denn in diesem Augenblick wird der Communicator des Dominus von Nachrichten geflutet.

Er ruft die Vorschau auf und scrollt hindurch.

Panische Infos von verschiedenen FUA-Abteilungen.

Na klar, die sind vor allem darum bemüht, die Schuld von ihrer Abteilung zu weisen.

Sekündliche Updates aus der Verwaltung seines Portfolios.

Hölle und Verdammnis! 20 Prozent runter seit heute Morgen!

Wütende Forderungen von einigen der Familien des inneren Führungskreises.

Sieht so aus, als würden die einen Aufstand proben.

Obwohl alles in ihm nach Geschwindigkeit schreit, wendet er seinen suchenden Blick langsam von rechts nach links, denn inzwischen haben einige der Drohnen wieder begonnen, ihn zu beobachten. Er darf unter keinen Umständen den Eindruck von Schwäche vermitteln, sonst wittert einer der anderen tatsächlich die Chance, sich zum Dominus aufzuschwingen.

Wo zur Hölle ist dieser Hampelmann Ridicc?!

ANDERE PARANORMALE GESCHICHTEN, DIE UNS AM HERZEN LIEGEN

Wenn dir »Appletree Murders – Fudge, Vermächtnis und Verderben« gefallen hat, könntest du auch Spaß an den folgenden beiden Buchreihen von befreundeten Autorinnen haben:

LILLY LABORD: ERMITTLERIN UND NEKROMANT

Nell ermittelt für die SOCU Kent und bekämpft das organisierte Verbrechen im Süden Englands. Als sie den Nekromanten Norman Nigh kennenlernt, eröffnen sich ihr ganz neue Möglichkeiten, Ermittlungen anzustellen, denn Mr. Nigh kann die Toten beschwören und Nell so Wissen erschließen, das ihr sonst absolut nicht zugänglich wäre.

- Mr. Nigh (Ermittlerin und Nekromant 1)
- Mr. Nigh 2 (Ermittlerin und Nekromant 2)
- Mr. Nigh 3 (Ermittlerin und Nekromant 3)

KAY NOA: TRULY'S CRIMES

Junghexe Truly ist nicht gerade glücklich, dass sie von London nach Westedge in Cornwalls Hinterland versetzt wird. Doch die befürchtete Langeweile stellt sich nicht ein. Denn die Postkartenidylle trügt und sowohl die paranormale Gesellschaft als auch die oft etwas skurrilen Menschen dort haben ihre wohlgehüteten Geheimnisse und die sind mörderisch …

- Bloody Mary: Truly's Crimes 1
- Potion Polly: Truly's Crimes 2
- Hell Boyz: Truly's Crimes 3
- Todes Mandala: Truly's Crimes 4
- Panic Pixie: Truly's Crimes 5
- Rolling Stones: Truly's Crimes 6
- Cardiff Carrie: Truly's Crimes 7
- Ban Sheena: Truly's Crimes 8
- Barbra Bard: Truly's Crimes 9